国家出版基金项目
NATIONAL PUBLICATION FOUNDATION

辛亥著名人物传记丛书

胡　锋　朱映红　著

黎元洪

团结出版社
UNITY PRESS

图书在版编目（ＣＩＰ）数据

　　黎元洪 / 胡锋，朱映红著. -- 北京 : 团结出版社，
2011.5（2021.3 重印）
　　（辛亥著名人物传记丛书）
　　ISBN 978-7-5126-0393-6

　　Ⅰ．①黎… Ⅱ．①胡… ②朱… Ⅲ．①黎元洪（1864～1928）
－传记 Ⅳ．①K827=6

　　中国版本图书馆 CIP 数据核字（2011）第 056526 号

出　　版：团结出版社
　　　　　（北京市东城区东皇城根南街 84 号　邮编：100006）
电　　话：（010）65228880　65244790　（出版社）
　　　　　（010）65238766　85113874　65133603（发行部）
　　　　　（010）65133603（邮购）
网　　址：http://www.tjpress.com
E-mail：zb65244790@vip.163.com
　　　　　tjcbsfxb@163.com（发行部邮购）
经　　销：全国新华书店
印　　装：三河市东方印刷有限公司

开　　本：170mm×240mm　　16 开
印　　张：14.75
字　　数：192 千字
版　　次：2011 年 5 月　 第 1 版
印　　次：2021 年 3 月　 第 **3** 次印刷

书　　号：978-7-5126-0393-6
定　　价：39.00 元

辛亥著名人物传记丛书
总序言

　　整整一百年前，在中国处于半殖民地半封建黑暗统治的时代，爆发了一场对中国历史发展进程产生巨大影响的革命，这就是以伟大的革命先行者孙中山为代表的革命党人发动的辛亥革命。这场革命，是中国近代历史上一次比较完全意义的反帝反封建的民族民主革命，它推翻了清朝政府，结束了中国几千年的封建君主专制制度，同时沉重打击了帝国主义在华侵略势力。中华民国的建立，标志着中国历史进步的新纪元。辛亥革命极大地推动了中华民族的思想解放，为中国先进分子探索救国救民的道路打开了新的视野，八年后，五四运动爆发；十年后，中国共产党诞生。辛亥革命开启的革新开放之门，对于推动中国社会的发展与进步具有不可估量的历史功绩和伟大意义。

　　以孙中山为代表的革命党人，在开启思想闸门、传播先进思想、点燃革命火种、推动历史进步的过程中发挥了重要作用。他们站在时代前列，为追求民族独立和民主自由而向反动势力宣战；他们不惜流血牺牲，站在斗争一线浴血奋战；他们具有坚定的信念和坚强的意志，愈挫愈奋，在失败中不断汲取和凝聚新的力量；他们适应历史发展的趋势，与时俱进，不断修正前进的方向和斗争的目标。正是因为有了这样一批革命先驱和仁人志士，才有了辛亥革命的爆发，也才有了以此为开端的中国民族民主革命的不断发展和最终胜利。当然，我们在分析评价历史人物时，既要看到他们有超越时代的进步性，又要看到他们不可避免地受到社会客观条件影响而具有的局限性与片面性，这是我们在看待历史人物时应当坚持的历史唯物主义态度，也就是既不文过饰非，也不苛求前人。

　　几十年来，关于辛亥革命及其重要人物的研究工作不断深入，也陆续出版了大量的图书、画册等，但仍然不十分系统和完整，有些出版物受到时代因素和其他客观条件的影响，难免有失偏颇和疏漏。在即将迎来辛亥革命100周年的时刻，团结出版社编辑出版了本套《辛亥著名人物传记丛书》，并得到国家出版基金的资助，这充分表明了国家对于辛亥革命历史研究的重视。这套丛书的出版，无疑是一件非常有意义的事，既可以对辛亥革命的研究工作起到重要的填补空白和补充资料的作用，同时也是对立下丰功伟绩的仁人志士的纪念与缅怀。

　　为了保证本套丛书的编辑质量，编辑委员会在民革中央的领导下，做了大量认真细致的组织工作，特别是邀请了著名专家金冲及先生、章开沅先生、李文海先生担任顾问，他们在百忙之中分别对本套丛书的编辑思想、人物范围、框架体例、写作要求等方面提出了重要的指导性意见，成为本套丛书能够高质量出版的重要保证。此外，参与本套丛书写作的，都是在近代历史和人物的研究方面卓有建树的专家学者，他们既有对辛亥革命历史进行深入研究的学术功底，又有较丰富的写作经验和较高的文字水平，因此，我们可以寄希望于本套丛书的出版，会对推动辛亥革命及其重要人物研究工作的不断深入起到重要作用，对弘扬爱国主义、提高民族凝聚力，实现中华民族的伟大复兴产生积极的影响。

周铁农

2011 年 3 月 16 日

目　录

引　言

　　黎元洪（1864—1928 年）是一个不大为现今的人们提起的名字，但在中国近代史尤其是辛亥革命史上却是一位地位显赫而又颇富争议的传奇政治人物。孙中山称他为"中华民国第一伟人"。章太炎将其与朱洪武、洪秀全一并赞为"华族三洪"，说他"功比孙黄"。又因其治军待人宅心仁厚，黎被人视为"自省其身有道、普度众生有心"的"黎菩萨"。辛亥革命发生，当时上海英文《大陆报》记者 Edwin J.Dingle 采访黎元洪后激动地说道："中国革命是世界上最激动人心的划世纪事件之一，如果没有黎元洪——他的名字早已传遍文明世界——就可能没有这场革命。历史将证明，黎元洪是中国给予世界的一个最伟大的改革者。"个中，黎的历史作用虽然有些言过其实，但黎因辛亥革命而声名鹊起并对民初政局产生重大影响长达十余年之久却名副其实。辛亥武昌首义，他从清军将领擢升为革命党魁，稳定政局并推动了历史前进。嗣后，他执掌湖北军政帅印，为维护统治而滥杀无辜，摇变为"黎屠夫"。民国肇始，在各派政治力量的折冲樽俎中，他夤缘而三为副总统、两任大总统，是闪回频率最高的民国政治领导人。民初政坛上的一系列重大事件，黎元洪几乎都参与其中：从武昌首义到南北议和，从民国成立到与南京临时政府分庭抗礼，从"二次革命"到袁世凯帝制自为，从民初政争到张勋复辟，从法统重光到小站夺印，从废督裁兵到外交争强等，无不见其政治身影。在民国的政治逻辑下，他拥袁又倒袁，但却位尊而言轻；他从政三起两落，却职高而权弱。他既是封建的卫道士又是民主革命的领导者，处于政治的旋涡而又时常游离其外寄情于商。

历史的风云际会，当人们问及"孰知黎公何许人也"之时，他却对民国政治的演进产生了重要而深远的影响。

对这样一位既非封建军官，又非近代改革派，既非军阀，又非革命党人，既非立宪派，又非民主斗士，政治色彩并不十分鲜明的近代政治人物，世人一直是臧否不一。因其角色的多变，公信力因而言人人殊。一些时人的言论和现有的一些史著则多倾向于注意他上台到主政期间所带来的消极后果，把他当作封建旧势力的代表加以鞭笞，对他在成功领导辛亥首义和维护民国政权稳定等积极有利的方面却着墨甚少。与黎共过事的革命党人谭人凤就指出："黎元洪一无用之庸劣懦夫也。武昌革命以统帅无人，拥为都督，旋而副总统，旋而大总统，居然命世之英。而察其前后事功，汉口由其犹豫而烧，赣、宁由其反对而败，国会由其违法怕死而散。推原祸始，则皆宋钝初之迁延有以致之也。不然，当时内地同志，对于海外来者实有一种迷信心，安有黎元洪，无黎元洪，又安有此数年来之惨剧。"（石芳勤编：《谭人凤集》，湖南人民出版社1985年版，第376页）他将黎元洪看成了历史的罪人，把其历史功绩抹杀得一干二净。尤其令人叹息的是，大众视野下的黎元洪形象却以"柔暗"、"傀儡"等为主调，被斥之为"床下都督"；也有人说他"柔暗误国"，是"民国的雍正"，这在很大程度上抹去了这位民初政坛传奇人物的真实色彩。其难以剖析的复杂曲折的经历和人物性格，加之阶级史观、正统史观、革命史观的影响，使这位重要历史人物一直未有很客观公允的评述。这与同为"民初四巨头"的孙中山、黄兴、袁世凯的研究现状极不一致，也与黎元洪在整个辛亥革命和民国政治中的重要地位极不相称，使之成为了被现代人遗忘的历史局外人。

本书叙述早年黎元洪的经历及武昌首义前后黎元洪的历史活动，由此可见黎元洪特别是湖北治军时期他在新军中的重要地位、在基层士兵和群众中的崇高威望，从而得出早期黎元洪是一位具有一定爱国思想、带有民主革命思想萌芽的旧式开明军官的结论。黎元洪曲折地完成了从旧军官到首义都督的角色转换，他走马上任后开展的军政施策，尤其是南北和议中他与革命党、立宪派、以袁世凯为代表的清朝集团等进行的合作和斗争，充满刀光剑影和腥风血雨，敌我力量的博弈使他高处不胜寒却又泰山不倒。在民初前12年中，也就是在政治舞台上或是息隐津门时期，黎元洪在一系列重大的历史事件中阐述观点、表明立场、发挥作用、改良政治、促进社会发展。在政治外交活动中，黎元洪在其主政时期和他所在的政府谨慎理智地处理对德、日、俄、美等国的外交关系以及临城外交危机，在一定程度上维护了国家主权。在日趋西化的近代中国，内政外交两方面相辅相成，不可或缺。在国家内政事务处理中，黎元洪在意识形态领域表现出的民族思想、治国思想、政党思想、宪政思想、共和思想，既有他民初理想王国中的愿景，也有他付诸实践的具体政治行为；既有民初社会现实在其头脑中的鲜活反映，也有他为此竭力奋斗以期改进政治局面的思想主张，对江山社稷建设起到了积极的推动作用。黎元洪的成名和成功，离不开同时代一些重要的、与之过从甚密的且有代表性的军政人物，如袁世凯、孙中山、黄兴、章太炎、段祺瑞等，比较两两关系后可见，黎元洪千丝万缕的人脉关系是其活跃于民初政治舞台上的一个重要支撑。黎元洪的晚年生活远离政治，他弃政从商，专心于实业救国，奉劝子女"毋问政治"，成就了他名利双收的一生。民初社会上流传的黎元洪为"民初四巨头"之一，又是"中华民国第一伟人"等这些赞誉与黎本身的确名副其实。历史地看，黎元洪应该是民国的"功臣"，而不是个别人所言的"罪臣"；民初政局是因为有了黎元洪等人的"纵横捭阖"或者说是"珠圆玉润"，才使得民国这个襁褓中的婴儿得以继续生存和发展。所以说，黎元洪参与造就了中华民国，中华民国的成长也离不开黎元洪活动其间，这也是为何黎元洪两次三番上任正、副总统的原因所在。

黎元洪

第一章

木兰故里出新秀

耕读传家，少年王崭露头角

出生行伍，平步青云到协统

一心向主，镇压反政府斗争

一、耕读传家，少年王崭露头角

黎元洪，原名秉经，字宋卿，祖籍江西豫章，世居湖北黄陂，1864年10月19日（阴历九月十九日）生于湖北汉阳府黄陂县木兰乡东厂畈沙岗岭。这一天在民间相传为观音菩萨出家日，刚出生的他即被家人寄予厚望。黎家虽靠近县城，但周边却很荒凉，有着无数的农田和大片的荒野。除了几处只有富裕人家子弟能够上得起专教经书的私塾外，没有一所学校。黎元洪幼年家境贫寒，其父乡居，生活艰辛，略事种植外，以僵梨为食。生计无着，更遑论入塾读书。为改变生活窘迫的现状，父亲黎朝相迁寓县城，1872年又经族人介绍，奋起从戎，以武功显其能，其后投奔天津北塘的游击守备，全家也随父迁居北塘。翌年，黎元洪师从当地著名教习——天津李雨霖先生读四书五经、习作文书法，老师非常欣赏他的浑厚朴实。少年黎元洪就表现出了与众不同的特质，其个人禀赋、家庭熏陶、地域影响、时代激励都在他的早年成长经历中烙下了深深的印记。

第一，黎元洪具有非凡的个人禀赋。黎元洪自幼学习勤勉，敢于吃苦。他在天津入塾读书时，性格与其他孩子完全不一样，他极度憎恶偷懒，喜欢钻研，学习非常刻苦。从那时起，他就养成了分秒必争地学习知识的习惯。当时，煤油已引进中国，富裕人家用它来照明，但一般人只能用蜡烛或菜油——这对那些晚上学习的人的眼睛是没有好处的。黎元洪经常学习到午夜，即使双眼疼痛，也不肯放弃。由于他勤奋学习，积累了相当多的学识。后来，黎元洪考入天津北洋水师学堂，立志服务海军。在北洋水师学堂学习期间，教材都选用英文书籍，使他在早期接受西方的资本主义教育，崇拜西方民主自由和物质文明，佩服西方领袖人物，如华盛顿、林肯等。学校实行严格的军事化训练和管理，纪律严明，学员要和水兵一样进行军事

青年时期的黎元洪

练习，特别是要进行体能强化训练。5年的学习和训练造就了他过硬的体魄，黎元洪身体异常健康，应该归功于此。学堂距离黎元洪在北塘居住的家有40英里，当时两地交通无火车，只能雇用骡车。每到放假之时，他总是徒步往返。这对于一个青年来说没有坚强的意志力和体力是不可能做到的。他在湖北担任协统时，度新岁，书一联于楹曰："大泽龙方蛰；中原鹿正肥。"其豪情奇气，跃然于笔端，识者早料其非池中之物。黎元洪为人真诚，恪尽忠孝。其父弥留时遗言，诚其努力求学，谨慎出处。学成后要为百姓服务。又嘱其对幼弟务须友爱，于继母克尽孝道。黎元洪恪守父命，在天津水师学堂学习期间，家居对继母弱弟多方照顾。在校则勤学，擅骑术，遇实习时对同学颇多关照，故咸以长兄视元洪，以是深得总办周馥、监督严复的器重。

第二，黎元洪得益于良好的家庭熏陶。黎元洪父亲黎朝相曾设塾课徒，为有学养之人。6岁，父亲授方块字启蒙，黎元洪开始识字。当父亲讲授《左氏春秋》中晋楚争霸的邲战时，黎元洪就牢牢记在心里："武有七德"即禁暴、戢兵、保大、定功、安民、和众、丰财。他还指出，武德之义涵盖之广，军事、文化、政治、外交、经济等处事之道都可以在其中找到，武德昌明，国家安宁，武德大行，天下太平。黎朝相以乡居无发展，在黎元洪 8 岁时就迁寓黄陂县城。后因生活困难，经族人介绍到天津北塘投奔游击守备，被委为外委，后一家也随同北迁居住。时外委为清末额外委派的官员，是不入九级军职之内的普通士兵。但随后的 10 年内，黎父因表现突出在军中先后擢升为司书、把总、千总、都司、游击，官至从三品。仕途的一帆风顺使黎家的家庭生活条件和社会地位随之得到了极大改善。受父亲的鼓励和影响，黎元洪也经常到父亲兵营中探望，尤其对军事操演感兴趣。父亲的榜样示范作用和对爱子的谆谆教诲对年少的黎元洪为人处世和健康成长更是起了推动的作用，嗣后黎元洪考入天津水师学堂投身军旅与此不无关系。但家境好景不长，1884 年，黎朝相病起仓卒，家庭支柱的轰然倒塌和经济来源的突然断绝使一家衣食几至不给。这时，黎元洪的爱人吴敬君充当了重要的家庭后方支撑，使黎元洪能全力以赴地投入学习和工作。吴氏温良恭俭、勤劳持家，丈夫常年在外，自己上奉媸姑，下抚弱叔，心瘁力殚，十指所入，尽佐家用；衣履破败，补缀周回，至无复下针处。偶尔到亲朋好友家走动，辄假衣以往。待黎元洪毕业正式工作后，家境有所好转，她仍旧不敢自逸如故。吴氏的表现，虽为中国妇女的传统美德使然，但对于黎元洪毫无后顾之忧地走南闯北、行走海疆起到很大的支持和安慰作用。

第三，黎元洪自幼深受地域的影响。黎元洪出生之地位于黄陂县域中南部，属低山丘陵地区，地势北高南低。童年生活的木兰乡是中国古代巾帼英雄木兰将军的故里，周边有许多纪念木兰从军的碑亭等建筑。黎元洪诞生于此，从小在此生活，幼小的心灵对将军的崇拜是可以想见的。历史的机缘巧合对其以后走上从军之路在很大程度上来说是产生了潜移默化的影响的。之后，他随父一起迁居北方，生活在天津的北塘。作为沿海通商口岸的天津，当时以海纳百川的胸襟博采众家之长，成为中国最早接触和传播西方思想文化的城市之一，并使外来文明与传统文化并存共荣。北塘地处现在天津市塘沽区最北端，其自然环境清幽宁静，自古素有"泽国之乡"之称，在清初就已是闻名津京及冀东一带的渔业重镇。塘沽海滨有着著名的渔业码头和出海口，海产富饶，渔家风情浓郁。天津又为洋务运动的起源地，西学渐盛，作为通商口岸，当得风气之先。近代先进思潮的涌入对不断长大成人的黎元洪是有着积极的影响的。维新运动之后，天津兴办的新学，已经在各通商口岸中位居第一。中国的知识分子从新学中寻求科学救国、实业救国的方法，兴办了大量的西式学堂。黎元洪毕业的天津水师学堂就是较早建立的典型代表。黎元洪所接受的先进教育和新思想、新观念，触目可及，影响深远。

第四，黎元洪切身感受时代的激励。黎元洪生活的时代正是中国近代政治递嬗、经济社会动荡不安的年代。他出生的 19 世纪 60 年代正是中国洋务运动刚刚兴起之时。为了"自强"和"求富"，洋务派官僚开始进行与资本帝国主义有密切联系的军事、政治、经济、文教及外交等方面的改革运动。汉口开埠，英、法、美、德等国商人接踵来汉经商，汉口逐步成为水陆交通枢纽，华中最大的货物集散地。黄陂县紧邻汉口，风气所播，影响可见。这时，太平天国运动虽然逐步从兴盛走向衰亡，但在其后的中法战争、中日甲午战争中清政府的相继告败，昭示了清统治者的政治命运日趋危亡。戊戌维新、清末新政等清政府紧急施行的自救运动仍挽救不了颓废的政治局势，各地民众的起义斗争更是此起彼伏，不绝于耳。19 世纪 80 年代，黎元洪入读的北洋水师学堂，是中国第一所教育近代化的新式军事院校，由近代著名的中国资产阶级启蒙思想家严复任总教习。严毕业于英国格林尼次海军大学，不仅精于海军业务，而且精于西方资产阶级社会政治学说，并把他所学知识，毫无保留地传授给学生。黎与严在 5 年学习生活中朝夕相处，严把黎培养成了一个具有资产阶级思想倾向的中国近代第一代海军军官，使黎成为了一个具有一定爱国思想的新军人。

二、出生行伍，平步青云到协统

1883 年，黎元洪考入天津水师学堂管轮科，开始了五年的海军知识学习，这也是黎元洪接受正规的新式教育的开始。天津水师学堂是直隶总督李鸿章奏设的培养北方海军人才的军事学校，施行英式海军教育，开设英国语言、地舆图说、算学、几何、代数、三角、驾驶、测量、推算、重学、化学格致等课程，并习经史文义，训演枪炮、鱼雷、机器等外国水师操法。学生毕业后任职北洋海军或选送外国留学。北洋水师学堂因而被时人推崇为"开北方风气之先，立中国兵船之本"。黎元洪在学习中擅长轮机驾驶技术，对引擎修造学尤具心得，他在习业水师的过程中，勤奋好学为诸生之冠。因其学习成绩斐然和在教练舰上实习表现突出，深得教师和同学推重，年终被学校特予嘉奖。

1888 年黎以优异成绩从天津水师学堂毕业，北洋大臣李鸿章赏给他六品顶戴，并请以把总尽先拔补。此后，他被派至北洋水师来远号快船见习海军技艺，有海道、驾驶、帆缆、枪炮、列阵等训练项目。他训练时与同事相处颇洽，待士兵如手足。1890 年，黎元洪由北洋水师提督丁汝昌调赴广东广甲舰，充当三管轮，负责巡视琼崖、虎门、汕头，管理机器开关、拆洗及保养事务，兼管储料生火诸事。他勤于职司，仆仆海上，大抵南巡之日多于北留，其间测地设防，卫涛涉险，所事之危，自不可计。次年秋，北洋水师开始对历年办理海军有功人员进行奖赏。黎元洪经北洋大臣李鸿章保奏、清廷批准先后从把总晋升为千总尽先补用。又自广甲三管轮拨充为二管轮。继因频年操巡，久历风浪，卓有劳绩，由六品顶戴赏换五品顶戴，只领功牌。1894 年，中日甲午战争爆发。黎元洪所在的广甲舰被抽调编入了由海军提督丁汝昌率领的北洋舰队来参战。广甲舰是铁肋木壳船体，平时为教练及安放鱼雷之用，较之日本人的钢甲兵舰的威力相差甚远，对于猛烈的海战自然很难抵挡。在9月17日的黄海战役中，广甲舰触礁搁浅以致未能行驶。为躲避敌人的追捕，黎元洪跳海得以逃生。黎元洪无颜再回舰队，从此结束了为期12年的海军生涯，告别了曾尽心效力的北洋水师。

在甲午战争中清朝的统治和天朝的尊严遭遇严重威胁，作为清统治支柱的军队受到了西方新式武器的沉重打击后，清政府和海疆诸臣认识到采用西方先进的军事技术和制度已是当务之急。为防患于未然，他们更是大举进行军事战备和招揽海军人才。两江总督张之洞在南京编练自强军，设延才馆，发布檄文聘请水师学生。1895年，黎元洪到南京投奔效劳。张之洞接见黎元洪时，询其海军经历及建造防御工事的观点后深为欢喜，认为黎是忠诚可靠且有能力之人，遂委以监造金陵狮子山、幕府山、清凉山、乌龙山炮台工程。在工程建设中，他"升冈陟垒，工无间歇，风雨相磨，肘踵辄露"，竣工后又先后被委任为炮台总教习和专台官。张之洞是黎元洪的知遇之人，是黎进入权力集团的引路人，他给黎提供了充分发挥才能的政治舞台。次年，张之洞回任湖广总督。黎元洪应张之洞之召随同回到家乡，在湖北枪炮厂负责监制快炮，从此结束20余年的北漂生活。张之洞到湖北后继续编练新军，加强军事建设。他以"湖北居长江上游，会匪出没，武备尤关紧要，第鄂省财用支绌，无力招延洋弁"为由，向朝廷奏请将自强军中已经练成的原江南护军前营500人调赴湖北，扩充而为前后两营，编成湖北护军，作为湖北练兵的模范，令其转相教习，以开风气。湖北护军的营制仿德国军制，设前营步队三哨，炮队二哨；后营步队三哨，马队二哨；另设工程队一哨。张之洞委派津粤武备学堂毕业生分任马、步、炮、工兵种教习，任黎元洪为护军后营帮带，五品顶戴尽先补用千总；后又以黎擅骑术，任为马队管带。在湖北编练新军时，黎元洪虽系一武员，然平时手不释卷。湖北督练处所印陆军书籍，皆有黎元洪校阅之名。此间，张之洞还常把教练洋操的事务交与黎筹划定夺，当是时，张之洞颇为器重黎元洪，往往言听计从。凡军事上的计划，多取决于黎，而且每有规划，由黎擘定。

在湖北护军编练取法上，随着形势的变化，张之洞认为日本与我同种、同教、同文、同俗，又已先著成效，故中国欲采泰西各种新学新法，允宜阶梯于日本，遂从师法德国转而师法日本。1898年、1899年、1901年，在湖北担差的黎元洪受张之洞委派，先后三次到日本留学考察军事教育和观摩仙台大操，内容涉及军制、军校、会操、兵法、兵营建设等各个方面，逐步充当了清末军事现代化风潮的地方军制改革的先锋。黎每次考察回国后都写下日本军事考察报告送呈张之洞阅，引起了张的极大兴趣。张还曾一度令自己的长孙张厚琨赴日学习，行前请黎元洪向其介绍了赴日的一切常识。学习考察后归来的黎元洪颇得张之洞赏识和倚重，加其权充各营教练官，又兼训新兵，成为编练湖北新军的高级将官和重要力量。1899年，他得张之洞保举俟补千总，以守备尽先补用。20世纪初期，清政府为挽救统治危机又开始推行新政，湖北为各省风气之先，加紧施行。黎元洪奉命协助办理将录营、防营结束后，又增招新兵，扩充武备学堂设备。在日本所学的西式教育的洗礼下，黎元洪的军事思想开始进入了湖北最高军事决策层的视野，并付诸实践。张之洞先后多次采纳他的军事改革建议：一是规定水陆各营所辖兵勇凡遇有重大过犯者，均交执法官审讯，不得擅杀。二是将武备学堂及防营将弁学堂合并改为武高等学堂，另设武普通中学堂。前者为张之洞军事学堂体系中的高等军事教育机构，后者为中等军事教育机构。武高等学堂程度与日本士官学校相等，为武普通中学堂毕业学生升学之地，为湖北乃至全国培养了大量军事近代化所需的军事人才。三是湖北省会开办警察，从各营选拔优秀士兵进行训练后充任。因在军事实践中的表现突出，黎元洪的仕途平步青云。在镇压自立军庚子汉口起事后，从免补千总守备，以都司尽先补用，授三品顶戴。1903—1904年，他奉命统带护军前锋四营，旋即升任清军协统，紧接着又提任第二镇统制兼护统领事，进入重要军事领导阶层，开始指挥张之洞麾下最精锐的新军部队；嗣后，他又提调兵工、钢药两厂，兼理丝麻纱布四局会办。此间，他率师阻击英德舰队驶入长江；协助建立了两湖劝业场及益智场、省城外火药库两所，颇有建树，受到清廷的嘉赏。黎元洪等人在湖北新军建设上的共同努力，不仅使湖北军事改革走上了正轨，而且在官兵素质和军事教育等方面，为新型军事制度的确立奠定了基础。

这里需要说明的是清末湖北新军的编制情形。19世纪90年代后期，湖广总督张之洞仿效西法，编练了两镇装备齐全、训练有素的新军。湖北九省通衢，地理位置显要，清廷故设置常备军两镇。每镇步兵两协、炮兵三营、骑兵两营、工兵一营、辎重兵一营。其官制共分九级，计提督、总兵、协统、参将、游击、都司、守备、千总、把总等。九级之外尚有外委。

在湖北新军中任第二十一混成协统领的黎元洪

1906 年，清廷将全国陆军编制序列，共有三十六镇。湖北新军第一镇改称全国陆军第八镇，张彪任统制，下辖第十五协和第十六协；第二镇改称全国陆军第二十一混成协，黎元洪任统领。混成协中步、骑、炮、工、辎等各兵种齐全，较普通属于镇下的协独立且规模要大、级别要高；第二十一混成协统领可单独指挥部曲，不在第八镇管辖范围之内。两部共有官弁兵夫 17259 人（第八镇 12071 人，第二十一混成协 5188 人）。此外，在武汉及湖北各地还驻有相当数量的巡防营、水师营等旧军。巡防营由张彪兼管；水师营统领为陈得龙，归长江水师提督程允和管辖。湖北新军是当时清政府军事部署中仅次于北洋第六镇的第二支强大的新式陆军。

随着湖北新军的建设规模不断扩大，黎元洪还兼管了六楚舰队（楚材、楚同、楚豫、楚有、楚观、楚谦六舰）和四湖雷艇（湖鹏、湖鹗、湖鹰、湖隼四艇），实际上掌握了长江舰队，把持了湖北陆军和水师两支重要的军事力量。1905 年，曾任天津水师学堂管轮班监督、黎元洪的受业之师萨镇冰调任总理南北洋海军广东水师提督。这为师徒二人加深接触到日后提供援助搭建了很好的外部基础。次年，清政府派袁世凯与兵部侍郎铁良为阅操大臣在河南彰德（今安阳）举行秋操。湖北方面由张彪、黎元洪选拔人员参赛。黎元洪指挥得体，能与各省新军争胜，当场获得"军容盛强，士气锐健，步伐技艺均已熟练精娴，在东南各省中，实堪首屈一指"的好评。鄂军射击技术获得最优等奖励。黎因此成为清军中赫赫有名的高级将领。不久，张之洞奉调入京。赵尔巽为湖广总督，欲以黎元洪代张彪为第八镇统制。黎力辞不就，原因在于张之洞对黎元洪有知遇之恩，黎不愿意在张之洞去鄂之后，即取其宠信张彪职位以自代。1908 年，黎元洪又兼任中军副将，不久即卸与张彪。在这年清廷于安徽太湖举行的秋操中，南北两军进行对抗赛，指挥官分别为张彪和徐绍桢，而南军指挥实由黎元洪担当。两军操演三天，北军三战三败，黎元洪因此获得清廷赏戴花翎。1909 年，黎元洪兼任武昌陆军特别学堂会办。他每逢外籍教习在校讲课时常列席旁听，与学生共求深造。先后听取日人教习铸方炮兵大佐及寺西步兵中佐等，讲述炮兵学及诱导计划等课程。在湖北的军事历练和到日本的军事游历，不仅开阔了黎元洪的视野，丰富了他的军事实践，更使他日后在新军中具有崇高威望，乃至为其登上革命军政府首领位置奠定了坚实的政治基础和群众基础。

三、一心向主，镇压反政府斗争

20 世纪前 10 年，是近代中国社会风雨飘摇的动荡年代，是清统治者寻求改革良方破解政治危机的艰苦时期。当时，全国各地的暴动、举义、哗变此起彼伏。两湖地区为中国中部多丘陵、河流地带，地理位置特殊，加之民风强悍，多为历代统治者重点管辖之地。清末，随着外强入侵，中央集权统治式微，地方政府压迫民众和民众揭竿而起的现象时有发生。其中，较为突出的自立军起义、萍浏醴起义、长沙抢米风潮、沔阳饥民暴动等反政府斗争就是这一地域矛盾激化的结果。而为维护政权统治和社会稳定，负责消解和镇压民众反抗的任务就落实在湖广总督张之洞统领的军队身上。黎元洪作为当时湖北新军的统领之一，先后多次参加了镇压民众反抗的军事行动。

一是自立军起义。1898 年，百日维新失败，唐才常与康有为、梁启超等商议起兵勤王，并会见孙中山筹商长江各省及闽粤的力量合作，均得支持。1900 年自立会成立，在汉口宝顺里设总部机关，建立富有山堂，并在汉口、襄阳、沙市、岳州、长沙设有堂馆。后又在会堂基础上组建自立军，设机关于英租界李顺德堂，组成中、前、后、左、右及总会亲军、先锋营共计 7 军，约 2 万人。公推唐才常为督办，主持全军军务，以一事权。参加自立军的为各地会党及湖北、安徽、湖南新军中人，甚至张之洞的威子营也有人参加。同年夏季，八国联军攻打北京，慈禧和光绪帝逃往西安。中军统帅林圭认为时机可乘，订8月9日各地同时起兵，电促唐才常由沪来汉主持大事。但康有为在海外所筹之款未到，经费无着，起兵计划一再延期，先展至8月13日，后延至8月23日。秦力山、吴禄贞在安徽大通因未得延期计划，仍如期于8月9日发难，指望武汉应援，结果失败，并使事机泄露，引起各地官府警惕。在湖北方面，唐才常通过日本人告知张之洞，拟以自立军拥戴他筹划两湖宣布独立。张默许之但又狐疑不能自定。继唐才常提出"倘张之洞奉清廷之命以排外，吾必先杀之，以自任保护外人之事"后，张之洞观察局势利害，由原来对自立军态度默契转而进行镇压，突发而擒之。张照会汉口英领事，得其协助，于8月21日夜派亲军会同英巡捕，包围英租界李顺德堂及宝顺里自立军机关部与轮船码头等处。唐才常、林圭和武汉各地自立军骨干30多人同时被捕。23日夜开始，分批将唐才常、林圭等人先后杀害于武昌大朝街、天符庙紫阳湖畔、武胜门以及汉口等地。自立军在武汉的起事失败，其他各军虽有响应，但受到清军镇压，各自溃散。自是张之洞乃大兴党狱，湖北杀人殆无虚日。特派护军营二百人驻汉口铁政局，形迹稍有可疑者皆不免，死百余人。时为护军后营帮带的黎元洪也直接或间接地参加了镇压起义的行动。自立会起义镇压成功，张之洞虚张其事，大开保举，黎元洪因参与镇压起事有功而获清廷奖赏，免补千总守备，以都司尽先补用，并按照清政府给予安徽大通的奖赏，照拟给奖。

二是萍浏醴起义。1906年底，同盟会策动江西萍乡、湖南浏阳、醴陵地区会党和矿工起义，这是同盟会成立以后第一次大规模武装起义，极大地推动革命进程。旬日内，三地群众纷起响应，声势浩大，起义军遍布附近几个县市，初期屡败当地驻防清军，震动了长江中游各省和清朝统治者。为防止战火蔓延，维护中央和地方统治，清政府命令湖广总督兼管湖北巡抚张之洞、湖南巡抚岑春蓂、江西巡抚吴重熹、两江总督端方，紧急调集湘、鄂、赣及江宁军队进行镇压，大举"清乡"，搜杀革命党人和起义群众。通计鄂省派出赴湘、赣的军队，前后共6000余人，至是湘省军威益壮，得以会筹合力分投防剿。黎元洪奉命率步队6营、炮队3营驰赴湘赣边界，与江宁第九镇新军会同前往镇压。将抵萍乡时，黎元洪召集所部演说："吾侪此行，当先辨暴徒之性质。果为党人，而含有政治上之臭味，诚不必与之战，宜设法解散之。若土匪，尔曹盍努力锄之，以绝根株。"（贡少芹：《黎黄陂轶事》，上海国华书局1922年增订版，第8页）同时，黎元洪告诫所部勿与战斗，以劝导解散为主，部众服膺其论，至此，起义队伍不战而溃。当地居民为保平安，要求黎部增加驻防时日，防止匪徒卷土重来，黎等遂应请在萍乡驻军两个月后撤回湖北。萍浏醴起义因为清军的镇压，起义军分散作战，双方军事力量对比悬殊而告失败。

三是长沙抢米风潮。1910年春，湖南滨湖各县因上年水灾歉收，湖南巡抚岑春蓂等官吏与地方劣绅以及外国洋行竞相抢购谷米，囤积居奇，哄抬粮价，又将粮食大规模输运邻省，牟取暴利，致使全省粮食供应更为紧张。省内大部分地方的饥民涌入长沙，导致米价陡涨，无米下炊激起民愤。4月，民众群起捣毁抬价的碓房，要求平价。湖南巡抚下令镇压，以致数万人涌向巡抚衙门，各米店被抢，全城罢工。民众还焚毁衙门、税局、官钱局和大清银行，并将外国领事住宅、洋行、教堂、邮局、码头、趸船等进行捣毁。中外军队联合镇压民变风潮。清政府从长沙以外的两湖地区调集重兵镇压。时湖广总督瑞澂致电外务部"审度情形，势颇危机，当派鄂兵营，饬由标统乘轮率带驰往，妥为弹压"。（饶怀民、藤谷浩悦编：《长沙抢米风潮资料汇编》，岳麓书社2001年版，第15页）清政府闻讯后急派湖北新军第二十九标及炮兵一营入长镇压。黎元洪奉命率"六楚"、"四湖"舰艇经水路，去长沙镇压参与抢米风潮的灾民。在英、美、法、日、德各国派出的军舰配合清军镇压下，民众斗争以失败告终。

四是沔阳饥民暴动。20世纪初叶，清政府签订的《辛丑条约》中空前巨大的赔款给各省财政带来了巨大的压力。湖北也不例外，是负担较重的一省，善后当局款项出入相衡，岁不敷银一百七八十万两，息借华洋商行300余万两，拨借官款180万两，岌岌情形，日甚一日。为改变财政上的困境，湖北当局设立了名目繁多的苛捐杂税，而这些捐税大都转嫁到了农民身上。加之堤防及其水利设施年久失修，湖北水涝灾害此时层出不穷，将本为弱势的人民群众逼向了绝境。为求生存，湖北各地的饥民抗粮、抢米、聚众求赈的事件时有发生。1910年夏的沔阳饥民暴动就是湖北饥民与清政府发生的较大规模的一次冲突。当时，沔阳迭遭水灾，民众困苦不胜言，饥民1000余人群起，将本地某富户围抢一空。驻扎沔阳的黎元洪部第二十一混成协中的陆军四十一标二营当即派兵十余名前往弹压，饥民与之对抗，格毙副目一名。随后该营管带带全营士兵驰往，饥民等又各执土枪、鸟枪列队对抗，新军伤者数人，饥民死伤者亦十余人。沔阳全境及附近之天门、潜江等县，闻信均已震动。时湖广总督瑞澂闻警，当饬二十一混成协统领黎元洪率四十二标精锐步兵一队，赴该处帮同防守。沔阳饥民于湖内各口设卡，于要道架设大炮。黎元洪率军前往收缴枪炮，拿办肇事者。

作为清廷湖北新军副将的黎元洪其阶级立场还是站在维护封建统治阶级利益这一边，除上述以外，他还多次奉命镇压革命党人的起义。1909年，他带兵去沔阳芦林湖，残酷屠杀起义的饥民。虽然他奉旨多次带兵镇压起义，但黎对一些封疆大吏的反动统治还是抱有仇恨情绪的，并同情革命者的激进行为。1907年7月，黎元洪听说安徽省巡抚恩铭被徐锡麟暗刺，他就表现出"甚是欢喜"。可见，在清末的革命斗争中，黎元洪的政治立场虽然是维护封建统治阶级的利益，但对阶级内部一些民众和革命党人仇恨的分子，他表达了朴素的同情，这为他后来转向革命阵营打下了思想基础。

第二章
暴风骤雨换角色

治军以仁，革命力量初长成

石破天惊，登高一呼掌帅印

军政施策，南北和议把乾坤

一、治军以仁，革命力量初长成

20世纪初中国面临着严重的统治危机，晚清政府为挽救危如累卵的政治局势，先后推行"新政"和"预备立宪"，企图取悦列强，遏制革命形势的发展。但事与愿违，清末政府改革不但没有实现预期目的，反而在一定程度上激化了封建统治者之间的矛盾，促进了革命力量的发展和革命形势的高涨。这种情形在清末新式军官黎元洪身上就得到了较为明显的体现。在此过程中，黎元洪在湖北新军中训练军队，爱兵知兵，宽容仁厚，礼贤下士，颇得官兵好感，其在军政乃至当地社会各界中的领导地位得到了进一步的确立。

湖北统治集团内部矛盾斗争此间逐渐产生。清政府实施的学堂教育和留学制度对黎元洪来说无疑是最大的受益者之一。他在天津水师学堂的5年学习和3次赴日本累计一年半的考察，使他在接受西方自然科学知识的同时，也接受了西方社会政治学说，成为了不同于旧式文人的新型知识分子。黎元洪思想上的开放、作风上的民主、行为上的谦逊深得大部分新军将士的喜爱。他在近代军事知识、文化素养、指挥才干以及品行气度等方面的内涵和操守也超过同地和同时期的旧派将领，而这也就使他遭到同为湖北新军统领的士官们的嫉恨和排挤。尤其是同为将帅驻军湖北的第八镇新军统领张彪，不学无术，不得军心，与二十一混成协统领黎元洪相比较，在官兵心目中的地位相差甚远。张彪对黎元洪更是处处刁难，非常忌恨黎元洪，每次都想将他排挤走。张彪还常常在张之洞面前大进谗言，百端逼辱黎元洪，想让他自己辞职，甚至在军中罚黎元洪跪，在众多士兵面前将黎元洪的帽子扔到地上。黎元洪内心忍受，从不表现出忿容，三军将士都看不起张彪。黎元洪对张彪处处作梗，迫于地位低人一等，遂平敛锋芒，海涵地负，决不自显头角，以防止给对方留下攻排异己的口实。但这并不说明黎元洪唯唯诺诺，甘为人下，而是隐忍负重，待东山崛起。黎元洪貌似厚重而实有权术，外似浑浑而内有机心。对待张彪，黎表面上表现出逆来顺受的姿态，内心却逐步积累了相当的愤恨，但又迫于张彪与张之洞的特殊关系（张彪的妻子原是张之洞心爱的婢女，人称张彪为"丫姑爷"。同时，张之洞对其属僚最倚信者，一文一武，文为梁鼎芬，武则张彪），他又将这种仇恨消解在对张之洞的感恩之中，这从他几次放弃与张彪的计较均系出自张之洞的缘由可见一斑，同时也可深窥黎元洪以退为进的攻心战略。在湖北编练新军时，张之洞委托混成协统领黎元洪帮助镇统制张彪操持军事编制和部署训练等事务。黎深知张彪狭隘的心胸和妒人的心理，坚持在各项军务中积极努力，低调露面，不与争锋。及成军那一天，张之洞校阅后对黎元洪练军有素大加赞赏。黎元洪对此却不居功自傲，挟嫌攻讦，而是谢称："这些都是张统制的部署，我不过是执鞭随其后，何功之有？"黎元洪与张彪貌合神离，湖北统治集团内部两派力量的矛盾亦愈积愈深，斗争一触即发。

湖北新军的编练同时培养了清王朝的掘墓人。清末新政在军事上的措施就是练新军、废绿营。1902年，直隶总督袁世凯练成"北洋常备军"一镇约12500人，湖广总督张之洞练成"湖北常备军"两翼约7000人，成为当时全国编练新军的"样板"。张之洞在湖北编练新军，军官多选用国内外军事学校的毕业生，这就为革命党人打入新军内部进行活动提供了便利条件。在新军中担任中下级军官的，也有不少在国内外学习时就加入了同盟会或其他革命组织。湖北的革命党人长期在新军中进行艰苦细致的宣传和组织发动工作，建立了革命组织，传播了革命思想。至1911年秋天，湖北新军发展到15000多人。从1896年到1911年的15年间，黎元洪一直在湖北担任重要职务训练新军，他知兵爱兵，和新军战士结下了深厚的感情。除供给平时的需求外，军需有余的时候，黎元洪都发放给士卒，每年还经常额外增发被服，故众情欢悦，军容严整。与此同时，随着湖北革命力量的渗入，他所带领的陆军第二十一混成协集结了大量共进会、文学社等革命团体的力量（见下表）。

陆军第二十一混成协中共进会和文学社主要革命力量分布

陆军第二十一混成协	共进会	文学社
步队第四十一标	代表邱世成，参议邓飞鹏	代表廖湘芸；第一营代表钟伟宾，第二营代表顾鸿，第三营代表阙龙
步队第四十二标		代表胡玉珍，副代表邱文彬；第一营代表陈建章，第二营代表赵承武，第三营代表刘化欧
马队第十一标		代表陈孝芬
炮队第十一标	代表蔡鹏来	代表晏柏青
工程第十一营	代表黄恢亚	
辎重第十一营	代表李鹏升	代表余凤斋
炮工辎	总代表钱芸生、副代表胡恢汉	

除此之外，在黎元洪的军队中，新兴的革命力量还竞相组织团体，结纳同志，组成各类组织桴鼓相应，宣传革命，有些甚至还为后来大革命团体的成立和运动起到了不可抹杀的奠基作用。如1908年7月，第四十一标士兵任重远倡议成立湖北军队同盟会，会众多达400余人，各标营均有，其会员后来成了共进会和文学社的基干力量。军队同盟会因刺杀湖广总督陈夔龙事泄而被迫解体后，第四十一标的士兵利用1908年11月安徽太湖秋操和光绪、慈禧先后去世的机会，重议另组团体。为外避目标和内策自治，改组成立群治学社，佯称研究政治学说、扶植社会自治，实以挽救民

族危亡为旨归。群治学社集结了刘复基、蒋翊武、詹大悲等一批批孔武有力的革命力量，后因起义风声外泄，未及发难而停止活动。留鄂诸士兵遂另起炉灶，1910年再组振武学社，标明宗旨联络军界同胞。第四十一标士兵杨王鹏为社长，各标营设代表，第二十一混成协中就有第四十一标代表廖湘芸和第四十二标代表祝制六。群治学社和振武学社是发动武昌起义两大组织之一的文学社的前驱，由此可见其发展的根据地第四十一标的奠基性作用是不容低估的。此外，第二十一混成协中的第四十二标士兵胡玉珍、张步瀛、邱文彬、张大鹏、郑兆兰、戈承元、陈建章等，以交换学识、砥砺学问为名，成立益智社，潜谋革命。第四十一标士兵杜邦俊、张融、杨永康、杨兵之、叶茂林、罗良俊等组成义谱社，运动军队，反对专制统治。该两社嗣后也并入了文学社。

　　文人（知识分子）在革命化的新军中是占了相当大的比重的，黎元洪对这些人多是加以保全，庇护部属，在某种程度上客观地保存和积累了革命力量，也使黎元洪本人赢得了良好的群众基础。但这不完全说明，黎元洪对革命者一味地宽容，站在封建统治阶级的立场上，他也时常做出一些温和的惩处行动。第四十一标第一营左队队官潘康时颇为开通，由杨王鹏介绍加入群治学社，为官佐入社之始。他对革命组织多方掩护，久之渐为统领黎元洪所知。一日，黎元洪召见他时，责以放纵士兵、组织团队，潘极力辩白而终被革职。黎元洪委亲信施化龙继任队官，施表面与杨王鹏交结，背地里则探其行动报告黎元洪，黎遂将杨王鹏、李抱良等予以开革。在清末军事改革的过程中，清政府训练新军的目的在于利用新军保护和稳定其处于颓势的专制统治，可受过资产阶级军事教育的新军却不愿坐视民众饱受欺凌和压迫，走向了与清统治者初衷相反的道路，成为了革命党发动武装斗争的主要力量和清王朝的掘墓人，黎元洪的新军是其中最重要的一支，这也是清统治者始料未及的。

辛亥以前，黎元洪对革命党人一直采取怀柔政策，从不严刑滥杀，而是大事化小，小事化了，多次保护过湖北新军中的革命党人。1904年，刘静庵与黄兴联络的信件被黎元洪截获，黎元洪不咎其罪，叫人示意刘静庵托病辞职，了却此事。1906年，日知会成员季雨霖任混成协第三十一标第三营管带，密谋响应萍浏醴起义被叛徒出卖，季与刘静庵、朱子龙、张难先等9人被捕，一年后黎元洪亲自出面保外就医。马化龙是黎元洪第二十一混成协炮队的同盟会会员，其革命形迹被班长查出来后，密报连长段天一。而段又是日知会会员，欲设法暗销其事，却被炮队管带张正基得知详情。张意借功得赏，报请黎元洪承办。黎元洪以青年人思想错误，应好好教育，不应以法惩治，使读书人再不入军队之门，于是叫马化龙写悔过书来改过自新，这件事也在无形中消灭。1910年，湖北新军中的革命党人成立振武学社，社长杨王鹏、文书兼庶务李抱良、标营代表廖湘芸、祝利六等6人都是黎元洪所辖的第二十一混成协的士兵。事情败露后，黎元洪只将这几名士兵开除军籍礼送出营，其他人概不追究。黎元洪做这些事并非是倾向革命，而是担心大兴党狱反酿巨变，一旦震动朝廷，自己落下个疏于防范的罪名，阻碍仕途，但也说明他与清朝廷离心离德，有一定的排斥清政府的思想。湖北新军中当时有不少士兵剪去发辫，黎元洪并不责怪，表示剪与不剪悉听尊便，早被革命党人看做可以争取的对象。他没有兴大狱、广株连，客观上保护了革命党人在湖北新军中的力量。

　　黎元洪具有一定的维护封建统治的保皇思想。在选择派系立场上，他赞成以康有为、梁启超为首的保皇派，不支持以孙中山、黄兴为首的革命派。在兼任湖北将弁学堂和陆军参谋学堂的两堂会办时，黎元洪经常到课堂去听取日本教习铸方和寺西等讲授高等战术，每每在讲评之时，黎元洪就训勉各位学员，要以"忠君爱国"四字为立身行事根本，万不可学徐锡麟和熊成基那样犯上作乱，自取灭亡；康有为、梁启超想施行新政，期望回国辅佐君主，而孙中山、黄兴多次发动革命，将可能会成为亡命之徒。在这两个学堂的学员中，革命力量发展得比较充分，黎元洪对此也晓知大概，想从无形之中阻止革命思想的蔓延，所以作此危险之论。

随着清末民主革命力量的形成，黎元洪在湖北新军中的地位和作用日渐明显，成为清政府和革命党人双方都希望争取到的盟友。对清政府而言，黎元洪是其镇压随时可能发生的革命斗争的一支重要力量，是清政府国家机器腹部上一支重要触手。对革命党人而言，黎元洪的开明包容、易于接近使他们颇具好感，争取其对领导起义、推动革命形势发展具有特殊的带动作用。我们回头检视历史的偶然性与必然性的关系，不可否认地要说，辛亥革命偶然选择在武昌爆发，就赋予了黎元洪清末活动非同寻常的必然的历史意义。正如马克思在《致路·库格曼》一信中所言："如果'偶然性'不起任何作用的话，那么世界历史就会带有非常神秘的性质。"（马克思、恩格斯：《马克思恩格斯选集》第4卷，人民出版社1972年版，第303页）

二、石破天惊，登高一呼掌帅印

1911年春夏，中国犹如暴风骤雨来临的前夜。面对清政府推行的所谓的"新政"、"立宪"大白于天下，各地各阶层民众强烈的愤怒和激烈的反抗如潮水般此起彼伏，一浪高过一浪。四川、湖北、湖南、广东等地掀起的饥民暴动、抗捐暴动、铁路风潮次数之多、参与之众、影响之广为历史罕见。革命党人组织的黄花岗起义等武装暴动接连展开。在清王朝内部，已出现不满现状和丧失前途的气氛，文职的、军事的上流阶层逐渐产生这种信念时，他们准备一旦革命来临，就唾弃清王朝，支持革命事业。这种支持对于革命事业的成功来说，是绝对不可少的。这种情势是1789年在法国、1917年在俄国、1911年在中国的特征。此时的湖北社会内外交困，加之天灾频繁，哀鸿遍野。湖北立宪派从梦中惊醒，也开始由"哀请立宪"转为决心"推倒皇族内阁"。在清政府"铁路国有"政策的刺激下，湖北等地爆发了大规模的保卫铁路权益的斗争风潮。

粤汉、川汉铁路早先为川、鄂、湘、粤诸省绅、商、农、工共同募集股资修建，但工程进展迟缓，资金日益窘迫。时任督办鄂境川汉铁路大臣的张之洞主张由"自办"转为举借外债，推行"以官力压商力，以外资压内资"政策。清政府以利用外资开发实业为名，与英、法、德、美四国银行商洽借款，修筑粤汉、川汉铁路。1911年5月，清政府宣布干路均归国有，定为政策。所有宣统三年以前各省分设公司，集股商办的干路，延误已久，应即由国家收回，赶紧兴筑。除支路仍准商民量力酌行外，其从前批准干路各案一律取消。各界人士闻讯，大惧利权外溢，群情汹汹，奔走呼号，力阻借款，掀起了轰轰烈烈的保路运动。黎元洪身为湖北军界的领袖人物，将民族利益置于首位，加入请愿者行列，并以军界代表的身份成为湖北保路筹款组织"铁路协会"的成员，参加保卫铁路权益的斗争，支持入京请愿，并为民间筹办铁路集资认股。这对黎元洪来说是要冒很大风险的。后来在公推保路会赴京请愿代表时，黎元洪虽为众望所归，但由于军界统领身份不宜出任代表而作罢。保路运动是武昌起义的先声，后来黎元洪被举为大都督，此役的确为其先导，绝非偶然事件。

四省声势浩大的保路风潮以四川为著，最终演变成全省性的武装暴动。为防止革命形势的扩大，清政府紧急调鄂军入川。从表面来看，鄂军入川削弱了湖北当局的防务，给起义爆发制造了机会。但实际情况并非如此，武汉三镇驻地新军中多革命党人，若不采取措施，无异积薪自焚，这是当时统治阶级的共识。湖广总督瑞澂为防范革命爆发，就曾在辛亥年间采取分化瓦解的办法频繁调兵遣将，将"不稳"新军分调各处，这样既能分散革命力量，又可借以镇压暴动。鄂军入川就是这种治军思想的实践，所以当军队开赴四川的前几天，革命机关和军中同志紧急会商，有的主张与其让当局分散力量，不如行前起事；有的认为准备没有成熟，仓促发动，必定失败；最后决定加强联系，一旦武昌起义事发，入川部队马上回鄂响应。

到1911年9月，武昌局势日渐紧张。"八月十五杀鞑子"的传言开始在民间广为传播。南湖炮队失事给湖北当局很大震惊。文学社、共进会等湖北革命党人的起义领导机关不得不分散设置，采取隐蔽措施。10月2日、3日，瑞澂、张彪、黎元洪、铁忠等先后两次召开紧急会议，策划武汉防卫措施，希冀弭患于初萌，定乱于俄顷。因湖北省总军火库楚望台乃军事要害，军事参议官铁忠提议以第三十标第一营旗籍兵士替换革命党人居多的工程第八营兵士驻守，以防滋生意外。黎元洪反对："我楚人素多谣，吾人今宜处以镇静。谈革命者，不自今始，余亦不能保其必无，如革命党果多，则鄂事难料，少数旗兵，何济于事？满、汉界严，始有革党，今以旗人换守军，民多误会，反为革命所乘，藉以煽惑。"（熊秉坤：《武昌起义谈》，中国史学会编：《中国近代史料丛刊：辛亥革命》五，第86页）张彪考虑到工程第八营隶属自己的第八镇部下，加之黎元洪的分析又入情入理，为防人指摘，遂认同了黎元洪的建议。会议议定在原有基础上另加派军事力量强化军械库驻防，同时采取固守城门、严密搜查、弹械分离、加强巡逻等措施防止革命发生。后来起义爆发，守卫楚望台的工程八营左队革命士兵立即响应，军械库迅速被革命党人占领，这与黎元洪在这次防务会上提议阻止调换驻防军有着某种机缘巧合，客观上可以说是帮了起义者的忙，加快了革命的进程，武汉当局对此也是始料未及。10月9日，孙武等在汉口不慎引爆炸药，革命党人仓皇逃避，武汉三镇革命机关遭到清政府的大肆搜捕和围剿。随后，黎元洪被瑞澂委以按收缴的名册大行搜捕革命党人的任务。黎元洪见名册中所书的工程营士兵中革命党人占半数，恐怕酿成巨变，于是向瑞澂报告，希望另外想办法处理。瑞澂怀疑黎元洪有二心，严词申斥，立即派遣张彪率宪兵赶往工程营搜捕。黎元洪所言和平缓办，不要过急，是怕激动军心而生大变，但却遭到了瑞澂、张彪、铁忠等人反对，认为黎另有异志，并非同心同德。其实，黎元洪对形势的不容乐观的估计，是与革命的发展相切合的，正如他本人所说，"昨夜杀了三个革命党，搜获了革命党的秘密名册，名册上很多是军中兵士，恐怕要出乱子了"。

10月10日晚，武昌起义爆发。黎元洪坐镇协司令部——第四十一标和三十一标同驻的左旗营房，前者为张彪的第十六协统领，后者为黎元洪的第二十一混成协统领。当黎元洪电话得知驻塘角的二十一混成协辎重队纵火起事时，即下令禁止官兵出入，并亲率管带、队官巡视营门，加意防范，又用会议形式，集官长于一室，借以延宕时间。黎元洪将四十一标全体官佐召集会议厅，既不发言，复无命令，欲以此防范该标响应革命。采取非铁血的方式防范革命，这何尝又不是善策？然而革命形势发展一日千里，军心动摇投身革命如箭在弦，黎元洪也无法控制。至炮袭左旗，革命士兵跃跃欲试，一哄而出，同赴楚望台参加革命。至此，黎元洪已无计可施，更换便装，偕亲信到黄土坡刘文吉参谋家暂避。这时，他也清楚地认识到革命形势发展与自身将来处境息息相关，心想我身居协统，部下兵变，如革命党失败，我必受处分；若革命党成功，我能否逃命，不得而知。殊不知，革命形势的发展超乎黎元洪的想象，又将他推向了革命领导人的潮头浪尖。11日，首义革命党人、湖北咨议局议员和绅商代表共同召开联席会议，集议革命不能群龙无首，当务之急是要马上请出一位德高望重、为国人所熟知的领导人，组建军政府，通电全国，群起响应，才能办成大事，否则这次起义就有兵变闹事之嫌。正当大家为此争论不休、莫衷一是之时，工程营士兵报告发现黎元洪的行迹，选黎作都督正符合了当时与会人员的共同意志，纷纷表示同意推举。黎元洪不是革命党人，何以被推为革命军政府都督？这是因为：

第一，在起义之前，黎元洪就曾是革命党人酝酿的合适的都督人选之一。他是鄂籍名将，在武昌驻军中地位仅次于张彪，而且开明谨厚，素得军心，在湖北、湖南、江苏、安徽、河南、北洋等军中，无不有他的旧部，所以在军界和革命党人中他都有很好的名望和口碑，以致早在辛亥三月，他就被革命同志推为都督的候选人，而并非起义后的仓促决定。章太炎在《大总统黎公碑》中提到：武昌起义前"谋帅无适任者，以公善拊御，皆属意公"，"议定三月矣，阴为文告，检署称大都督黎，未以告也。"（朱传誉主编：《黎元洪传记资料》三，天一出版社1981年版，第30页）文学社社长蒋翊武等人推举黎元洪的理由为：一是黎乃当时名将，用他可以慑服清廷，号召天下，增加革命的声威；二是黎乃鄂军将领，可以号召部属参加革命；三是黎乃素爱参加革命之人，而这些文人，全是革命党人，容易合作。黎本人对当都督既无预闻，亦无追求，一心恭膺帝命，效忠清室，起义骤然枪响，正当他魂飞魄散而肝胆俱裂之时，恰恰成为了他黄袍加身之日。这也从另一方面反映出，从客观上来看，武昌起义前后一段时间里，革命党没有形成一个强有力的领导核心。起义发生后，在主要领导非伤即逃的情况下，起义队伍缺乏核心，陷入群龙无首的窘境，黎元洪的适时出现也就正好符合了时机的需要。他的上任也是革命党人弥补自身缺乏领导核心的弱点的需要，或者说是为建立领导政权、保护革命成果而采取的一种主动的应变策略。从主观上来看，革命党人把黎推向都督宝座，与他们一贯主张的排清思想是一脉相承的。由于排清思想的局限，使得革命党人容易模糊阶级界限拉黎入伍，黎元洪以大家同属汉族，终必表同情于革命而不排斥党人，故而双方结合得也就顺理成章。在起义前，湖北两大革命组织文学社和共进会就曾提议黎元洪为都督人选，这不仅解释了武昌起义成功后革命党人为什么不找新军第八镇统制张彪，而要找第二十一混成协统领黎元洪出任都督的原因；而且这也解释了湖北革命领袖在武昌起义成功后，为什么长期不与黎元洪争抢都督宝座的原因。

第二，从当时的革命形势来看，起义刚一发生，成败尚未可知，而革命起于军中，在军队中推举一有声望之人可以服众。遇事论资排辈，讲究个人资格、身份和阅历，这是中国传统的文化心理。黎在湖北军界受到倚重，尤其是在新军中颇具威望，他对士兵礼贤下士，尤其是对有文化的士兵，他更是厚爱一分，从而易于得到他们的拥护。参加武昌起义的士兵有一大批是他的部属。就连武昌起义的总指挥、文学社社长蒋翊武，起义参谋长孙武，都是黎的属下或学生。这些良好的人脉关系，使黎在湖北享有很高的声望，得到广泛的拥护。又如他的长子黎绍基所言："我父不是革命党人，不赞成革命，为什么要推举他为都督？原因是：一、当时有军事知识的人很少，而我父毕业于北洋水师学堂，海军出身，曾赴日本考察陆军；建立新军后，又参加过军事学习，并在太湖、彰德二次秋操中获得了一定成绩，在湖北军中有较高威望。二、那时候，在连队中普遍存在着克扣军饷、中饱私囊的情况，而我父亲所部军饷按期照发，并且还设立了一个被服厂，士兵被服也较整齐，不像其他部队破破烂烂。因此士兵对他有较好印象。三、与部下比较接近。别的军官经常住在家里，而我父亲常住在营中，就是在过年时也不回家，记得每逢新年我们还到营中去拜年。这说明他与士兵的关系是比较好的。"（中国人民政治协商会议全国委员会文史资料委员会编：《辛亥革命回忆录》第六辑，中华书局1963年版，第303页）由此可见，黎出任都督并非纯粹的历史偶然，也非革命党人毫无思想酝酿的慌乱决策。20世纪50年代《辛亥首义回忆录》的编者曾走访参加首义士兵多人，编者惊异地发现这些士兵都说非黎协统出来不行，可见当时一般心理。事态发展也印证了黎出任都督的号召力强于党人，易于各省军政的响应。黎元洪虽然是清军将领，但平日很得军心，人缘也好，拥他做临时的主脑，也是一种权宜的人选。而且在别的地方看来，人们都知革命军的首领，是清朝军官的转变，利用这点巧妙方法，也可以壮势威，炫惑国人的视线。后来黎元洪总统府秘书张国淦总结："党人知识，不是不如黎元洪，但不够号召天下，诚恐清廷加以叛兵或土匪罪名，各省不明真相，响应困难，且黎平日待兵较厚，爱惜当兵文人，又属鄂籍将领，只要推翻满清，革命成功，似无不可。"（张国淦：《辛亥革命史料》，沈云龙主编：《近代中国史料丛刊续编》第252辑，文海出版社1975版，第87页）推举有声望之人出来主持大计，反映出当时湖北革命党人还缺乏单靠自己力量来领导革命的胆量和把握，也体现了文学社和共进会在领导权问题上的宗派倾向，也就是宁愿以后另派他人渔翁得利，也不愿在革命队伍中拱手相让，但这同时也在另一个方面表现了湖北革命党人起义之前的谋事之周和计划之密。

第三，当时的革命党主要首领们或在外、或逃亡、或炸伤、或在狱，缓不济急；起义各军在汉领导人又资望低浅，无以负大任；只有黎元洪黄缘而上，填补空缺，担当大任。孙中山、黄兴不在武汉，蒋翊武、孙武声望不够，刘公等人避匿不出又不在武昌，出现了"群龙无首"的权力真空，黎元洪因缘际会，出任了这个连他自己都意想不到的领导人角色。黎元洪被推为都督，很快就在军、学、绅、商各界引起连锁反应。起义时许多军官逃散避匿，但自从黎元洪参加革命之风一播，城内隐匿的军官大部分都出来附和革命，归附黎元洪部下，包括一些立宪派官员也连忙表示积极配合黎元洪襄助革命。其余各省纷起响应，虽然是革命党人运动的结果，但黎出任都督却起到了推动的作用。甚至连对黎不太感冒的胡汉民都不得不承认，如果没有黎公出来号召，那么各省响应不能如此风起云涌；如果没有黎公谨厚处事，那么北军也不会容易赞成共和。黎元洪的出任，弥补了革命领导人的空缺，缓解了领导权的危困，促进了革命的发展。湖北革命党人用最大的努力争取了黎元洪的转变，这不是他们的过错与失误，而是他们的成功和可贵之处。嗣后的事实也证明，他们的过错和失误仅仅在于把革命的领导权交给了黎元洪、汤化龙等旧官僚和立宪派，天真地放弃了革命的主动权。所以，武昌革命成功在此，而失败也在此。在时间紧迫又十分珍贵的首义之区，倘若未争取到黎元洪的加盟，革命队伍中由谁为首才合适，结局又将向何方发展，无疑还未可逆料。

第四，革命派致力制造的"排清"言论，为黎元洪出任都督打下了舆论基础。清末，清政府日趋式微，成为一切社会矛盾的焦点，故而"排清"成为当时革命斗争的急务，"排清"言论成为革命派与群众联系的纽带。《革命军》、《民报》等各类"排清"刊物如雨后春笋般地发出，各具特色的"排清"思想在革命刊物和革命群众中大行其道。在这一简单而又富有内涵的口号指引下，持有不同革命见解、对革命认识程度也各异的革命同志达成共识。因此，从革命党人的认识而言，当时他们只以满人为革命对象，汉人中即使是属于官僚或不革命者，一概不与敌视。此时，黎元洪虽无革命思想，然而革命党人以其同属汉族，认为他对于革命是具有同情心理的。辛亥首义成功后，革命党人就认为革命的目的只在推倒清朝，对于满人，则视为同胞，无种族歧视，凡属稍有能力的人，即一律引用。在此逻辑下，有能力的满人都能启用，何况是不只为鄂中各界所仰景，就连外国人都非常敬佩的汉人黎元洪，哪怕他不是革命党人，从而比起普通士兵来要更加容易吸引和号召。

第五，武昌起义的革命队伍主体是新军，这为黎元洪出任都督创造了良好的人脉条件。新军是清末政府军事改革重点培养的对象，也是革命派运动革命的重要策源地。至武昌起义前，湖北新军约15000人，纯粹革命党人近2000人，同情革命者约4000人，与革命为敌的至多不过1000人，其余都是摇摆不定的。在新军中的力量对比方面，革命力量占有相当大的优势，才使得武昌首义得以迅速成功。新军最大的特点就是组织纪律性强，对军队长官的依附性高，随着起义的进行，普通士兵和下级军官也在寻求上级长官的庇护，纷纷临时加入革命队伍。作为新军首领和清朝高级官员的黎元洪，既不同于那些唯祖宗之法是尚，唯古圣先贤是尊，闭目塞听、妄自尊大的封建顽固派官僚，也不同于那些崇洋媚外，一味对洋人奴颜婢膝的买办官僚，自然而然地得到了起义队伍尤其是新军中倒戈士兵的广泛拥护。

从10月10日晚发动起义到11晚推举都督，黎元洪虽然临时填补了权力领导人的真空，但从12日起，刘公、蒋翊武、孙武、谭人凤等都先后来到了军政府，这些人当中，不仅没有谁能取黎而代之，而且除孙武外，几乎没人弄到实权职务。就连同盟会的二号人物、当时国内举足轻重的革命领袖黄兴，受邀来汉主持大计时也竟只能以"登台拜将"形式成为黎麾下的一员将领。为什么在"群龙有首"的情况下黎元洪还能够稳居湖北都督之位而成为军政府的"不倒翁"呢？个中原因在于：其一，革命党人短暂的群龙无首局面把黎推向了领导人舞台，但随后革命党人对领导权的争取力度不够以至于未及时换马所致。蒋翊武私拟"孙文所派刘公为正都督，刘英为副都督之委任状"交黎与阅，显然是纸上谈兵的书生意气的做法。之后，宋教仁、蒋翊武等提出的由黄兴做两湖大都督、黎仍为湖北都督的方案，也是脱离当时革命形势的实际。其二，立宪派和旧官僚对革命领导实权的牢牢控制使革命党人一次次夺取政权的努力都被扼杀在摇篮之中。10月13日，黎元洪表示"与诸君共生死"，从而开始视事并介入一些军政事务。汤化龙、胡瑞霖等立宪派和旧官僚在军政府中占据高位，驾驭着众多参与起义的革命党人。10月16日，黎、汤等人想方设法通过了《中华民国军政府暂行条例》，改组军政府，除军务部外旧官僚和立宪派担任其他各部的部长，把持了重要的军政务大权。虽然后来暂行条例进行了改订，但此间正是四面八方各个重量级革命领导人到汉的关键时期，在这个

担任鄂军都督府都督的黎元洪

非革命党人为主的军政府施策环境中，后来者想取黎而代之又谈何容易。其三，革命党人内部"兄弟阋于墙"的矛盾给黎元洪保持领导位置提供了外部条件。文学社和共进会矛盾由来已久，常相猜忌，互不信任。黎之为督，在某种程度上是两个革命团体矛盾调和的表现。武昌首义后，初期形成了共进会控制军政府实权的局面，但随着汉口、汉阳的光复，文学社全面进入了权力的角斗场。为争夺武昌军政府的控制权，双方拥黎、倒黎势力达成了某种平衡。其四，湖北革命党人的桑梓情结使黎元洪地位具有深厚的群众基础。湖北革命党人认为，在湖北起义，自以湖北人当首领为宜。在以湖南人为主的文学社和以湖北人为主的共进会的矛盾不可调和时，深孚人望的黎元洪就成了逻辑的结果，派系的利益争辩也就找到了支持它的群众心理基础。在桑梓情结的作用下，在嗣后的权力争夺斗争中，拥黎实际上就包含了保卫湖北人利益的性质，因而黎能够稳固地坚持在军政府主要领导人位置上也就顺理成章地得到了湖北革命党人的广泛拥护。湖北派系拉共打文、拉鄂打湘，以及后来的黎黄领导地位之争等一系列首义后的

1912 年 1 月法国杂志报道首义都督黎元洪

湖北军政府内部的权力斗争，都可以用汤化龙那句带有畛域之见的发言概括："湖北革命，要抬出一个湖南人是不行的。"（毛注青：《黄兴年谱》，湖南人民出版社 1980 年版，第 136 页）

　　时势造英雄。在急剧变化的历史转折时刻，受时局的感召，有的旧人物思想感情发生转变，他们自觉或不自觉地被卷入革命的洪流，成为对历史发展有贡献的人，这在古今中外历史上是不乏先例的。黎元洪的转变，是从旧军官到首义都督的政治角色转变，也是从封建社会武人向资产阶级分子的阶级立场转变，这种转变有其内在的合理性。他早年接受新式教育，又三渡日本学习军事，对资产阶级的政治制度是心存向往的，对封建主义的专制体制也曾表现过不满。在湖北官场的文武要员中，他以开明谨厚著称，易于接纳新思想和有新思想的士兵，不赞同也不极端抵制革命，有接受共和主张的基础。所以，从这一点来看，黎走上都督并不完全是偶然。

黎元洪被迫走上了民主革命的历史舞台，从一个清政府地方高级军官摇身一变为湖北军政府都督。这不仅出乎当时大部分中外人士的意料，就连黎本人也是受宠若惊，一时无法接受这突如其来的革命任务和历史使命，以致最初几天，不发一言，不划一策，终日戚戚，形同木偶。这一转型对黎来说有着复杂的思想斗争和心路历程。当起义之初，革命的前景还在扑朔迷离之际，黎元洪被动地请进了军政府，从拒绝接受都督任职，到听之任之，静观事态发展，再到"与你们帮忙"襄助革命，后到积极主动"为汉族雪耻"，体现了一位清末民初之际的政治领导人伺机而动、彷徨四顾、明哲保身的处事心态和行为方式。这从黎元洪后来为策动海军反正，自己亲手给他的老师萨镇冰的函中可见一斑：

"洪此次所以出督诸军之由，实出于万不得已，敢谨再上告于军门之前。洪当武昌变起之时，所部各军，均已出防，空营独守，束手无策，党军驱逐瑞督出城后，即率队来洪营，合围搜索，洪换便衣，避匿室后，当被索执，责以大义。其时枪炮环列，万一不从，立即身首异处。洪只得权为应允。吾师素知洪最谨厚，何敢仓猝出此，虽视事数日，未敢轻动，盖不知究竟同志若何，团体若何，事机若何，如轻易着手，恐至不可收拾，不能为汉族雪耻，转增危害。……洪有鉴于此，识事机之大有可为，乃誓师宣言，矢志恢复汉土，改革专制政体，建立中华民国，维持世界和平。"

（黎元洪：《致萨镇冰函》，《民国报》，1911 年 11 月 21 日）

此函黎元洪向老师萨镇冰表露的"心迹"与其实际行动是不完全一致的。起义爆发之时，为遏制革命势力蔓延，他就亲自手刃起义士兵和革命军临时总指挥所的送信联络员，即四十一标士兵、共进会员邹玉溪和革命军临时指挥部所派给各营送信并联络响应起义、攻打督署的共进会员周荣棠。前者因夺门欲出参加革命被黎当即亲手杀死。后者因煽动士兵倒戈被黎用刀砍伤致死。这表明黎元洪起义初期是有着强烈的反对革命的思想，而不是他谎称"如轻易着手，恐至不可收拾"所能掩饰的，这也与他当时作为封建统治阶级的国家机器代表者身份是相一致的。黎元洪在起义初期对都督一职的推辞和冷淡，虽然真实地反映了一个清军地方高级将领的矛盾心态，但是比之于战事甫起，就弃职而逃的瑞澂、张彪等人，比之于炮声一响，就附从革命的投机者，黎元洪则无疑表现得更为成熟。只是到了后来形势的发展越来越走向有利于革命的一面，黎元洪见民军渐成气候才立场鲜明地站到革命阵营中来。

从 10 月 11 日下午进入湖北咨议局开始，黎元洪就或多或少、或主动或被动地参与了湖北军政府的施政，对革命形势的发展还是起到了积极的作用。以"中华民国军政府鄂军都督黎"名义发布的安民告示飞向全国响应的革命之地，"黎元洪都督"的大名蜚声全国，颇富号召力的革命旗帜也极大地振奋了革命者的士气，稳定了起义区的政局和民心，团结了广大的人民群众为革命奔走，也吸引了一些骑墙的士兵官佐和中间人士归依军政府，这使得当时的革命阵营因此在很大程度上得到不断壮大，革命团体的向心力和凝聚力也有了空前的提高。黎以清政府新军高级将领的身份附和革命，紧接着又用通电、信函、布告等形式向其他清政府官员进行攻心战，对于分化、瓦解清统治集团，团结一切反清力量所起的作用是别人所无法替代的。

既然作用显著，那么黎元洪究竟何时开始积极主动地投入革命工作？黎元洪是一个性格谨慎厚道之人，起初他毫无思想准备，坚决拒绝，对这一突如其来的事变抱观望态度，不敢轻易"反戈倒向"，其原因在于，不敢轻举妄动，是因为不知道究竟革命同志怎么样，革命团体怎么样，革命事机怎么样。如果轻易着手，恐怕不可收拾，不仅不能为汉族雪耻，反而

黎元洪着元帅服，手握佩剑伫立火炮旁

转增危害。后来，在革命党人"当断不断，反受其乱，今夜黎不决，明日晨即弃诸市"的逼迫之下，黎元洪主动投入革命工作。这一历史转折可溯及其 10 月 13 日的剪辫之举为附从革命之始。黎元洪痛下这一决心，主观上是他看到当时武汉三镇已被民军掌握，地方清军元气已大伤而无力回天，认为革命取得成功的可能性很大，他想就任新职，以迎合革命潮流，但又不肯明说，只好借剪辫子为题，来表示他转向革命的态度。客观上讲，这是由于革命党人甘绩溪、陈磊等人威逼利诱的结果。革命党人向黎元洪劝进，"你的辫子尚未去。你既为都督，该做一个模范，先去辫子，以表示决心。现在是民国了，你若尽忠民国，你就是开国元勋；你若尽忠满清，你就该早天尽节"。黎答道："我决心与你们帮忙就是。你们要去辫子，我早就赞成。我前在营内并下过传知，谓：愿剪发者，则听其便。"（曹亚伯：《武昌革命真史》上册，上海书店 1982 年印行，第 80—81 页）是日，黎元洪在都督府主持召开军事会议，自陈对革命的态度，"我对于革命，自 20 日（即 10 月 11 日）至今日上午，犹未决心，此际心已决矣"。（张难先：《湖北革命知之录》，商务印书馆 1984 年版，第 280 页）长辫落地象征着黎元洪毅然放弃了清朝忠臣的冠盖，接受湖北军政府都督的头衔，开始以革命首领的身份活跃于缔造民国的政治舞台。

但为了进一步提高黎元洪的声望，向世人展示武昌起义是顺天应人的革命，湖北军政府中的立宪派人士和革命党人达成共识，务必举行隆重的祭天誓师仪式，以昭示光复大义。10 月 16 日，在湖北军政府门外的阅马场中央广场上，黎元洪率众将官登上祭台，叩首祭天，并宣读《祭告天地文》和《祭告黄帝文》。之后，来汉协助军务的中部同盟会总务干事谭人凤代表同盟会总部向黎元洪授予象征权力的旗与剑。黎元洪恭敬地接受，还慷慨激昂地宣读誓师词并绕场阅兵一周，决心愿与军士庶民，勠力协心，殄此寇仇，建立共和政体。这标志着黎元洪本人向公众正式宣布了接受湖北军政府都督的任职。同时，在武汉保卫战即将打响之前，庄严威武的祭天大典的举行对鼓舞革命军士气无疑是起到了极大作用。黎元洪的个人威望由此也得到了更进一步的树立和巩固。

三、军政施策，南北和议把乾坤

武昌起义发生的原因，用黎元洪的话来说，这次革命发生完全是因为满人对汉人太不公平的待遇，没有其他原因。因此，黎元洪在迅速完成革命阵营和政治立场的转型，决心上任军政府都督后，就开始在军政事务上展示自己的政治抱负。在具体的军事布防上，黎元洪对当前大局的见解与众不同，眼光独到。他指出，武汉三镇虽告光复，但敌人的势力犹强。此时谣言四处散布，时有清兵夕发朝至的威胁。有人建议拆毁刘家庙滠口以上铁路，以阻遏清兵南下。但就当前敌我形势分析，全局成败关键在于各省民气能否迅速继起响应，而不在于一条轨道的拆毁与否和一城一地的得失。在 10 月 13 日召开的军事会议上，黎元洪发表了任职以来的首次演说，分析指出当前革命的形势和面临的任务。他指出："今日革命军起义，是推倒清朝，恢复汉土，废除专制，建立共和的开始。承党的及军、学界多数同志，推戴兄弟为都督，我无德无学，何能担此大任，但众意难辞，自应受命。我等身为军人，从此须抱破釜沉舟的精神，扫除一切顾虑，坚决去干。但革命必须有充分武力，同事中多不明宗旨临时走避，各位赶快通知他们，即速前来，以便扩充军队，准备战争，尤其老兵不得有逃走思想。品行端正或操课兼优者，概以军佐委用。……我认为革命成功，有十万分把握，理由有以下几点：（一）我省出差驻防各部队，闻义旗飘扬江汉，必立时响应陆续前来受命。（二）各省党人联络已有成效，响应成约自无问题。（三）长江下游以及云、贵各省军队中之军官，多是由我发迹去的；北洋军队中，吴禄贞统制带去的军官不在少数；东三省军队中的上、中级军官，由湖北调升去的约 50 员之多，下级军官更不待说了。以上军官都是素抱革命大志的，把握着这些事实，我们的事业一定成功。"（张文鼎：《黎都督首次训话》，鲁永成主编：《民国大总统黎元洪》，中国文史出版社1991 年版，第 136 页）黎元洪对当前革命军的优势和劣势、革命的主要任务等分析颇有见地、切中肯綮，有力地稳定了队伍军心，鼓舞了军中士气。在作战过程中的具体方式方法上，黎元洪对官兵严格要求：一、各军士于战斗时，务必确见有敌人方准放枪，以免靡费子弹；二、于战线上，虽要敏捷，必有沉着性质，方有益于事；三、战斗胜败，全在乎精神，各军士务必鼓舞志气，将满奴灭尽；四、军队赖乎军纪，各军士务必服从上官命令，方得完全效果。

武昌起义爆发后，清军加大了湖北的作战力量，除湖北提督张彪率部继续驻扎汉阳外，还派出冯国璋率领的陆军、萨镇冰率领的海军抵达汉口作战。为争取和团结更多的敌我力量加入到革命队伍中来，黎元洪也可谓用心良苦。在分化、瓦解清军力量上，黎元洪将斡旋的重点放在了萨镇冰和张彪身上，一个是自己的授业恩师，另一个是曾经的顶头上司。对于萨镇冰，1911年10月下旬，黎元洪曾两次致函劝其反正。第一次是黎元洪派朱孝先将信送到萨镇冰所在汉口的楚有舰上，提出了"清廷无道，武昌军民万众一心，立誓推倒君主，建立共和，请老师共举义旗"的请求，萨镇冰阅后默无一言。第二次是黎元洪见萨镇冰无回音又派瑞典人轲斯再次送信，提出"满汉存亡，系于师台一身；否则各同胞视为敌人相待，元洪将无法阻止"的谏言。在黎元洪和同情革命的官兵的共同策动下，清海军与民军达成了默契，汉口之战中发炮也多指向天空或空旷陆地，从而减轻了民军的压力。事后，萨镇冰还决定将全部军舰调离汉口退守九江，几日后反正归附革命。后来，毛泽东对他评价道："萨镇冰，清朝最后一个水师提督……这是一位可敬的老先生！他拒绝镇压辛亥革命。"对于张彪，黎元洪也是竭尽全力争取。他首次给起义军官士兵训话时就建议，派人游说张彪回来，我让都督席位，使他仍为我们的长官，我愿往前方督师作战；张彪如执迷不悟，就是我们的敌人。10月23日，黎元洪又亲自致书信给张彪，"同寅有年，相知以心，相知既久，而忽相仇，余心甚为歉然。惟是种族之界，严于君臣，大义之行，可灭亲友。弟秉大义，别种界，万众一心，军民同愤，满奴气尽，昭然人目。……仁兄素明事体，顺逆之理，胜败之数，谅计之已熟，何事以虎口余生，东逃西窜，辅不足为之满奴，以残我同胞。……助我同胞，救之于水火，大业告成，虚位以待，铭功于册，铸像于铜，将见地球各国乎。……如欲以逃窜小丑，乌合流氓，与大汉百战百胜之雄师相见以戎衣，是以卵投石也。"（黎元洪：《致张彪书》，《民国报》，1911年11月21日）黎元洪的这封信字里行间可以说是恩威相逼，既表现出了争取张彪加入革命阵营的期望，又流淌着仇满的大汉族主义情结。出身戎马的张彪阅后怒斥道："我辈为高级长官，食皇上俸禄，理应尽忠朝廷，万不可造反。不日北京有大兵南下，将武昌革命扑灭，叫黎元洪小心小心。我提拔他到这个地步，他还不知恩，反致造反，真不是一个东西。"（曹亚伯：《武昌革命真史》中册，上海书店 1982 年印行，第 77 页）对于两位清军统治集团的领军人物，黎元洪的劝降工作虽然一成一败，但对分化清朝统治阵营、稳定革命战局还是起到了积极的作用。此外，为消除清朝军官反正的疑虑，黎元洪还布告海内外人士，此次起义是合十八行省诸英雄倡此义兵，与同胞复仇，天下同心与我共谋此举，不止鄂省一处。为争取各省高级军官弃暗投明，黎元洪更是晓之以理、动之以情地疾呼："满贼窃踞中原，二百余年于兹。以腥膻之族类，坏华胄之文物，鬻官卖爵，怙恶肆威，田赋不增，阳以窃仁恕宽厚之名，关卡遍设，阴行其头会箕敛之实……本军不忍坐视，乃体同胞之心为心，爰举义旗，驱除满奴，幸同胞响应，遐迩云集。湘粤豫赣亦先后遣军赴义，兹者鄂境底奠，东南大局，计已在指顾间，此诚我汉族同仇敌忾拨乱反正之秋也。贵军官大义克明，久深仰佩，希即投袂而起，共成大义，光复旧物，以谢同胞，中华幸甚。"（黎元洪：《黎都督照会各直省高级军官文》，三余书社主人编辑：《一字一泪》，三余书社 1912 年版，第 15—16 页）

　　刚刚成立的军政府可以说是内外交困，黎元洪刚履任都督所面临的压力和考验也是双重的。一方面是内部的权力之争，另一方面是外部强大的军事压力。内部的压力主要是军政府权力分配问题，这也是黎元洪上任后遇到的第一个最为棘手的政治问题。在这个问题上，立宪派和革命派的争位夺权斗争也开始明朗化和激烈化。为正式建立鄂军政府，早在 10 月 14 日，革命党人邀请地方士绅汤化龙、胡瑞霖（咨议局议员），黄中恺（汤留日时同学）等人组织军政府大纲，制订了民国第一个政府组织法《中华民国军政府组织条例》，共 6 章 24 条，内容特点是都督高度掌握军政大权。

规定军政府由司令部、军务部、参谋部、政事部四个部构成。四部均直辖于都督，受都督指挥命令，执行主管事务；凡发布命令及任免文武各官，均属都督的权力；司令、军务、参谋部自下级军官以上，政事部自局长以上，均由都督亲任。这个条例集大权于都督，成为黎元洪排挤革命党人的法理根据。但集权于都督又是同盟会创立时所规定。同盟会为供各地起义之应用所编定的"革命方略"中就有"军都督有全权掌握军务，便宜行事"的规定，各地在拟订都督府条例时自然以它为准绳。也正因为如此，为诱使革命党人接受这一条例，汤化龙利用同盟会中部总会领导人居正急于要求加强军政府职能的心理，由居正假托孙中山名义将条例交付讨论，遂获通过。于是，一批旧官僚和立宪党人纷纷进入军政府，掌控军政大权，以致首义将士很少有人进入其中。这个条例对于声望和权力都处于上升期的黎元洪来说，无疑是有莫大的帮助，他阅后也是连声称妙，表示即请公布施行。但随着条例的施行，一系列革命党人被排挤在外的现象频频发生，立宪党人的阴谋也昭然若揭，不攻自破。10月25日，革命党人召开会议重新制订了《中华民国鄂军政府改订暂行条例》，共4章15条，内容特点是限制和监督都督职权。通过改订条例，军事上的重大决策以前由都督一人集权改为由都督府军事会议制订，革命党人在军政府中的实际领导地位也得到了有效的确立。在这个权力分配的斗争过程中，无论是前种方案还是后种方案，对黎元洪而言都是有利的，并不影响到他的领袖地位。黎元洪做了辛亥革命的首义都督，于革命势力，可以巩固革命成果，夯实首义地位，团结更多的革命志士投入到反专制统治、争民主自由的斗争行列；于反动势力，黎元洪也是他们破坏革命的寄托和希望，吸引着他们或主动或被动地加入到军政府中来充个一官半职。所以，在黎元洪部下，聚集了各个阶级阶层、成分复杂的人群，他们各个心怀异志，随时代的潮流而动，这也是后来辛亥革命胜利果实被人窃走的一个重要根源。

武昌起义爆发后，黎元洪领导的湖北军政府面临着巨大的外部军事压力。清政府派出了分别由荫昌、冯国璋、萨镇冰率领的两镇精锐陆军和海军舰队分赴武昌驰援，并责成河南巡抚就近调派军队急赴汉口增援。在敌我军事力量对比上，北洋军武器精良、人多势众、指挥得法，革命军老兵多阵亡，新兵不足用，指挥人才缺乏，清政府军队不日即克陷汉口，逼近武昌，形势非常危急。在这最为关键的生死存亡之秋，10月28日，同盟会领导人黄兴、宋教仁、田桐等人抵达武汉支援。黄兴为众望所归、敢上前线冲锋陷阵的统帅，他的到来给革命军的士气打了一针强心剂。黎元洪委任黄兴为湖北革命军战时总司令，所有湖北军队和外省开赴湖北的援军悉归其节制调遣。但由于双方力量对比悬殊，汉口、汉阳相继失陷，革命党人不得不退守武昌以图自救，武汉保卫战进行得非常惨烈。与此同时，全国革命形势的发展却十分有利。湖北、湖南、江西三省相继宣布独立，彼此支撑，互为犄角；山西、陕西、云南也宣布独立，牵制了西北、西南的清军调动，这在一定程度上还是缓冲了湖北革命军方面的压力。从清政府援军来看，接替荫昌指挥的袁世凯面对迅猛发展的革命形势也在犹疑，在这一鼓作气即可收复武汉的关键时刻他下令停止进攻，藉革命之威以挟制清朝，又挟清朝之命以胁迫革命，转而寻求政治解决的途径，这给革命军带来了喘息之机，也为保护首义成果打开了和平之门。

　　革命形势的变化拉开了南北议和的序幕。10月到11月之交，袁世凯嘱意曾任湖北新军管带、时为袁府幕僚和湖北籍道员的刘承恩，先后三次向黎元洪致函提出，南北战事应趁清廷下"罪己诏"悔过的机会暂且和平了结。对此，湖北军政府商议了一时权宜之计，即主张利用袁世凯反戈，只要袁世凯不抗汉人革命，即推戴袁世凯为大总统。袁世凯认为革命党人虽居心叵测，但和平解决之意已明，遂继续边剿边抚、边打边拉来斡旋。11月10日，在黎元洪发出通电请独立各省组织临时中央政府以一军权的同日，袁世凯派出全权代表刘承恩、海军正参领蔡廷干携其手书到武昌都督府与革命军议和，并向湖北方面提出，如能承认君主立宪，两军即息战；否则，仍以武力解决。湖北军政府则向袁世凯提出，如顺从民意，则达目的易如反掌；不然，同胞虽受涂炭祸害，则鸟尽弓藏，将危及项城。黎元洪虽然同意议和，但对袁世凯提出的君主立宪的条件严词拒绝，坚持以建立共和作为议和的根本条件。他致信袁世凯："公之外状，佯持中立，于满汉两面，若皆无所为。实则公之自私自为之心，深固不摇，而后乃敢悍然如此，欲收渔人之利也。""与吾侪共扶大义，将见四万兆之人，皆皈心于公，将来总统选举时，第一人之中华共和国大总统，公固不难从容猎取也。"（张国淦：《辛亥革命史料》，上海龙门联合书局 1958 年版，第 281 页）这正如革命党人胡石庵以"全鄂士民"的名义致信规劝袁世凯一样，要顺时应人，扫穴犁庭，推翻清廷，汉族的华盛顿，唯阁下是望。黄兴也寄希望于袁世凯以拿破仑、华盛顿的资格，出而建拿破仑、华盛顿的事功，直捣黄龙，消灭清朝。这不但被湘、鄂人民爱戴为拿破仑、华盛顿，即南北各省没有不拱手听命的人。黎元洪对袁世凯既表现出警惕，又寄予重大厚望，甚至不惜以共和国大总统之位换取袁的倒戈，这与革命党人对袁的态度是一致的，可见当时党人的认识和觉悟并不比黎元洪高明，我们不能因其政治立场相同，但所处的阶级背景不同就去谴责黎元洪而褒扬党人。

从首义之初袁世凯诱和到清帝退位这段南北议和期间，黎元洪主战的态度也不是自始至终的，而是摇摆于"战"与"和"之间。在袁世凯幕僚游说黎元洪当前战事不能长久，当有议和转机，希望和平了结时，黎元洪所作复书语气还比较恭顺。对袁世凯提出在实行君主立宪的基础上两军息战的议和条件时，黎元洪的反应还比较温和，还说一切当如宫保旨意。停战议和是袁世凯瓦解革命力量的撒手锏，可达到以停战懈民军心，使其无压迫之感，而有余暇自生纷扰的目的。虽然如此，但黎元洪还是保持了一定的警觉，一旦发现袁世凯议和无诚意，即刻就投入主战反袁的行列。他在致电贵阳杨柏舟都督时指出，君主民主问题由各省代表三人在上海开会议决，大约数日内可揭晓，如达共和目的，固属万幸，设不如愿，唯有以战争为第二解决。在停战将近两月，议和毫无成效之时，黎元洪致电南京临时政府，财穷兵懈，大局不堪设想，拟于停战期间多募北方同志，与北方兵营中通声气的人密往河南、山东、直隶及东三省举义，内可以收北伐之功，外可以弥违约之隙，民国可大功告成。黎元洪踟蹰于战和之间，既没有革命派"革命之目的不达，无议和之可言"的坚决意志，也没有妥协派一味退让、委曲求全的盲从心理，他希望和平解决是放在首位的，但也不放弃使用武力。

　　双方和谈争执的焦点在于政治体制的问题，革命军主张民主共和制，袁世凯则主张君主立宪制。双方所坚持的条件都是选择战争与和平的必要条件和首要前提，也是达成和谈的最后底线。此轮和谈以袁世凯的失败告终。为挫革命党人的锐气，袁世凯加大武力进攻力度，通过攻克汉阳以夺革命之胆，通过帝国主义力量干涉以瓦解民军势力。面对清军强大的火力攻击，黎元洪誓死保卫武昌城，并连续六次发出"鄂省告急之血电"，火急请求外省支援。但事与愿违，汉阳失守，革命军士气大挫，黎元洪不得不提出暂时息战。他原本期望征求全国人民的意见，是否仍主战局？或者等待共和党人开会筹议君主立宪，以作归束。但后来黎元洪认为，战局延期日久，无非自相残杀，涂炭生灵，破坏人民生命财产，更担心外人干涉，所以愿暂时停战，与政府暂时议和，两方各派正式代表，宣布意见。若全国共和党人，仍欲战事继续，当效死疆场，以终此局。11 月 27 日，黎元洪派出湖北军政府外交次长王正廷进行停战谈判，提出三条停战条款：（一）停战十五日，在此期间内，现在两军所占地方，应各自占领。（二）各省

临时政府中的副总统兼参谋总长黎元洪

与革命军联合的团体，应派代表聚居上海，以便公举全权委员会，与袁世凯的代表会商。（三）如须展期，即再停十五日。袁世凯自然欣然接受。此时，黎元洪和湖北军政府已放弃先前坚持的推翻清室和实行共和政体的原则，转而停战议和，接受君主立宪主张。这正中袁世凯的下怀，表明湖北军政府开始向清政府妥协，同时也表现了革命党人的软弱性和缺乏斗争经验。嗣后，双方在武汉达成局部停战协定。12月9日，南北双方签订正式停战协定，资产阶级革命派发动和领导的反对清王朝的起义斗争至此告停。12月18日到20日，临时中央政府与清政府先后进行了五次和谈，双方议定：（一）确立共和政体。（二）优待清皇室。（三）先推翻清政府者为大总统。（四）南北满汉军出力将士，各享其应得的优待，并不负战时害敌的责任。（五）同时组织临时议会，恢复各地的秩序。

武昌起义发生后到11月上旬，全国先后有11个省区宣布独立，成立革命军政府。紧接着，组建中央革命政权，统一革命力量的问题被提上议事日程。11 月 10 日，黎元洪发出通电请独立各省派员来鄂组织临时中央政府以一军权。从 11 月底到 12 月底，各省代表先后在汉口、南京开会讨论政府组织问题。以黎元洪为首的湖北方面和以沪军都督陈其美、江苏都督程德全、浙江都督汤寿潜为代表的上海方面，虽然在这个问题上出现了会议地点之争、正副元帅之争，但随着不可阻挡的革命形势的变化，会议最终确定了南京为临时中央军政府，议决由黎元洪担任临时政府大元帅、黄兴副之。在临时中央军政府大总统的归属问题上，各派政治力量展开了激烈的博弈。各省都督府代表会议讨论的结果是，主张黎元洪的人有十分之六，主张黄兴的人有十分之三，主张孙中山的人有十分之一。而在南北议和中，当时以黎元洪大元帅为主导的临时中央军政府一方，却主张"以大总统饵袁世凯推翻清室"的策略推进革命直捣黄龙。但最终结果是，在同盟会和有志的革命党人的作用下，12 月 29 日，孙中山高票当选为临时大总统。1912 年 1 月 3 日的选举会上，黎元洪当选为副总统。中华民国和南京临时政府宣告成立，一个资产阶级共和国的政治体制和组织机构基本确立。

第三章

民初政坛显身手

倒戈相向，镇压党人与"倒黎"运动

隔岸观火，稳坐钓台调和南北政争

运筹帷幄，掀起共和与帝制龃龉

南京临时政府成立后，由于政府权力的分配不公，南京方面和武汉方面出现了"宁汉龃龉"。相当多的首义将士被排除在临时政府组成人员之外，这必然就引起了权力和派系的斗争。尤其是首义地区湖北，在旧官僚政客乘机挑拨离间之下，对南京临时政府和同盟会的离心力加大。1912年1月16日，孙武、刘成禺等首义诸人在上海成立民社，创办机关报《民声日报》，大力宣扬卢梭《民约论》中的民主思想，拥护黎元洪为首领，向同盟会争权，与同盟会公开对立，跟临时政府分庭抗礼。黎元洪和民社的结合，双方都有其自身利益的考虑。民社依靠黎元洪，可以借首义领袖人物的威望来扩大自己的影响，进而达到干涉临时政府政治安排的目的。黎元洪依靠民社，既能巩固自己的权力，又能集结一些怀才不遇的首义志士为己所用。有了社团名为追求民主实为掩人耳目的宣传和标榜，民社和同盟会的斗争也就在民国成立后或明或暗地展开。

一、倒戈相向，镇压党人与"倒黎"运动

孙中山就任临时大总统的当天，黎元洪就在致电南京临时政府和各省都督时指出，袁世凯胸怀磊落，名满天下，此次他因任职清廷而未能当选，知道的人都感到可惜。大家期望和议早成，彼此共享共和之福，有袁世凯这样的人望，为什么不能当选呢？大家表现出了对袁世凯的推崇之情。这从另外一个侧面也反映出了黎元洪对孙中山领导下的临时政府组成班子的不满。1月25日晚，黎元洪召集都督府顾问、参议会议，听取上海联络员孙发绪、胡瑞霖等人的报告。当得知孙中山说话都是欺人之语，南京政府是如何如何不良，我辈万不可与之联合，须速谋自卫的诋毁言语后，黎元洪抱定主义，另立门户，组织共和党，垄断湖北一切政权，联袁拒孙。《民声日报》也为之声援，中国是中国人的中国，不是同盟会的中国，辛亥革

命之功，黎元洪创造开始，袁世凯最终完成实现。这些言行在临时政府内部起到了一定的离心作用，直接导致了以黎元洪为首的武汉方面和以孙中山为首的南京方面在财政筹款、国旗式样选取、定都等问题的决策上产生了较大的意见分歧。在这种情势下，南京临时政府施政有来自内部的强大阻力，各项工作部署落实起来显得异常艰难。

与此同时，湖北革命党人内部也开始出现明显的分化，或为争权夺利，或为挽救革命成果，因而同室操戈的现象时有发生。黎元洪处于武昌权力集团的中心，在政府的内务、财政、外交、秘书厅等要害部门大量启用自己的旧部，拓展自己的势力，巩固自己的地位，这进一步激起了部分革命党人的强烈不满，遂而引发一起起推倒黎元洪的运动。但倒黎又往往以未遂告终，由此所引发的则是黎元洪通过实行对党人的大肆镇压来"清君侧"。同盟会的机关报《民立报》痛切指出，黎元洪不是革命党的老同志，而是经常怀有一种疑忌观念。曾经因为孙武与蒋翊武两不相下，孙武利用黎元洪之力以快私怨，黎元洪方欲加强自身势力，遂相信孙武的话，日以杀戮驱逐为事。所以，我们的同志既无端遭杯影怀疑，又无端燃起内讧之祸，其结局是不堪设想。在两种力量的角斗下，此间发生的"倒黎"运动主要有：

（一）祝制六倒黎。祝制六为日知会会员，也是文学社骨干，警察学校监学，起义前任第四十二标代表，首义时光复汉阳，据兵工厂，最为努力。1912 年 6 月，武昌城内外谣传同盟会谋乱。月底，以孙武为首的共和党鄂支部和同盟会鄂支部各军界要人，在黎元洪召集的军事会议上又大起冲突，孙派指责同盟派有些人因不得重要位置，欲谋害黎副总统，推倒鄂军政府，同盟派自辩这是共和党的诬陷。在孙武的利用和支持下，祝制六、江光国等文学社骨干分子组成秘密团体，伺机以武力推翻军政府，改革政治。另外，孙武又派人向黎元洪告密，建议杀祝制六，借以扩大其事，波及无辜，实现一网打尽。在这种复杂局面下，7月1日和2日，黎元洪下令宣布武昌戒严，对有暴动及擅自开枪聚众的人，格杀勿论，并调派禁卫军和军警，逮捕祝制六、江光国等人，搜出檄文、布告、名册、徽章等反政府的证据，随即将其秘密杀害。嗣后，黎元洪宣布，祝制六作为群英会会长，私立机关，假改革政治为名，主持极端破坏，实属罪大恶极，并依照"名册"索捕处死文学社同志不计其数。

（二）南湖马队倒黎。1912年9月，驻扎武昌城外的南湖马队与革命党人互通声气，组织"推倒黎元洪的秘密团体"，以马队教官祁国佐为司令，队官陈启胜为参谋长，副官严正朝为全军代表，拟于首义周年纪念时发动起义，计划先行推倒都督并军务司，然后再夺取政权。不料，起义计划泄露，黄冈兵变打乱了革命部署。黎元洪在武汉地区开始大规模的搜捕行动，破坏革命机关，连夜处决"叛乱"人员。25日凌晨，城外南湖马队得知城内机关被破坏，遂提前决定起义，以免坐以待毙。马队官兵虽全力作战，但终因寡不敌众、伤亡惨重而退守。为防治马队反攻或混入城中，黎元洪加固了城中的防守，并下命令巡查城内各军，遇有二标马队中人格杀勿论。同时，为避免马队借以前军队裁员时未上缴的徽章混走，将以前所发白底蓝字一概取消，另换白底黄字徽章，这时整个武昌城禁备极其森严，凡军人出入须验徽章放行。黎元洪还通过取消南湖马营的建制来削减革命力量。他一面散布起义已被镇压、湖北平稳的消息，一面却在清理、打击参与此次事变的人员，以致武汉城笼罩在白色恐怖之中，激起舆论的不满，此间各大报纸力诋都督以杀止杀的政策。经过这次血洗，湖北大批革命党人牺牲。这次事变中，不知名姓的被获秘密机关的同志及当时的两军交锋、枪毙而死的，统计不下数百人，可见死时的惨烈。

（三）改进团倒黎。在"马队事件"的血洗之后，许多被遣散而生活无着落的起义官兵与留在军中的革命党人，痛砭黎元洪对起义有功的人摒弃不用，专以官僚派当权的"暴民政治"，并前赴后继地设立秘密机关，伺机发难。黎元洪侦悉后坐卧不安，进一步强化专制统治，实行个个击破，这就进一步加速了双方矛盾的尖锐化和斗争的白热化。1913年4月，湖北革命党人在武昌举行秘密会议，应黄兴约发起"改进团"，以改进湖北军政，继续努力进行革命事业为号召，以推翻当今政府为主义，倡言不推倒袁世凯、黎元洪及诸官僚，民众最终不能享共和幸福。6月25日，改进团负责人季雨霖、蒋翊武等人决定发动起义，由城外南湖驻军发难，与城内驻军汇合后进攻都督府，推翻黎元洪统治。但事与愿违，由于湖北军队在黎元洪的严密控制下，以致许多参与人口心不一，响应者寥寥，故起义很快被镇压下去。在破获改进团后，黎元洪再次加大了对革命党人的血腥屠杀，湖北城内因改进团谋乱，缇骑四出，军警密布，拿获犯人，日有所闻。都督府军法处已成一大流血场，连日在内秘密处决者共有20余人之多，所杀的人十有八九系军政学各界知名之士。

　　革命党人倒黎，紧接而来的就是黎元洪为求自保而镇压革命党人。双方的剑拔弩张使没有掌握政权和正规军队的革命党人队伍明显处于弱势地位，双方枪林弹雨的较量也就表现得异常血腥（参见下页表），"黎屠夫"之名更是因此不胫而走，广为传播。

民初黎元洪镇压革命党人一览

1912年2月28日	为倒军务部和孙武，实现改良政治目的，武昌改良政治群英会联合军界数千人于凌晨暴动。黎元洪派兵镇压，斩杀数十人。
1912年7月	因黎元洪大肆裁兵，驻黄陂鄂军第三镇十三标士兵在退伍士兵鼓动下哗变，杀死军官，断阻交通，遭镇压。

1912 年 8 月 5 日	驻武昌鄂军第一镇二协三标士兵对强行裁汰不满,抢夺军械库枪支弹药举行暴动。当场毙伤军官数人。黎元洪虽将该协统撤职,待众暴动士兵回营后,则于 7 日将其后队领头的士兵陈兆鳌等杀害。
1912 年 9 月 25 日	驻武昌鄂军马队不满黎元洪日趋反动,在南湖举行"倒黎"暴动,进攻武昌城,受到镇压,死 200 余人。事后黎下令不准士兵参加社团活动。
1913 年 1 月 8 日	参加过武昌首义的退伍失业人员在武昌组织同志乞丐团,向当局与富户索取衣食,并散发反黎传单,黎元洪派兵镇压。
1913 年 2 月	黎元洪将鄂军 8 镇缩编成 4 镇,驻武昌的大批退伍士兵不满被裁汰,聚众集合,鸣枪喊杀,击毙军官,遭镇压。

　　湖北革命党人接二连三的倒黎运动,既有愤革命成果丧失、不满一些新贵攘功怙权的正确一面,也有因个人私欲未达、泄愤报复的一面。这种盲目的政治暴动,是当时复杂的政治斗争的产物,既得不到上层党人的认可和领导,也得不到社会舆论的同情与支持,这反映了民国初年黎元洪湖北政治统治的残暴,也表达了革命党人对民主政治的强烈诉求。正如进步党人士所认为:"观察一年以来之足以妨害共和进行者,厥弊安在? 不能不归咎腐败政治之未尽除与暴民专制之未预防也。"(《黎元洪君代表孙武君之演说》,《说报》第 3 期,1913 年 6 月 20 日,第 10—11 页)倒黎运动的负面效应是,革命党人把黎元洪推向了袁世凯的怀抱,使得在"二次革命"期间,黎一反常态地在政治立场上发生重大转折,公开倾向袁世凯而与革命党人分道扬镳。黎元洪对革命党人的血洗和镇压,也使他牢牢地控制住了湖北军政大权。此间,黎元洪联袁反孙的政治路线,不但加速了葬送辛亥革命成果的步伐,也给整个民初政治的扑朔迷离、反复无常埋下了历

史的祸根。从南京临时政府成立到二次革命前后，黎元洪采取了一系列反革命的行动，是其政治生涯中极不光彩的一段。之所以有这种局面的发生，一方面，从主观上来看，他对共和认识不清，迷信袁世凯为"救世主"，借袁之力来巩固自己的统治地位，是其主要原因。但另一方面，从客观上来看，孙黄组建南京临时政府，在人事安排上对武昌首义诸人未作公正待遇，不仅政府中的部长无一首义之人，就连各部次长也多是未经枪林弹雨的留学生，这种人事安排人为地扩大了武昌集团与南京集团的矛盾，是黎联袁拒孙、与党人反目的一个重要原因。诚然，黎元洪的作用不是决定性的，但他在首义之地带有血腥性的所作所为，就为其他独立省份如何运作政权提供了一个非常不利于社会进步的"典范"。这种"典范"的影响是潜移默化和具有一定导向性的。这个开局在某种程度上也昭示着新诞生的民国命运多舛。

二、隔岸观火，稳坐钓台调和南北政争

南京临时政府在成立后以袁世凯对议和并无诚意，决定派黎元洪以大元帅名义誓师北伐征讨。北伐军挥师北进，连连取胜，捷报频传，迫使清帝宣布退位，北方袁世凯放弃立宪并致电南京临时政府赞成共和。南方的孙中山临时政府也如约让出了大总统之位，经选举由袁世凯接任。在随后的定都、组阁、借款、"宋案"、"二次革命"中，南北双方政治力量互相博弈，展开了激烈的交锋，表现出了不妥协、不退让、不和谐的政治斗争局面。这时，以黎元洪为首的武昌集团作为第三方政治力量，其政治立场如何，直接影响到了事态的发展和民国政局的走向。

1. 关于定都

民国初年，中国出现了三股拥有全国影响的政治势力和三足鼎立的政权：一个是以孙中山为首的南京临时政府；另一个是袁世凯掌握实权的清

朝王室；再一个是以黎元洪为都督的湖北军政府。在这三个政权中，表面上看是革命势力"三分天下有其二"，但湖北军政府名义上虽是南京临时政府下属的一个地方政府，实则并不听命于它，相反却是与袁世凯反革命势力珠胎暗结。为防范袁世凯破坏共和，孙中山在辞职咨文中提出了设临时政府于南京、新总统到南京就职、遵守《临时约法》等三个条件，其用意在于将袁世凯置于南方革命势力的监督之下。但袁并不因此就范，在3月15日当选为临时大总统后，企图定都于自己拥有雄厚统治基础的老巢北京。孙多次通电催他南下就职均未果，袁表面以维持治安为由，实际是用军事事变的政治手段来延宕。一时南北双方、各个派系展开了激烈的争论，可谓众说纷纭、莫衷一是。

在定都政争中，作为南京临时政府副总统的黎元洪当然不会坐视不管，提出了定都武汉的第三种意见。他认为，南京政府对于预筹善后纲领，各方面情况全未注意；北方区域很大，无政府的危险也应考虑，建议组织正式共和政府，召集南北各省代表，预筹善后纲领，即以汉口为召集地点，表露出了以武汉作为民国政府所在地的思想。对此，袁世凯不为所动，并指出，在汉口召开会议的办法缓不济急；他顾虑南京在革命党人的直接控制下，武昌为同盟会和黎元洪的根基，故坚持定都北京。孙中山则认为，南京是民国开基，长此建都，好作永久纪念，不似北京地方，受历代君主的压力，害得毫无生气，以后革故鼎新，当有一番佳境，这个主张是针对袁世凯和封建主义提出来的。此后孙中山有提出过建都开封等地的主张，但那是针对帝国主义的。虽然得不到北京和南京方面的支持，但黎元洪仍然致力上书袁大总统，通电南京政府各机关：

"临时政府自应以地形险要，交通便利，能笼全国枢纽者为适当之地点，居中驭远，莫若武昌。……参议院诸公力持建邦金陵之议，原欲改弦更张，从新缔造，宅心未尝不善。然统筹大势，默相舆情，两害相权必择其轻，两利相权必择其重，此中关系屡详各省函电中，毋庸赘述，且即舍北京而论建业偏安，犹不若武昌形胜，征诸往史，利害昭然。……窃谓为暂时权宜之计必仍规定燕京，藉消隐患，将来宅中建国，仍在武昌，既足涤荡三百年旧染之污，亦可辟亿万世奠安之局，折衷定策，莫此为宜。"［黎元洪：《上大总统并致各机关》，易国干、宗彝辑：《黎副总统（元洪）政书》，《近代中国史料丛刊正编》第六十七辑，台北文海出版社1971年版，第98页］

黎元洪还借民社和其机关刊物《民声日报》为他摇旗呐喊。"建都问题京不宜南已成舆论。参议院附和政府少数人之私见，率定南京为临时政府地点，既昧大势，复拂舆情，此吾党所绝对不敢赞同者。际南北纷争之日，新旧暗斗之时，吾党似未可加重一方，启内部党派之争，堕外人挑拨之术，折中定制，莫若武昌。武汉倡义为全国人心所归往，其地居交通之中枢，为东南之冠冕，西通川藏，北控燕云，既涤除北京旧染之污，亦免蹈建业偏安之习。"（《民声日报》，1912年2月26日）

但随着动乱的政治形势和社会局势的变化，黎元洪的定都主张逐渐开始发生了一些改变，即由以前的坚决主张定都武昌到暂时定都北京维持局势，尔后从长计议再定武昌。对此，中华民国联合会、民社、国民协会、《民立报》、《神州日报》、《时事新报》、《大共和日报》等社会团体和新闻媒体对定都问题纷纷发表各界的激烈争论。苏州都督庄蕴宽认为，"北都关系外交内政甚巨，若舍北取南，胜国有死灰复燃之虑，强敌有乘机侵犯之虞。"杭州都督蒋尊簋建议，"请参议院以公正之眼光详加研究为要，并将前后会议情形及两方主张理由明白宣布，以释群疑"，或"暂以北京作临时政府地点维持大局，俟国会成立或南或北至易取决"。长沙都督谭延闿指出，"建都南京只可为暂时计画，若为永久起见，犹须斟酌……居中驭远，形势固在金陵。燕京南达湖广，北枕蒙疆，东接胡满，西连回藏，近者铁道四通，诚得高屋建瓴之势，此中央政府之地点所以宜取北京也。"

桂林都督陆荣廷"迭接黎副总统各都督电,国都问题多主张北京",认为"此事体大,将来自应由国会解决"。天津张镇芳、张怀芝、张锡銮暨各司镇道将领分析了不宜舍北取南八条理由,共同提出"政府地点问题关系尤重,审时度势,莫若都燕"。南京浙军司令朱瑞、粤军司令姚雨平等通电"统一政府暂设地点若就现势外交、经济、地理、历史种种关系言之,自以参议院第一次议决之条为适"。[易国干、宗彝辑:《黎副总统(元洪)政书》,《近代中国史料丛刊正编》第六十七辑,台北文海出版社1971年版,第98—100页]三地定都,各有优劣。由于社会上普遍的厌乱思安心理的作用,加之袁世凯一手的精心策划,最终的定都方案以建都北京胜出。黎元洪的第三种方案为当时紧张对峙的政局起到了缓冲作用,给了国民另一种选择,虽然这里面包含了各有用心的政治集团的利益。

2. 关于组阁

民国底定,组织南北统一政府的地点确定后,南北双方在组阁人选上的问题成为民初各方政治力量斗争的焦点之一。根据各自政治利益,政坛上出现了四种派别不同的观点。一个是"首功之说"。南方革命党人主张对辛亥革命有功的人来担任阁员。另一个是"放任主义"。原立宪派和拥袁势力主张用所谓的"人才主义"标准来选人。再一个是"联合论"。以覃振为首的部分南方革命党人主张南北联合组成内阁最合时宜。还一个就是"选贤论"。以黎元洪为首湖北政治力量主张任人唯贤。在内阁成员的组成人选上,最首要讨论的是内阁总理的问题。北方袁世凯一心想巩固自己的地位和势力,主张自己的心腹安插在要位。南方革命党人认为革命力量不能削弱,坚持自己组阁来抑制袁世凯。经过激烈的交锋,各方都能接受唐绍仪出任内阁总理,是为民国第一任国务总理。1912年3月,唐到南京组织新内阁,为标榜政党内阁,加入同盟会。在阁员组成人选上,掌握军事大权的陆军总长一职的人选又成为各方争论的焦点。南方革命党人力推黄兴,袁世凯则极力举荐段祺瑞，甚至以辞去大总统职务相要挟，迫使革命党人不得不让步。在内阁总理和成员人选问题的确定上，黎元洪针锋相对地提出：

"现今政府未成，祸机四伏。无论如何，总宜顾全大局，万不可盈廷聚讼，酿成乱阶。参议院诸公既公认唐君为总理，一切组织似应由唐君担负完全责任，方可收指臂贯通之效。若必执素不相信之人，强其联合，将来内阁必无善果。至首功之说，洪窃以为不然。我同志诸公，出生入死，万难不辞，但为同胞幸福，非为个人谋权位，光明磊落之心早为天下人所共瞩。至破坏建设二者相资，非富于政治思想之人，不足以革故；非富于政治经验之人，不足以鼎新。且即以首功而论，倡议与告成、实行与暗助，南北相权，孰轻孰重？此中亦骤难轩轾。以洪愚见，但视其人之品行、才学、阅历何如，能否造民国健全之基础，达吾人圆满之目的，无论新旧，皆当竭力赞成。闻袁公已拟定阁员，指日必提交参议院请求同意，望乞诸公共抱此心，早维邦本。"〔黎元洪：《致南京参议院》，易国干、宗彝辑：《黎副总统（元洪）政书》，《近代中国史料丛刊》正编第六十七辑，台北文海出版社 1971 年版，第 110—111 页〕

黎元洪认为，孙、黄等革命党人诚然有民主革命"倡义"之"功"，而自己和武昌的首义志士却有首义"告成"之"功"，袁世凯等北洋军阀又有推翻清王朝的"告成"之"功"；革命党人运动革命虽有"实行"之"功"，而旧官僚和立宪派却有襄助革命的"暗助"之"功"；南方虽是掀开革命大幕的角斗场，但北方却是推进革命成功的策源地。民主革命不是一个地域、一个派系、一个阶层燃起的"炊火"，而是上下左右、天南地北的各方力量共同打造的"盛宴"。他建议当务之急就是要速定速决，早日确定人选走马上任。所以，在具体的阁员人选上，黎元洪所坚持的是地域不分南北、政治不分党派的"选贤说"，即当此四面楚歌，事机威迫，国务各员但须择学识经验确有专长，无论新旧南北，皆当协力赞成，以期成立。黎元洪的言语中虽然表现出了无论南北新旧、不偏不倚的政治态度和立场，而寓意却是在为袁世凯摇旗呐喊，赞同并促成袁氏所提建议方案，这也表现出了他对革命党人的无心打量和对军阀势力的妥协依从。

为加快政府北迁，弥合南北分歧，组织好政府，黎元洪通电各省各机关，对当前极有可能面临的"兵亡"、"民亡"、"国亡"、"种亡"进行了深入的分析，并提出早定国都，组织政府，可收中央统一的效果，防止外人干涉。黎元洪为此泪竭声嘶，函电南北，但言者谆谆，听者藐藐，以致政府组织工作迁延很久。他劝大家放开党见之争，多从内外交困的政治形势考虑，并提出所如不合，政见相乖，也可藉议会为中坚，恃人民为后盾，富民利国，有何猜虞。在黎元洪的极力说服和各界人士的共同努力下，政府内阁终于初见雏形。4月1日，唐绍仪内阁正式成立。在中央直辖的10个特别行政官厅的总长中，袁派势力把持内务、外交、财政、陆军、海军、交通6个重要部门；革命党人掌有司法、教育、农林、工商4个次要部门。黎元洪身为副总统还兼任了掌管全国国防用兵事宜的参谋部总长一职，直隶于大总统并辅佐大总统运筹军务。他对此表示乐意接受，并认为南北军人感情尚未十分融洽，若得参谋总长双方调和，必能化除意见，故慨允兼任此职。但袁世凯的这一人事安排却别有用心，既排挤了黄兴作为参谋总长的提议人选，扫除革命党人进入军事中枢的希望，也拉拢了负有首义都督和副总统声望的黎氏集团，奠定了袁氏膨胀自己政治野心的人事基础。

3. 关于借款

南京临时政府成立，百废待兴。而此时国家建设在政权尚未统一的情况下，面临的最大问题就是财政经费支绌。孙中山感叹当时的处境惟度支极困，而民军待哺，日有哗变的危险。1912年1月26日，南京临时政府财政部致电各省，目前民国财政，万绪千端，希望得到各省的支持，才能渡过难关。黎元洪代表湖北方面当即复电，鄂省财政，万分窘迫，通盘筹划，难敷一月费用，若不急为设法，万难支持。湖北对中央财政不但没有贡献，反过来还期望得到中央的支持。这一方面确实是由于湖北因起义战乱军费耗资颇巨，而另一方面也表露黎元洪对中央政权的离心力，不会轻易将自己的家业拱手相让。为国家兴亡计，求内不通转而求外，南京临时政府将解决财政困难的目光瞄向了举债列强，这对帝国主义加深侵华力度可以说是求之不得，双方一拍即合。1912年1月底，孙中山南京临时政府"急不择荫"，商请盛宣怀以个人名义，用汉冶萍公司股票为担保，开出中日合办汉冶萍煤矿的条件，向日方三井洋行借款200万元。这个有损中国主权和人民利益的举动，遭到了国内许多方面的反对。黎元洪向中央政府和参议院义正词严地指出，该项产业关系民国前途最为重大，合资开办一事，希望迅即设法取消，切勿任少数人干预而引发众怒。1913年4月，袁世凯北京政府为筹措发动内战的军费，出卖国家主权，以借款2500万英镑的条件，将盐务稽查所、审计处、借债局、长芦盐政局等部门总办分别出让给英、俄、法、德、日五国。约法规定，借款必由参议院议决。财权先亡，国本随之。此项利权事关全国命脉之举，国会承受参议院职权，不容其先事置议。参众两院、国民党、财政部等社会各界组织和领导人于是纷起通电反对，否认大借款事宜。这时，黎元洪则提出和平办理的主张："窃念借款一事，聚讼数年，只以国信未著，条件太苛，更迭数手，迄无所就。今既各国让步速成，苟于通过原议，不再受亏，即小节亦当共谅。此时洋赔各款既须速还，军政各费不能停止，各省又不能立集巨款，用为抵制，更不能保将来政府借债之事，永不履行。则是今日舍借款无救急之方，舍五国无现成之款。为今之计，国民惟有监督用途，力求补救。"（黎元洪：《黎元洪主张和平办理宋案借款电》，朱宗震、杨光辉编：《民初政争与二次革命》上编，上海人民出版社1983年版，第341页）

同样是在借款问题上，黎元洪前期反对南京政府，后期支持北京政府，而前后几月国内外的政治和经济形势也未发生太为鲜明的变化，为什么会有这种转变呢？这只能从当时政权的归属问题上来寻找答案。南京政府虽然暂时是革命派的孙中山集团所掌握，黎元洪反对借款也确实出于一种爱国热情驱使，但随着江山易主，袁世凯登台把持北京政府，黎氏的主子情结盖过爱国热情，不得不站在最高统治者的立场上鼓与呼。甚至当善后大借款遭到参议院和众议院的集体多数否决时，他还领衔通电反对推翻借款，向国会议员大发骇人听闻的激烈言辞。诚然，这里面不能排除黎元洪为救亡图存而产生的迫切的慌不择路的救世心理，但以国家财权拱手相让列国为代价，则给国民带来的是永久而深沉的创伤和悲痛，不是灭亡却胜似灭亡。

4. 关于"宋案"

1912 年 8 月，宋教仁以同盟会为基础组建了全国第一大政党国民党，并于是年底和翌年初的国会选举中大获成功，占据两院多数席位。宋教仁和国民党的成功使袁世凯惴惴不安，他不甘心让国民党组织内阁来干涉军阀独裁政治，并直言自己不怕国民党以暴力夺取政权，就怕他们以合法的手段夺取政权，把自己摆在无权无势的位子上。袁还运用各种手段对宋教仁进行威逼利诱，均未达到预期的效果。他于是另行其道，派人谋杀宋教仁于上海车站。宋教仁被杀，成为民国史上"为宪法流血的第一人"。宋案的发生使以孙中山为首的革命党人从血腥的教训中醒悟过来，奋起主张武力讨袁。其后，随着宋案真相大白于天下，袁世凯指使枪杀宋教仁的事实激起了全国人民的愤怒，各方面的讨伐之声不绝于耳。

对此，黎元洪通电各省力持镇静，为袁世凯辩护道：查程都督所宣布的宋案证据，不是政府主使，系他人揣测邀功，招摇诈款。要犯尚未就擒，爱书尚未确定，自当法庭的制裁。即使政府有罪，也不难求证定罪，昭示国人。共和国家首重司法，不容行政官厅干预，即至立法机关，也当然不能侵犯。刺宋一案，纯属法律问题。前者宣布证据，不出于法庭，而出于军府，懂法的人都怀疑政局的真实性。同属国民，应共图巩固共和，维持大局。宁可以宋君殉全国，不可以全国殉宋君。正式政府尚未告成，临时政府自当承认。黎元洪反对南方用武，主张用和平的法律手段来解决，也得到了黄兴等人的支持。黎元洪主张对于宋案，纯主法律解决，借债要求交国会通过，始终如一，实际上与黎元洪所见相符。至于广大民众所担心的"暗杀为帝制之谋，借款为军事之费"的问题，黎元洪声称，果有此事，湖北以阳夏的惨痛，博此共和，又岂能坐视沉沦，自甘奴隶，只有外观世局，内审国情，以国利民富为前提，以保育共和、维持统一为宗旨，不忍南北稍形决裂，更不忍武汉再见兵戎。利害相权，存亡所系，各有责任。此事和平办理，则国基巩固，国用充盈，威信远盈，友邦公认，大家手造无上荣誉，否则，内部崩裂，强敌剖分，民国不存，前此勋名也将不会存在。由此可见，黎元洪的言辞在客观上造成了为袁世凯曲意辩解，维护其统治威信的形象，但其主观上却是为了维护国计民生的稳定和谐，珍惜民国的来之不易，而且这种主观上的意识不具备标榜的意义，这从黎氏戎马倥偬的革命经历及其后对袁世凯若即若离的态度中可以找出其思想产生的社会和历史的根源。

5. 关于"二次革命"

袁世凯北京政府制造"宋案"，开展善后大借款，其目标直指国民党和南方革命力量，企图通过发动内战、消灭异己来强化和巩固自己的政治地位。孙中山等革命党人看清袁的反动面目，主张武力讨袁。但又因国民党内部意见分歧，讨袁行动迟迟未能进行，此时双方战争冲突如箭在弦，随时都有可能发生。江西都督李烈钧起先反对中央政府进行善后大借款，继而拒绝中央派民政长入赣、驱逐九江镇守使，露师江表，列成连营，以致中央意欲撤换他，各省也纷纷请书公讨。袁世凯决意以武力压制，派兵四出。黎元洪力主调和，考虑到国基飘摇，民生涂炭，战端一启，大局尚未可知，而鄂、赣两省已罹惨劫，遂出面调停，并建议李烈钧洁身引退，举贤自代，认为辞赣督则可释前疑，举赣督则可弭后患。黎元洪还从反面指出，此前你屡电抗争，都以国利民富为职志，今若此，是以义始而以利终，以功始而以罪终。这时全国人心厌乱，函电纷驰，指斥中央的示威举动，袁世凯不得不稍示退步，要求黎元洪责成李烈钧做到四事：（一）赣省在九江的军队须一律撤回。（二）蔡锐廷、陈延训定须免职，其军队须解散。（三）赣省各税须悉归中央管理。（四）江西须服从中央。对黎元洪的调停和中央提出的条件，李烈钧均未采取实质性的动作和回应，依然坚持武力讨袁，江西也因此成了"二次革命"的发源地和主战场。

为给发动内战提供依据，1913年6月，袁借口江西、安徽、广东三省都督曾通电反对善后大借款，是不服从中央的表现，下令免职，撤除李烈钧职务并任命黎元洪兼署领江西都督事。为消除江西省议会对黎元洪和鄂军入侵的担心，黎元洪专电解释此次政局变迁，实非元洪意料所及，兼督之命累辞不获，在中央亦具有苦心。元洪可担保鄂军不入赣境一步，即请贵护军使、民政长宣慰地方人民，毋生疑虑。此后，为阻止国民党人到湖北运动军队，黎元洪抄搜汉口《民国日报》馆，查获"宣布袁罪，迫告湖北独立，组织讨袁军，请各省协应"等起义布告；破坏武昌南湖、天门、潜江等地的反袁活动，拿获宁调元、熊越山、季雨霖、詹大悲等领导人，击溃章裕昆起义。黎元洪的残酷统治引起了国民党人谭人凤等人的强烈不满和责备。黎元洪为维护湖北境内的统治所采取的镇压党人的一系列行动不仅为袁世凯的军事部署扫除了前进障碍，而且为北军南下提供了很好的军事便利。1913年7月，袁派兵进驻江西，挑起内战。国民党人被迫起兵讨袁，发动"二次革命"。在不到两个月的时间里，北军就取得了军事上的全面胜利。由资产阶级、小资产阶级革命派组成的南军在与封建军阀的

第一斗争回合中以失败告终。

　　黎元洪作为第三方政治力量在民初一系列政争中常在报刊等公众关注的媒体上表达自己的政治观点和政治立场，确实吸引了不少时人的侧目，对历史的发展也起到了举足轻重的作用。他对大势的判断，或是或非，有自己独到的见解，且均以大局为重。虽然他的有些手段和做法比较过激，有时甚至以牺牲他人性命来维护民国的稳定，但作为武人出身的政治家，这在民国的政坛并不鲜见。他的很多言论和做法在当时的政治环境下还是受到了大多数人的欢迎和追捧。

三、运筹帷幄，掀起共和与帝制龃龉

　　"二次革命"后，在袁世凯的威逼利诱下，国会中占半数议席之上的国民党议员开始分化，有些甚至开始倒戈相向，公然站在封建军阀的立场上反对革命领袖。国民党代理理事长吴景濂说，孙中山、黄兴等虽为国民党领袖，但实际上对于本党并无任何指挥，本部党员也决不受其节制；现在赣宁之难，系黄兴、李烈钧等个人举动，与本党无关；本部党员也决不扶助，二者之间无任何关系。国民党的分裂，加之袁世凯唆使组建的进步党事事为他摇鼓吆喝，国会的两大党派实际上大部分都成为了北洋军阀的帮闲者。袁世凯之所以攻击国民党，争取国会议员，最终目的就是想要保住自己的总统位置，并迫切希望临时大总统能早日"转正"。按照国际上各国法律的惯例，应先按法定程序通过宪法后，方能再行选举大总统。但此时，国会议员们的宪法制订工作还在慢条斯理地进行中。袁急不可耐，只想先选总统，再订宪法。

　　1913年8月5日，黎元洪领衔通电全国，主张先定宪法再选总统。他提出，为今之计，应请将一切议案概从缓议，同心协力编制宪法，先将选举总统一则，即从选举总统入手，将宪法全部从速制定，即行选举总统。两月之内，一气呵成，国本既定，人心遂安，其他各种法律，内审国情，外斟世局，不泥近以昧远，不执私以防公，不以久远的法典而钳制个人，不弃固有的精神而盲从。从此，总统得人，政府成立，再无其他的妨害。10月6日，国会议员在袁世凯一手安排的打手要挟之下选举他为"正式"大总统。次日，黎元洪当选为副总统。随后，黎应袁之邀离开武昌，入京履职，困居自称"小蓬莱"的瀛台。

当正式大总统的目标实现，袁世凯为进一步扫除其专制道路上的障碍，又将目标指向了国会。袁以国会所订宪法妨害国家甚多，下令解散国民党，驱逐国民党议员。如此一来国会议员被赶走半数以上，不足法定人数，国会也就名存实亡。但为寻找推行其专制统治的御用机关，袁别出心裁地召集了一个由总统府、内阁各部和各省官吏推派的一些封建遗孽及对袁忠心耿耿的政客组成的"政治会议"。但此时，以进步党为主的残余的国会议员不免有兔死狐悲之感，四处游说，伸张正义。12月22日，黎元洪以"前兼领湖北都督"的名义领衔邀集各省都督、民政长联名通电，现在政治会议已经召集，请大总统下令国务院咨询各员以救国大计，现在国民党议员，悉经解散，其余稳健议员应请大总统给资回籍，另候召集。黎元洪主张给资遣散议员，解散国会，以"政治会议取而代之"。前后在不到三个月的时间里，袁世凯就相继解散国民党、召开"政治会议"、解散国会、撤销各省议会、停办地方自治等，清除了其走向专制独裁道路的政治障碍。

为从法律上将封建军阀专制独裁制度化，1914年5月，袁世凯公布了把总统权力扩大到和皇帝一样的《新约法》，替代了民国元年的《临时约法》，并规定"立法院"为立法机关，"参政院"为总统咨询机关，所有参政由总统任命。5月26日，由70人组成的"参政院"正式成立，代替了以往的国会，黎元洪出任院长，为袁世凯向专制政权进发装点门面。此时，袁世凯依靠封建军阀武装已在全国建立起了较为稳固的统治基础，其帝制自为活动也随之日嚣尘上。袁甚至卖国求荣，以接受《二十一条》来换取日本对于帝制复活的支持；指使筹安会、请愿联合会等党徒扩大宣传，假造民意，请求参政院议决实行君主立宪。

对于袁世凯所进行的一系列帝制活动，黎元洪采取了消极抵制的态度。他首先是请辞本兼各职，试图从帝制活动中抽身而退。1915 年 8 月，各省进京"公民团"越来越多，纷纷向参政院递交改共和为君主立宪的请愿书，在此冲击下，参政院逐步沦为拥袁复辟帝制的阵地。黎元洪在参政院的演讲中声明，此次会期，决不到院干涉立法职权范围之外的事情。他还拒绝出席参议院会议，提出辞去副总统、参政院长等职，并向袁世凯提出回湖北原籍修养的要求。袁世凯担心放虎归山，对此一律不予批准。黎元洪遂将居所由瀛台迁往东厂胡同。

各省封疆大吏为迎合袁世凯向往帝制的心理，相继发出通电表示赞同实行君主立宪制。黎元洪作为民国副总统，理所当然地成为了他们的争取对象。此间，四川督军陈宧、山西督军阎锡山等致电黎元洪，或主张或赞同或拥护袁世凯实行君主制。陈宧指出，国体问题发生，已表示赞同。现接京外各处来电，言论一致，足见大势所趋。事既至此，不得不速定大计。否则强邻窥伺，乱党乘隙思逞，恐有意外危险。希望我副总统鼎力坚持，并密陈元首当机立断，以维国本而定人心。阎锡山说道，国体问题，邦人讨论。旬日以来，全国响应，有风起潮涌之势。人心所向，大较可知。稽之历史，征之国势，按之舆情，有不得不主张君主制。对于地方大吏的游说和全国人民所谓的"言论一致"，黎元洪并未随波逐流、同流合污，而是保持了自己一种不支持、不参与、清醒、独立的政治立场。这从一个层面也印证了黎元洪对袁世凯并不是个人上的崇拜或权力上的屈服，而是将大局利益、国家危亡放在了首位，这也是他民初政治活动最基本的一个出发点。

1915 年 12 月 12 日，袁世凯正式称帝，成为"中华帝国"的皇帝。袁称帝后的第一道命令就是册封黎元洪为"武义亲王"。在册封令下达之时，黎元洪委婉地拒绝道，大总统虽明令发表，但鄙人决不敢受，断不敢冒领崇封，致生无以对国家，死无以对先烈。各位致贺，实愧不敢当。此后，袁世凯又委托孙武前去，黎元洪起初瞑目不答，若有所思，接着指出，缅怀辛亥起义诸先烈，若不是他们不惜牺牲生命，则无法换取共和；我们都是起义时的一分子，所幸生存世界，当继其未竟之志，否则对不住死去的先烈。此时，各省督军、巡按使、镇守使、都统、巡阅使等也纷纷以"东厂胡同黎亲王"、"武义亲王"、"黎亲王"等不同的称呼致电向黎元洪表示祝贺。但黎数次拒绝了袁各种变换招数的册封形式，以丝毫不妥协、不屈服的架势捍卫了自己共和功臣的荣誉和尊严，避免了千夫所指的悲惨命运。袁称帝也引起了社会各界人士的反对。原云南都督蔡锷、国民党人李烈钧等奔赴昆明，联络云南督军唐继尧率先通电反袁，宣布云南独立，成立护国军，开展护国运动。反袁号召深得人心，相继有贵州、广西、广东、浙江、陕西、四川、湖南等省宣告独立，通电促袁退位。北洋系军阀也对袁表现出离异状态，帝国主义各国则警告袁暂缓称帝。袁世凯迫于内外压力于次年 3 月撤销帝制。对袁离职后的诸多政治走向问题，社会各界产生了广泛而激烈的论争。

1. 滇黔息兵问题

护国运动发生，以云南、贵州起兵反对帝制最为剧烈。为消弭战争，稳定大局，在袁世凯宣布取消帝制的第六天，副总统黎元洪就邀集辞职引退的原国务卿徐世昌、时任参谋总长兼代理国务卿段祺瑞联名就滇黔息兵问题四发勘电。他们向各省将军、巡按使通电指出："滇黔独立，日寻干戈。诸公保境辑民，心力交瘁，至深佩仰。变端之生，源于国体。大总统撤除帝制，颁令罪己，日月之明，盼然共见。诸公分领封圻，熟筹我国大势，岂能以事兵革。桂省陆将军已电中央，声明不与独立之谋，愿任劝告之举。此时诸公保境辑民责任大重。"（《徐世昌等就袁世凯取消帝制陆荣廷愿劝滇黔息兵致各省将军等电稿》，张黎辉等编辑：《北洋军阀史料·黎元洪》卷一，天津古籍出版社1996年版，第373页）对于三位颇具影响力的政界领军人物的来电，各省接电后纷纷回应，表达本省和个人对于滇黔问题的立场。有的主张义师可息兵，如直隶民政长兼直隶都督朱家宝、山西都督阎锡山、浙江督军朱瑞等认为，乱党不足虑，东邻实可忧。如果内乱不生，外交必无从借口。若战祸长延，无论胜负何归，前途略可预测，首先伤害的是同胞，他人则坐收渔翁之利。请陆将军开诚布公，通过和平方式解决。有的主张唯有进行讨伐，如张勋、山东督军兼省长张怀芝、吉林将军孟恩远、绥远都统潘矩楹等认为，滇黔事变怙恶不悛，只有大张挞伐，才能早日廓清。有的主张西南理应解兵，如杨善德、淞沪护军使卢永祥等认为，大总统撤除帝制，西南当然解兵，有如如虎负隅，以后没有什么可以自圆其说。有的希望袁世凯公布大政方针，如福州将军李厚基等认为，此后行政方针，宜定更张计划，开诚布公，知人善任，发展教育，振兴事业，根本既立。有的说服从中央保境息民，如奉天巡按使段芝贵认为，保境息民，同心共意，巩固国基。有的说滇黔不息兵当视为公敌，如湖北督军兼民政长王占元等表示，陈师待命，公敌是除，保境辑民，责无旁贷。

勘电的发出也表明了黎元洪、徐世昌、段祺瑞三公为挽救民国危亡开始从幕后走向台前，这给了破坏民国者一个警醒的信号。当时的形势是，战事滋生，国人祈望有人出面主持，这时三公联翩复出，将相交欢，敌胆发寒。如何从根本上解决滇黔桂息兵的问题，南京冯国璋主张，值此扰攘之际，宜以团结为先，重在收拾人心，尤在挽回威信，倘从根本上设法补救，则解决未必无望。对于民国的前景，由于三公的复出，国人充满信心，认为三公出而维持，共挽危局，救亡弭乱，承平可期。

滇黔问题最终在黎元洪等人和社会各界的共同努力下，蔡锷、唐继尧等人考虑到袁世凯已宣布取消帝制，遂放弃与中央的割据和战争，共建民国。1916 年 5 月 8 日，西南四省倡议成立中华民国军政府并宣告：中华民国大总统领海陆军大元帅一职，依法由副总统黎公继位。将袁世凯掌握之中的黎元洪举列到与袁分庭抗礼的地位，无异于将他推临地狱的大门。当时的报刊就登载了"危哉黎元洪"、"黎之生命危在旦夕"等触目惊心的标题和消息。军务院致电各国公使，请求设法保障、扶助黎大总统的生命及自由。黎元洪自己在房间里摆一巨棺，以险恶处境示人。这一事件对护国运动的成败，对中国近代政治的发展，都产生了相当大的影响。一方面，它加速了袁世凯统治的崩溃和北洋军阀集团的分裂，促进了各种反袁力量的集结，在一定程度上恢复了辛亥革命的成果，推动了护国运动的发展。但另一方面，它却埋下了军阀混战的祸根，不利于资产阶级革命派对护国运动的领导，降低了中国近代民主革命的水平，也加速了护国运动的失败历史进程。

　　2. 袁氏处理问题

　　袁世凯取消帝制后，善后如何处理，袁氏是继续担任共和民国大总统，还是退位让贤，抑或其他的选择？民初政坛为此各抒己见，纷纷向副总统黎元洪等提出各种建议方案。一派意见是促袁引退。蔡锷等人认为，观察全国形势、人民心理，都还没有原谅袁世凯。已失人心难复，既堕威信难免，如果袁世凯有悲天悯人的胸怀，采取洁身引退之计，国人轸念前劳，当感怀大德。对于蔡锷等人的通电，黎元洪、徐世昌、段祺瑞电示冯国璋指出，栋焚巢覆即在目前，拯焚救覆当为前提，外患迫急，一发千钧，当务之急是平内乱，协力同心，共挽危局，以免列强寻事挑衅。但"旧隶旌麾"的冯国璋的态度却是主张袁世凯退位。另一派意见是拥袁保位。段祺瑞、张勋、张作霖、王占元、赵倜等人认为，帝制发生，蒙蔽者谓之民意，但广西独立后袁世凯又取消帝制，心灰思引。然而外瞻大势，内审国情，非袁世凯

1916 年继任民国大总统的黎元洪

不能肩此危局。为今之计，巩固元首即所以巩固国家。黎元洪、徐世昌、段祺瑞联名致电蔡锷等人要求维持袁世凯元首地位，他们指出，元首引退，为利为害，国家安危何如，不容不平心讨论。以大势论，兵事财政亟难收拾，非短期所可奏效，而强邻抵隙，间不容发。为今之计，莫如以法律定责任，巩固国家根本，保障共和永免翻覆。元首暂不去，少一番纷纭，国家多奠定一分。黎、徐、段三公还致电唐继尧等人，帝制既罢，只有息兵以筹善后。如果独立民国之外，万一操纵失败，别生内讧，则蔓延之势，将足以召外侮，希望熟计利害。蔡锷、唐继尧还是坚持己见，反对维持袁世凯元首地位，并指斥袁退位后兵事、财政急难收拾纯属谬论，请劝袁勿再贪恋元首地位。又一派意见是辅袁救国安民。福建巡按使许世英等人提出：当今世界竞争日烈，"倘使纠纷扰攘，萁豆相煎，是螳螂贻黄雀之忧，鹬蚌启渔翁之利。内乱不已，外侮随之，可忧者一。甲午以还，国事日蹙，割地租港，赔款借债，既藩篱之云亡，又利权之外溢，经一番扰乱，多一番损失，往事匪遥，前车可鉴，可忧者二。兵戈屡起，民不聊生，野遍哀鸿，室如悬罄，商叹于市，农泣于田，工失其艺，士辍其业，极满目之疮痍，实中怀而凄恻，人民何辜，罪此浩劫，元气凋丧，恢复无期，民财已竭，其何能国，可忧者三。综此三忧，危如累卵，起而救之，是宜在良心之主张，不得为意气之争执。……趋应世界之潮流，维持国内之秩序，辅助元首救国安民，罢战息兵，和平解决，乃为第一要义。"（《许世英主张滇黔桂息兵辅助袁世凯救国安民电》，《北洋军阀史料·黎元洪》卷一，第 467—469 页）

在促袁退位的同时，部分地方官员、议员等还提出惩办帝制元凶、改良旧制。蔡锷提出，非斩杀元凶十三人，不足以谢天下，袁世凯从速退位，才能罢兵。旅沪国会议员王杰等人致电黎元洪指出，6 月 7 日申令反将元恶认为首绩，并闻拟赦帝制余党，是使国贼叛徒逃离法网，天理何在，请速收回成命。河南旅沪党人曾杰向黎元洪提出，余孽尚存，国难未已。何况河南又多为袁党发迹地，如果不剪削净尽，必将滋生新的祸害。希望黎公驱除妖氛，以遏乱源。上海顾忠琛致电说，帝制祸首，宜速严惩。民国二年以来，一切虐政宜明令划除，与民更始，并召集立

1922 年复职民国大总统的黎元洪

法机关，大事全部公示天下，以无私内外，自能以诚相见。国家存亡，在此一举。上海谭人凤质问黎元洪，履任以来，不戮罪人，已足令人气闷，加以诸种命令仍沿昏制施行，令人惊诧。袁氏叛国，死有余辜，公忝大硷，竟以平天冠郊天冕服界彼凶骸，是何用意？陈树藩树讨袁之旗，后又奉为不祧之祖，此等反复小人，理宜明正典刑以励气节，是教人无耻。还给他汉武将军嘉禾文武徽章，以笼络示恩，依样糊涂，违反共和真理。谭人凤将矛头直指黎元洪的施政方针和不妥帖的政治举措。对大家的意见甚至指责，黎元洪在给冯国璋的函电中说明道，南方略有函电提及惩办祸首，此间我均未有所表示，一切当与阁揆熟商，慎重行事恢复约法发表后将逐一讨论，以期融洽。

3. 总统继任问题

袁世凯退出帝位并于不久撒手人寰，由谁来继任或接任最为合适为南北政治力量争执较早又较为激烈的一个政治话题，因为这直接涉及推举集团利益的最高代表将影响到团队利益的走向。南方护国军起初准备拥戴蔡锷或孙中山出任大总统与袁分庭抗礼，无奈前者资望太浅，后者与西南军阀和进步党人有隙，北洋系的冯国璋、段祺瑞与南方护国军又水火不容，故未达成共识。两广护国军都参谋梁启超提出黎元洪是最为理想的人选。根据约法黎有继任大总统的天然资格，曾抵制袁世凯且未接受"武义亲王"的封号，又非北洋系中人，多人认为推举黎元洪最有利，一是可以息争，二是可以明护国军之兴，为拥护国体而起，非为争权夺利而起，袁世凯没有借口非难护国军，又无权术可离间护国军，是个上上之策。云南都督唐继尧、贵州都督刘显世、广西都督陆荣廷、广东都督龙济光、两广护国军都司令岑春煊、护国第一军总司令蔡锷、护国第二军总司令李烈钧等西南护国军首领一致赞同并发表宣言，袁世凯紊乱国宪，自为帝制，叛逆行为，昭然共见。其所受任的民国大总统资格，自民国四年十二月十三日下令称帝以后当然消灭。根据大总统选举法规定：大总统任期六年，大总统于任期内缺位时其所余任期由副总统继任。唐继尧、赵倜等提出黎元洪为当然合法的大总统，并电告四方，遥尊黎元洪为总统，又在广东肇庆组织独立各省对内对外总机构——军务院，直隶大总统，由各省都督、各军总司令等任该院抚军，以合议制处理军国重事。唐继尧为军务院抚军长，岑春煊为副抚军长，摄行抚军长职权。黎元洪出任大总统，是依照约法规定，合情合理合法，故能为南北双方所接受。1916 年 6 月 7 日，黎元洪在东厂胡同宅邸就职民国大总统，并发表就职宣言："现在时局艰难，补救之方以遵守法律为主。元洪谨本前大总统救国救民之意继任职务。嗣后一切设施，自应谨遵法律办理。惟元洪武人，法律知识较浅，尚望诸公同心协力，匡我不逮，无任感盼。"（《大公报》，1916 年 6 月 9 日）

除此主流声音外，还有其他意见提到总统继任问题。在袁去世后的第三天，就有人冒领蔡锷之名发出庚电指出，时局艰危，宜速召集国会，选举议员。值此国势岌岌，非有英明神武的总统不足以挽狂澜，公推段芝老为临时总统。在北洋系将领的眼中，按照 1914 年 5 月的袁记新约法和同

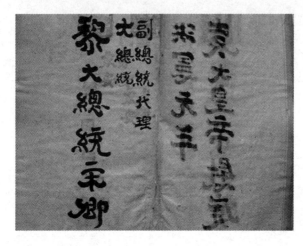

洪宪元年，袁大皇帝慰庭逝世，副总统代理大总统，是为黎大总统宋卿。

年 12 月制定的大总统选举法，大总统出缺时，由副总统代理三天，三天内开启石屋金匮，取出前总统预定继任的三人名单，再行组织从中选举确定。黎元洪、徐世昌、段祺瑞三人为袁世凯预定的三人名单，故三人都有当选为大总统的资格。诚然，众望所归的大总统只有一个，黎元洪顺理成章地走上最高的政治位置，这正是各派利益折冲樽俎的结果。

4. 解除党锢问题

"二次革命"期间，袁世凯大肆镇压，关押了大批革命党人。袁倒台后，其遗留的党锢问题成了各省议员关注的焦点。解除党锢，开释癸丑之役被逮捕者的问题也就落在了主政的黎元洪身上。浙江国会议员王正廷等人向黎元洪请示，现当革新之际，请速分步释放，以重人道而慰舆情。旅沪安徽省议员管鹏等人认为，凡涉国事冤狱应即立予平反，当此恢复法治，召集国会在即，恳请迅速开释，以慰人心。他们还指出，南北协议，政治党锢理应解除。安徽倪嗣冲竟枪毙以前逮捕的党人十二名，拘囚待死者还很多，安徽人民何辜独遭惨劫。恳请迅速给予解释，让亡者死得其所。江西国会议员卢式楷等人呼吁，癸丑以来，江西省滥逮无辜已不胜数，现在还派密探搜查人民，恳请下令赣军立即释放无辜，并停止侦探搜索，以崇法治而安人心。山西西南镇守使董崇仁提出，京畿执法处已行裁撤，非常钦佩。但却因维持现状，又设立不规则的审判机关。现在临时约法已经恢复，此种机关自无存在的道理，各省仿立军警执法处等名目也还未裁撤，请下令各省将司法以外审判机关立即废止，被拘嫌疑犯一律开释，以维司法而重人命。孙中山就未发还政治犯家产事宜向黎元洪反映，各省士民诉称，政治犯家产发还事件，虽有明令下达，但各省尚未全部遵照行动，希望转达政府，告谕地方长官，切实办理。从前因反对帝制及他种政治上理由，被查封家产的人较多，他们四处漂泊不能自给，请下令各省长官悉数奉还。黄兴为释放原临时政府稽勋局议员秦毓鎏也致电黎元洪，请求他下令冯国璋从速办理。在各界的积极推动下，黎元洪也确实迈出了大赦党锢分子的坚实步伐，释放了大部分在京羁押的无辜人士，也责令各省放出了一些革命党人，发还了部分政治犯的家产，这在民初政坛上也多少营造了些许风清气正、政通人和的政治氛围。

在不到 5 年的时间里，从副总统到大总统，黎元洪的政治生涯再次实现了大提升，达到了权力的巅峰，成为了一国的政治元首。在其大总统的执政任期内，黎元洪受困于各派系军阀的争名夺利，经受了血雨腥风的洗礼依然淡定自如，不惧武力威胁，不畏权贵施压，在政治改革之路上笑看风云，体现了民国政府最高政治领导人的开明风范。

一、力挽狂澜，约法与国会之辩

黎元洪就职大总统后，各方来电请求恢复民元约法和民二年国会制定之大总统选举法，召集国会，速定宪法，组织责任内阁，废除民二年十一月四日后袁氏伪制，惩办祸首。所有措施须依临时约法，以解时局纷扰之祸，慰人民望治之心，固民国根基之本。黎元洪就任大总统依据的是民二年大总统选举法第五条继任之规定，而国务院通告黎就职乃依照袁世凯私造之新约法第二十九条规定代行大总统职务，违反国宪，故各方来电请恢复民元约法与国会。而以段祺瑞为代表的北洋系则反对恢复旧约法，坚持实行新约法。为此，在临时约法恢复、国会召集等问题上，民初政坛出现了几种不同的意见。

1. 临时约法恢复

一是主张完全恢复。这是大多数人的意见。尤其是国会解散后，部分议员南下上海集中反袁，他们主张完全恢复约法的愿望最为强烈，黎元洪也成为了他们极力争取的对象。上海外交代表唐绍仪向黎元洪指出，民国放弃约法到现在已经几年，西南起义之师也是为宪法而动。欲求法治，希望遵照民国元年约法，迅速召集以决国是，袁世凯内阁法律自当失效。众议院议员、宪法起草委员孙洪伊认为，当此大变仓皇、人心惶惑之际，亟宜力避覆辙，确遵法律，以收人心而孚众望。第一要着，急颁明令，宣布嗣后一切政令均以民国元年参议院议决的临时约法为根据。国民党代理理事长、上海反袁议员首领吴景濂致电黎元洪，请立即废除袁世凯伪制，遵照民国元年约法行使职权，以固国基。

二是恢复后再行修改。此派意见为先行恢复临时约法，再召集国会对其进行修改成正式宪法。南京将军、直系军阀首领冯国璋指出，国家根本大法不可无一，不能有二，新约法为总统制，今日已不适用。当时制定又未按照制定章程修改，在民国法系为非正统。现在舍临时约法外别无根本之法，舍恢复临时约法外即别无根本可以造法之道。当务之急是，第一，恢复应用何种方法？国璋等认为恢复与修正不同，可下令宣布，中华民国临时约法自三年五月一日起施行中断，现在予以恢复，这比较直截了当且亦无损庄严。第二，临时约法缺点较多，束缚行政以至于不能发挥，在今日百废待兴之际还有障碍，应用何法救济？国璋等认为临时约法原非永久的制度，故其规定有 10 个月内召集国会，由国会制定宪法的条文。目前应速定民国长久的宪法，宪法早一日公布则约法早一日废止，法律增一分健全则国家增一分治理。云南国会议员李文治等上书黎元洪，元年约法与袁氏约法皆暂时适用，宪法朝成约法夕废。在此适用最短期间内，与其争用新法导致重蹈违法覆辙，酿成祸乱，不如遵守旧法，维系人心，解决时局。至于旧法内容，有不适合国情之处，当依法定程序提交国会议决修改。

三是反对恢复。以皖系军阀首领段祺瑞为首的北洋政府集团等坚决反对恢复临时约法，主张继续沿用袁氏新约法。一位匿名为"庄"的人致函黎元洪反对恢复约法，其原因在于约法束缚政府太狠，其结果令内阁与国会经常发生冲突。何况又是临时约法，不是永久之制而不可破坏，既然可以破坏，那何不破坏后另起炉灶再遵照执行。与其敷衍粉饰于一时以取悦当世，不如力排众议使用新约法以定国家长久之基。

2. 国会召集方式

一是按照原班人马召集。这派意见认为旧国会 1914 年 1 月 10 日被袁世凯非法解散，应该补足该届国会议员两年多的任期，立即复会。曾经的保皇派首领康有为提出，民权久丧，已非共和。望早日召开正式国会，依葡萄牙先例凡旧章除与民国抵触的地方外其他仍遵照执行，袁世凯改立的新制则全部除去。冯国璋认为，恢复民国二年国会本与临时约法相连，因临时约法而有国会组织法，依国会组织法而有国会约法，既复其旧，那么由该法产生的国会则不能不相因袭；但同时冯国璋又反对以参、众两院名义在沪召集民国议会，他指出，临时约法尚未明令宣布恢复，所以不能进行引用。旧议员尚未明令宣布召集，所以解散的议员资格不能认为有效。就集会而论，也只应在北京两院举行，旧约法内并未载有可以任意在何处召集的条文，其集会地点自然就不能随意而定。

二是解散旧国会召集新国会。这派意见认为旧国会系 1913 年 4 月 8 日开幕，任期三年，至 1916 年 4 月 8 日任期已满，即使恢复也只能恢复国会组织法，重新选举国会议员，召开新国会。湖北公民杨维翰请黎元洪解散旧国会召集新国会时指出，恢复国会为一事，恢复议员又为一事。国会理应恢复，而已解散的议员按照法理，结合事实，均没有可恢复的道理。另行召集既不是取消国会，更不是图谋君主，为国为民问之天地而无愧。那位匿名为"庄"的人反对召集民二国会议员，其理由是，自筹安会发生以后，各省帝制请愿团继起。如果收集名册，那么前国会议员列名劝进的人，实在很多。这些人又有什么颜面谈论国事，即使前国会有德望的人，也是羞与为伍。所以，国会当开而前国会议员则不必召集。

黎元洪因审慎于手续问题和军阀势力，旧约法迟迟未行恢复。在恢复的手续问题上，大家围绕"不宜以命令变更法律"展开争论。以国务总理段祺瑞为代表的守旧势力认为，政府宣言废止袁氏约法，是以命令变更法律，不符合法定程序，是本末倒置的行为；旧约法已经废止，应该遵用新制定的袁氏约法。对此，各界仁人志士纷纷致电黎元洪提出各自观点。孙中山认为这是"以法之命令变更不法之命令"，他指出，约法停废，国会解散，俱系前人越法行为。今日宣言承认遵守，不过以法的命令变更不法的命令，其间毫无疑义。内外期望，唯此最先，一切纠纷，宜促速解。黄兴认为，旧约法当然存在。他指出，恢复旧约法，召集旧国会，按诸法理及此次起义的民意，实如矢赴的，如水归壑，万无反理。目前建设，当以此两事最为急切。废去袁氏伪造约法则国民真正的旧约法当然存在，所以没有以命令变更法律的嫌疑。梁启超、唐绍仪认为，这只能说是"规复"，不能认为是"变更"。他们指出，三年约法绝对不能认为是法律。此次宣言规复，绝对不能认为是变更。此义辨明则一切可迎刃而解。元年约法既经政府公布，前大总统宣誓遵守，欲修改自有其修改的程序，修改不依程序即不能冒约法之名。新者既不能冒此名则旧者的效力自在。扬州张鹤第认为，此时既不能以命令变更法律，而又不是国会所能修正，唯有迅速恢复国会，提出咨询案，就两院组合国民会议再求通过。在军阀势力的考虑上，黎元洪依靠的是段祺瑞的皖系军阀，若没有段氏控制的北京政府的支持，黎元洪的大总统也只是个空壳。有惮于此，黎氏的行政施策也就不得不考虑段氏的意见，而在这个问题上，段是反对恢复临时约法和召集民二国会，如若支持恢复，那段氏的总理之位也只能拱手让出了，显然这不是段的初衷。

这种约法与国会之争的出现其实是存在利益的博弈问题。以段祺瑞为首的北洋系坚持袁氏约法，主要是出于维护北洋系的合法地位的考虑，有利于段独揽大权，武力统一全国；如果约法恢复，延伸而来的就是要恢复国会，这个以国民党议员居于优势地位的旧国会当然也就会成为他实行军事独裁的障碍，所以段一再坚持不肯恢复旧约法和旧国会。革命党人和护国军政府方面坚持恢复临时约法和民二国会，实际上也是为了打破北洋系专制独裁的局面，重新使中央政府回归到民主政治的轨道上来。

就黎元洪本人而言，面对众说纷纭的各派政治意见，他感觉到了巨大的责任和压力，甫一上任即通电各省及各国公使宣告就职。一方面命段祺瑞为内阁总理，组织内阁，维持北京治安，救济金融问题；另一方面，于当日傍晚拍发密电多道，分致南军各重要人物，电中大略系首述种种谦抑之词，详述中国未及情形，非速谋建设不足以泯危亡，末后请各要人对于四事妥筹进行：一是兵事方面宜速收束。二是临时国会迅即筹备。三是正式总统宜速选举。四是财政事宜宜速整理。并请各省迅将独立名义取消，派员来京，参与临时会议，以便妥谋建设之策。上任次日，黎下令国务院将该院最近核议关于组织议员、召集临时国会、恢复省议会、编纂宪法等案一律检齐，送至府邸，以备核阅。6月27日，黎元洪致电冯国璋商谈恢复约法召集国会时指出，临时约法束缚行政，意欲矫正其弊端，当待宪法国会开会后，盼望你提出合法主张以稳固国基，直接或间接提出只要我们意见统一，我将尽力疏通以出台一部公平的国家宪法。

由于黎元洪身处受人挟制的境地，北京政府对于约法和国会的态度主要取决于国务卿段祺瑞。对于当时全国舆论普遍倾向恢复约法与国会，段也不可能坚持己见，宣称对约法问题并无成见，惟恢复手续必须得当合理。段祺瑞指出，三年约法，履行已久，历经依据，以为行政的标准，一语抹杀，则国中一切法令，皆将因而动摇；三年约法，所以不能满足人望，主要是其成法的本质在于命令。如果说是法律不妨以命令恢复，则也不妨以命令废除矣。今日命令恢复，明日命令废除，将把法律等同于何物？他期望在新旧约法之外，产生第三个适合自己政治需要的约法，并以辞职相要挟。段祺瑞的通电和主张遭到了南方护国军和社会舆论的强烈反对。这时，驻沪海军总司令李鼎新、第一舰队司令林葆怿、练习舰队司令曾兆麟联合发表独立宣言，也直接从军事上威胁到段祺瑞的统治。6月29日，黎元洪权衡时局利弊后发布大总统申令："共和国体，首重民意；民意所寄，厥惟宪法；宪法之成，专待国会。我中华民国国会，自三年一月十日停止以后，时越两载，迄未召复，以致开国五年，宪法未定，大本不立庶政无由进行；亟应召集国会，速定宪法，以协民志而固国本。宪法未定以前，仍遵用元年三月十一日公布之《临时约法》，至宪法成立时为止；其二年十月五日宣布之大总统选举法，系宪法之一部，应仍有效。"（岑学吕：《三水梁燕孙先生年谱》上册，台北文海出版社1961年版，第349页）随后，黎元洪又连发申令，撤销袁氏立法院、参政院、国民会议各法令，惩办帝制祸首，续行召集国会，组织责任内阁。自此，约法与国会之争遂告平息，护国战争和护国运动也随着唐继尧宣布撤销军务院而宣告结束，南北统一告成。

二、急流勇退，复辟与引退相生

黎元洪继任大总统离不开段祺瑞的拥护和支持。段祺瑞拥护黎元洪就任也是迫于当时政治形势的需要。为融洽这种相互依存关系，黎元洪任命段祺瑞为国务总理，组织责任内阁。段祺瑞由于有着强大的北洋军和除西南6省外的各省掌握军政实权的督军和省长的支持，把手无武装实力、仅依存于国会的黎元洪不放在眼里，继续推行自己的军阀作风。在对德参战等问题上，双方斗争和矛盾急剧升级，引发了激烈的府院之争，其结果是黎元洪下令免去段祺瑞的职务。段愤然离京去津，策划武装倒黎。早在段被免职之前，徐州巡阅使张勋就蓄谋已久连续召开徐州会议，以盟主自居，组成所谓"十三省区联合会"，攻击国民党及国会。1917年5月，张勋又在徐州邀开督军团会议，正逢段被免职，与会各省督军群情激奋，痛骂黎元洪和国会。张勋则趁机盘算着借驱黎之名达到复辟清室的目的。是月，奉天督军张作霖、安徽省省长倪嗣冲分别通电，痛詈国会与宪法草案，指责黎元洪总统失职。倪率先在蚌埠宣布独立，嗣后又有数省相继宣布独立，并通电指责黎元洪非法免除段祺瑞职务，要求解散国会，改良宪法。段祺瑞顺水推舟在津成立"独立各省军务总参谋处"，公然与北京政府对抗，黎元洪因此陷入了进退维谷的政治窘境。

面对纷繁扰攘、独立割据的政治形势，北方的黎元洪显得非常孤立无援。副总统冯国璋在南京召集军事会议，表示一种旁观态度。公府幕僚哈汉章、金永炎、黎澍均提出辞职，黎一律批准。公府秘书长夏寿康、副秘书长饶汉祥均通电自请处分。外交形势也日趋紧张，日本顾问青木谒见黎元洪时说，中方如无力镇压，日本将代替平定；英法等协约国公使警告天津方面，不得违反《辛丑条约》在京津用兵，否则干涉。但所幸的是，西南六省还是站在黎元洪的立场，从大局出发珍惜民国来之不易，发表通电声讨倪嗣冲等独立各省头目。川边镇守使殷承瓛发表通电矛头直指倪嗣冲，说他实际上含有帝制复辟的思想，抑或听人指使发难，恳请大总统立予罢黜，声明罪行予以讨伐。广西省议会致电黎元洪，独立各省督军破坏国家统一，逞割据野心，逆迹昭彰，神人共愤。恳请声明罪行讨伐，严惩叛逆，遏止乱萌。驻粤滇军第三师师长兼南韶连镇守使张开儒上书黎元洪等人指出，倪嗣冲、杨善德等人，昧于法义，感于私愤，借口宪法不良，倡言解散会，通电称兵，公然谋叛，威逼总统退位，主张故主复辟，违反约法，叛逆罪成。我们同胞义愤填膺，诛此叛逆。督军、省长而谋叛总统，危害国家，既乱既反，当诛当杀。云南都督兼省长唐继尧百万火急电书黎元洪等人，方今国令如丝，朝不保暮，正当国人卧薪尝胆之秋，阋墙御侮之会，和衷共济，犹虑不给，若逾越轨道，轻启戎机，纵属为国，已类自杀。唐继尧又通电西南各省，建议在广州组织临时政府，遥戴黎元洪为总统。但西南六省大多数当权人物为地方军阀，他们讨伐的落脚点在于维护地方的安宁，也就仅限于口诛笔伐的"声讨"，而并非真心实意地出师北伐。

就黎元洪个人而言，这时他抱定"不怕死，不违法，不恋位"的九字诀，采取的应对之策就是请北洋元老出面调停，希望北洋系就此罢手，取消独立，但此举收效甚微。黎再三电请徐世昌、梁启超晋京进行调解，均遭婉拒。5月30日，黎向独立各省发出表明心迹的"告哀"电，企图博得舆论同情和各省谅解，化解政争。他又两次致电张勋，请他来京"共商国是"，从中斡旋以解政治危机。张勋则为实现复辟帝制的目的，提出了北上调停的五项条件：（一）解散国会。（二）段公复职。（三）督军参议宪法。（四）摈斥群小。（五）大赦帝制党人。因触及违反宪法的罪名，除解散国会一条外，黎元洪表示可以答应张勋大部分条件。这时，段祺瑞集团则一面明修栈道——扬言只要张勋复辟，就尽力扑灭；另一面暗度陈仓——派出心腹智囊徐树铮等竭力唆使张的参谋长万绳栻鼓动复辟。

因震慑于段祺瑞、徐世昌等北洋系巨头在天津另立门户的政治活动，虽然黎元洪答应了大部分条件，但张勋还迟迟不愿北上，担心自己的复辟行动会遭到来自反封建、夺政权等诸多方面力量的群起攻之，遂默默等待时机成熟。调停无果，危局日艰，黎元洪心灰意冷，感到回天无力，也决计辞职，一面致电南京冯国璋，按照法律请副总统继任；另一面继续派人请徐世昌邀张勋出来调停政局。当得知黎到天津接洽辞职问题、天津总参谋处也出现严重内部分歧的时候，张勋觉得时机不可错失，要抓紧复辟行动。否则，冯国璋继任后复辟计划将更难实现。随着政局的不断发展变化，张勋将进京调停的电报转达黎元洪手中，西南各省和海军表示坚决支持中央、斥责叛督、拥护大总统，段祺瑞觉得黎比冯易于对付转而支持。对此，黎元洪喜出望外，遂打消辞职念头。

6月7日，张勋率五千辫子军北上，先扎营天津。在与段祺瑞、徐世昌、李经羲统一意见后，张勋向北京政府提出了逐去"四凶"、解散国会两条要求，如不照办，即用武力对付，并限三日内实现作为调停的条件。对于第一条要求，黎元洪不仅早已将"四凶"辞去公府，还将公府军事幕僚尽行裁撤。至于第二条要求，因为宪法没有规定总统有解散国会的权力，黎感到甚是难办。若从之，他日必有护法者起而诘问。若拒绝，则此三日内即有不了之势。所以，黎元洪进退维谷，苦状莫名。当下应对之策还是请国会自行解散为好。次夜，黎召集参众两院议长及国会各政团留京负责人共28人在公府召开会议商量对策，黎建议国会自行闭会，以免于被迫解散，但遭到议员们的反对。嗣后，公府内其他要员也相继入谒，以辞职相挟，劝黎接受张勋的条件，否则酿成大端将负重要责任。但国务总理伍廷芳和饶汉祥、孙武等人又反对解散国会，力陈其弊。迫于强大的军阀势力的施压，黎不得不拟具了国会解散命令，但却一直因无人副署而搁浅。最后，步军统领江朝宗妥协代理国务总理才得以副署，黎元洪也违心地签发了国会解散命令。在其后致各省的通电中，黎元洪承认了解散国会的违法和不得已而为之的苦衷，并指出解散国会是为保存共和国体作为交换条件，而且留下一手申明解散的是本届国会，另行选举，而并非取消民国立法机关。

黎元洪解散国会看似形势所迫，但造成的后果是不可小视的。一是给张勋复辟清室提供了很好的可乘之机，后来事态的发展就得到了很好的印证。二是为后来政局的动乱埋藏了祸因。国会议员吴宗慈等在解散命令下达之前上书黎元洪指出，将来国家分崩离析，苍生涂炭，您将罪责难逃。这也为黎最后走向被迫辞职之路埋下了伏笔。三是动摇了南方军政各界对黎元洪的尊崇，破坏了他在大众中的公信力。解散国会一举是黎元洪集团对封建军阀的投降和妥协，存在着明显的违反约法的失职行为，民国的功臣成为了民国的罪人。解散国会命令到达南方各省后，云南督军唐继尧致电北京政府，表示反对，要求收回成命。广东各界人士举行公民大会，要求本省当局三日内出师北伐。农商总长张国淦先前指出，总统素以守法昭示国人，若因武人威胁，遂有解散国会的举动，不独国人侧目，我个人也无从为之辩驳。旅沪国会议员发表联名通电，解散国会的命令，既总统、总理自认违法，当然无效。这显然说明国会议员本身并不承认自己被解散的法律事实。

条件既已实现，进京刻不容缓。6月14日，张勋、李经羲等率师挺进北京，并向黎元洪提出了解决时局的办法五条：组织责任内阁、召集宪法会议、改良国会规制以减少议员额数、赦免政治旧犯、屏退公府金壬，以及三个附加条件：优待清室条件列入宪法、以孔教为国教、请准定武军增招军队二十营。黎元洪均勉强答应，同时向对方提出了独立各省取消独立服从中央、撤销天津总参谋处、各省军队撤回原防、各省不得扣留中央税款等四项条件。在张勋的运作下，李经羲随后就任组织责任内阁。在清室、帝制派、皖系军阀的鼓动和德国、日本等国的外交支持下，张勋觉得复辟时机成熟，于6月30日晚率辫子军入城实行复辟。次日，张指派清室代表梁鼎芬、民国代表王士珍和江朝宗、张勋个人代表李庆璋到公府逼迫黎元洪退位，令其在已草拟好的"奉还大政"的奏折上签名盖印。黎元洪骂其毫无心肝，背叛民国，并厉声斥责，民国是国民公有之物，我受国民付托，退位一举，当以全国公民之意为从违，与个人毫无关系。你想尽忠清室，当为清室计万全，复辟以后，我对清室不负治安责任。张勋达不到目的，遂捏造了黎元洪"奉还大政"的奏折，并封赏黎为一等公。黎元洪的对外活动因此受到限制，遂对外连发三道东电：

第一电：本日张巡阅使率兵入城，实行复辟，断绝交通，派梁鼎芬等来府游说，元洪严词拒绝，誓不承认。副总统等拥护共和，当必有善后之策。特闻。元洪东。

第二电：天不悔祸，复辟实行，闻本日清室上谕，有元洪奏请归政等语，不胜骇异。吾国由专制为共和，实出五族人民之公意，元洪受国民付托之重，自当始终民国，不知其他。特此奉闻，藉免误会。元洪东二。

第三电：国家不幸，患难相寻，前因宪法争持，恐启兵端，安徽督军张勋，愿任调停之责，由国务总理李经羲，主张招致入都，共商国是。甫至天津，首请解散国会，在京各员，屡次声称保全国家统一起见，委曲相从。刻正组织内阁，期速完成，以图补救。不料昨晚十二点钟，突接报告，张勋主张复辟，先将电报局派兵占领。今日梁鼎芬等入府，面称先朝旧物，应即归还。

与此同时，黎元洪采纳张国淦的建议，下达了免除李经羲国务总理、特任段祺瑞为国务总理的命令，并命段兴师讨伐复辟。又致冬电给冯国璋，责其"暂在军府代行大总统职务"。其内容如下：

"南京冯副总统鉴：此次政变猝生，致摇国体，元洪不德，统御无方，负疚国民，饮痛何极！都中情形，日趋险恶。元洪既不能执行职权，民国势将中断。我公同受国民重托，应请依照约法第四十二条暨大总统选举法第五条，暂在军府代行大总统职务。目前交通梗绝，印绶赍送深虞艰阻，现已任命段芝泉为国务总理，并令暂行摄护，设法转呈。此后一切救国大计，务请我公与芝泉协力进行。事机危迫，我公义无旁贷！临电翘企，不尽区区。元洪冬。"（孙曜编：《中华民国史料》，《近代中国史料丛刊》第十三辑，台湾文海出版社1971年版，第349页）

出于对张勋势力的威胁，黎元洪不得已逃到日本公使馆进行躲避。此时，广东省长朱庆润、广西省议会、江苏督军李纯等纷纷电请黎元洪勿思引退，以武力斩除张勋。7月3日，段祺瑞以讨逆军总司令名义誓师讨伐，剑指张勋一人，余者不咎。不出十日功夫，张勋等复辟势力即遭到段祺瑞的镇压。正如黎元洪所说，此复辟运动，终必发生，亦终必失败。张勋复辟使段祺瑞以"再造共和"的功臣身份回到北京，黎元洪也因段祺瑞讨逆成功而成功解禁。但令人深思的是，段回京和黎出日使馆同在一天，所受接待却形成了鲜明的对照。当时的《时报》描写道："欢迎总理者，何等火炽！而于总统，则殊淡然相忘。江朝宗以汽车一辆、卫兵数人，送至东厂胡同私宅，即以此数卫兵为之守门，谒问者只公府旧僚数人。回视国务院前及府学胡同（段祺瑞私邸），何等热闹！警卫森严，荷枪肃立，来往巡护者，有步军、有陆军、有警察，不下五六百人，汽车马车，报谒周旋，叠来纷至，令人有不胜枯荣遭变之感。"（《时报》，1917 年 7 月 19 日）

　　复辟战乱初始，黎元洪曾下令由冯国璋代行大总统职责。讨逆战争结束后，正式总统人选何去何从又成为当时突出的政治问题。拥黎派认为，2 日冬电和委任段为国务总理的命令系反黎派伪造。反黎派则指出，7 日上海报纸刊载的黎元洪第二道当时未发的只涉及通告复辟政变内容的东电（1 日），以及 8 日上海报纸刊发的黎元洪当时所拟未发的未涉及辞职和委托代理的冬电手谕，为金永炎出于保持黎的总统位置的政治考虑而编造。究竟孰是孰非，论争的主导力量到底又来自何方？有部分人认为，日本人和段祺瑞勾结由来已久，日人为助段再攫取政权，于是与段合谋，故二日任段为总理的电文，极可能是日段合谋伪造。黎元洪加恨于段，尤过于张勋，依常理黎元洪请冯国璋代行总统职权，自是合情合理，但却不会甘于复任段祺瑞为总理，更不致轻易将总统印信交与段，令其暂行摄护。所以，黎元洪致冯国璋的电文，若不是段祺瑞伪造，也必经过窜改无疑。但后来有人从公府秘书厅发表的一道通电推测冬电为真，从而肯定了黎元洪任段为总理和致冯"冬电"为历史事实。

　　从当时的报刊和电文分析来看，7 月 9 日，《大公报》刊载"黎元洪密派代表李国镛、张振华昨已抵省，请冯依法代行职务"。"冯于七日十时依法代行大总统职务"。14 日，公府秘书厅发表通报："自东日以后，本府东、冬、江三日电文五件，除东电送日使馆转发，冬、江电送段总理转发外，并由本府电务处元日汇齐补发冬日发任免国务总理命令暨特任状各一件，另致冯大总统、段总理书函均送段总理分别收转，此外并无印电、手谕、任命状及特派专员之事。恐淆观听，应即通告。"（《申报》，1917年7月19日）黎元洪向各省督军、省长、南宁陆巡阅使、琼州龙督办、各都统、各护军使、各镇守使、各报馆发出的江日（3日）通电也指出，已于本月冬日，特任段芝泉总理国事，并电请冯副总统依法代行职权。在副总统未经正式代理以前，一切机宜统由段总理便宜处理。所有印信文件，业经送津，请段总理暂行摄护，并设法转送副座呈请接收。从黎元洪本人的角度来说，他也有暂时绝不过问政治上事，拟赴美国游历的想法。可见，第二道东电和手谕为假，是拥黎派别有用心的做法；而冬电和总理委任命令是真，符合当时的实际情况，为反黎派保护自己胜利果实的有力证据。

在总统人选问题走向游离不定的关键时刻，黎元洪、冯国璋、段祺瑞三人的立场直接决定了事态的发展。为表示对近来发生事件所负责任，也因朝野纷争弄得人心力憔悴，14日，黎元洪发出两道函电，声明决不复任总统，决心下野养病。他说道："元洪本日移居东厂胡同。拟赴津门养疴，以后息影家园，不闻政治。"随后，冯国璋也发出通电表示"以国璋代理之职权奉还黎大总统"，以示归还。段祺瑞受皖系军阀拥冯倒黎的影响，并考虑到防止北洋派的分裂，派出代表赴南京迎接冯北上就职大总统，立场上明显倒向冯国璋。社会上对此表现出的态度也各自不一。军政各界对黎元洪而言，有的请勿因张勋叛国引咎辞职，应复膺总统职务，如湖北督军王占元、河南省议会、江苏督军李纯、湖南督军谭延闿、京师治安维持会等；有的为猝遭国变进行安慰，如吉林将军孟恩远等；有的请拿究复辟祸首帝制余孽取消清帝名义，如贵州省议会、山西省议会等；有的称颂引退，如杭州杨善德等；有的宣布约法失效，国会解散，一切命令无效，如海军总长程璧光等；有的请严行拒绝复职，赞同引退漫游海外，如察哈尔全区垦务总办龙骧、总统府秘书郭泰祺等。为回应社会各界的关注，表达自己下野的坚强决心，7月23日，黎元洪再次表示："我之所以勉强不出京，主要是恐怕好事之徒借口拥我复职以为扰乱大局之计。我今已决定，等大局平定之后，或出洋游历，或归省倡办实业。无论如何，断难重行登台，作此冯妇。"

虽有西南各省的通电反对就任大总统，但有段祺瑞的鼎力支持，并考虑到北洋派的整体利益，7月29日，冯国璋毅然发表通电北上就职。黎元洪自惭"进不能登台授杖以殄凶渠，退不能阖室自焚以殉民国"，表示"按法既无复位之文，揆情岂有还辕之理"。一城不容二主，冯国璋的到来为黎元洪离京提供了很好的理由，在打破段祺瑞的心理防线后，8月28日，黎元洪启程赶赴天津，从此开始了长达五年的隐居津门的生活，直到1922年6月重新出山。在告别政坛的这段时期，由于帝国主义的压力暂时减轻，国内爱国运动兴起，市场需求大大增加，民族资本主义得到了极为有利的发展条件。政治上失意的黎元洪，受到企业盈利的巨大鼓舞，热心发展实业。他自己也曾表示：对于政治业已心灰意冷，以后将在实业界力求活动。黎元洪拿出自己的官俸收入、土地租金或利用个人的政治影响借债银行，先后选择在北京、天津、上海、湖北等13个省和香港等地，投资煤矿、盐碱、钢铁、纺织、烟酒、食品、制药、林场、银行、证券、信托、保险、邮电等各种企业70多个，有的还亲自出任董事长，或以子女的名义担任要职，施展实业救国的抱负。从历史的发展来看，黎元洪的投资活动不管是出自公心还是私利，不论是自觉或是不自觉，总是顺应了中国资本主义的发展潮流，适应了新的阶级力量产生的时代需要，代表了进步的方向。

三、凤凰涅槃，权斗中法统重光

在黎元洪隐居津门的 5 年时间里，北洋政府并没有因为黎的下野而改变运行的轨迹，而是继续此前互相争夺、"你方唱罢我登场"的政治格局，并且这种斗争的形势还日趋激烈和频繁。以冯国璋和段祺瑞为代表的直皖合作的北京政府争权角力以致不欢而散，最终两败俱伤。继起的皖系徐世昌北京政府遭到直系新秀首领曹锟、吴佩孚的左右夹击，双方的斗争发展到战场上兵戎相见。直、奉、皖北洋三系几经对战，最终以直系胜出，一时间曹吴顾盼自雄，颇有君临天下之感。徐世昌政府失去强大靠山的支持，遂外结西南军阀和关外奉系势力，内联"安福国会"以抗衡直系的颐指气使。但事与愿违，徐世昌的理想国没有真正的奥援，在各种利益的左右和外部武力的胁迫下，他显得孤立无援而不得不于 1922 年 6 月 2 日辞去总统职位。总统一席又是虚位以待。直系军阀对此虽觊觎已久，但顾忌到西南军阀、奉系和国民党的反对，不好直接登上总统宝座。早些时候，原国会众议院议长吴景濂曾通过吴佩孚的部将王承斌给吴献上了"法统重光"之计，即重新拥戴黎元洪复职大总统，恢复张勋复辟期间解散的国会。其立论根据在于黎元洪的离职和国会的解散都处在非常时期，是不得已而为之，故需补满任期，俟期满后再行重选。按照这一推理，其后安福国会选举的总统徐世昌自然也就非法，理应下台。但其用心却不在于真正的保持"法统"，维护国家的稳定和法律的尊严，而是明修栈道，暗度陈仓，以黎元洪为跳板来实现曹吴的总统之梦。所以，徐世昌辞职当日，曹吴就领衔会同直系军阀 17 人发表通电，表示拥黎出山继任总统职位。电文指出：

"频年内乱，国步艰难，惭对友邦，负咎黎庶，徐大总统天下为公，毅然于六月二日通电退位下野，凡在国人，同益盛德。黎大总统应即依法复位，以奠邦家。锟等谨率民军，竭诚翊戴，除公派代表敦请外，特先电闻。曹锟、吴佩孚、曹锐、齐燮元、王瑚、田中玉、萧耀南、刘承恩、陈光远、杨庆鋆、冯玉祥、张凤台、刘镇华、陆洪涛、潘龄皋、马福祥、张锡元同叩。冬。"（蜚荫馆主编：《黎元洪近事记》，上海新华印书社1922年，第10—11页）

曹吴通电一出，一时南北函电飞驰，各界纷纷表达对此事的见解，关于总统等问题各方议论不一，或赞成黎复职或反对，赴津劝驾者亦往来不绝。同日，江苏督军齐燮元等22位直系军阀又联名发表通电指出，徐大总统既已通告全国辞职，自应即请黎大总统依法复位，然后下令取消六年六月十二日被迫解散国会之令，再行依法集会，则法统定，一切葛藤，从此立解，制宪选举，皆可次第完成，而地方制度，以及自治诸问题，即可随之解决。全国有统一的政府，政治问题可得而议。浙江督军卢永祥、京畿卫戍总司令王怀庆等也一致通电拥戴黎元洪。孙中山则反对黎元洪回任，原因在于其任期由冯国璋代理已满。对此，孙中山还计划重新组织西南强有力的政府，以应付北方政局的新潮流。民主革命志士张难先致电黎元洪说，我十年未开一口，今请一鸣。你应该以大总统让孙中山，自己就副总统职。如此则南北可以统一，即使法律也可不生问题。驻粤议员则一致主张反对恢复民六解散的国会，认为正式国会已于八年开会于广州，继续法统，同人此时能明白，应以法律解决纠纷。南方非常国会也反对黎元洪复职，并提议宣布黎颠覆国家及任期已满消灭总统资格，甚至给黎解散国会冠以"毁法乱国"罪状，要求政府出师讨伐。

在继任问题上黎元洪本人的态度如何直接关系到事态的发展。曹吴通电后几日，参议院议长王家襄、众议院议长吴景濂就联袂往访黎元洪，但黎元洪的态度仍极冷静，无任何正式的表示。连日来，各界前往求见黎元洪的人日以百数十人计，黎均谢绝不见。此间，旧国会议员听闻通电消息后则相互庆贺，并召开紧急联席会议商讨发表驱除徐世昌宣言以及筹备旧国会恢复等事宜。北京各华字报载称黎元洪提出回任之条件：（一）孙中山引退。（二）废督军制。（三）遣败冗兵。时在南方任中华民国正式政府非常大总统的孙中山，也为护法准备北伐。为迎接黎元洪复职，各界人士纷纷致电孙中山，催促其下野，俾大局迅告成功。4日，黎元洪在天津住宅礼堂接见来访各界代表时表示："元洪自辞职以来，闭门思过，心甚惭愧，历来国家多难，心愈不安。现各地长官各团体派代表赴寓，责以勉任艰难。元洪再三思维，才力绵薄，弗敢冒昧，诸君责以大毕，须以能解决大局为前提，私心所虑及者厥有三项：（一）全国是否一致，各地方人民是否一致，此时已表示者不过十余省，尚待审慎。（二）须能统一，如不能统一，即冒昧出任牺牲一切，有何益处。（三）近年国家变乱实因有各种障碍，全国人士以公心共同设法，排除障碍，此层须有切实办法方好，否则不能担任。"（蜚荫馆主编：《黎元洪近事记》，上海新华印书社1922年，第31页）对于第一点，黎元洪考虑到全国尚有几省未表达拥戴之意，担心人心不齐非议自己为不合法之大总统而重蹈覆辙。对于第二点，黎元洪考虑到有护法政府的存在，对统一全国缺乏十足的把握。对于第三点，黎元洪顾及各地军阀拥兵自重，实为政治顺利推行之障碍，须有实行废督裁兵之办法和落实之保证，方能进行。此番话道出了黎元洪迟迟不肯就任的真实苦衷。既有徐世昌的前车之鉴，也有自己被迫离职的痛苦经历，黎元洪对于此次再上总统职位而表现出来的如此审慎的态度也是合乎情理的。

对于同日曹锟代表熊炳琦、吴佩孚代表李覃章偕同直、苏、鄂、赣、皖、陕、甘、鲁、绥远、热河、察哈尔等省区代表赴黎宅敦请晋京复位时，黎元洪也同样指出，诸公既热心救国，我也乐于牺牲，唯事前对于统一宪法内阁等问题，须有相当的把握，入京后能不致发生障碍，故不得不稍待慎重。至于本身任期及政治上一切问题，则当一遵法律解决，我决不过问。在劝驾人群中以曹吴代表最为急迫，一日之中得吴佩孚十八次电话，询问情形，要求劝黎元洪尽快进京。

在复职问题上，黎元洪踟蹰不肯入京并未表现出明显的拒绝态度，只是对复职的前提条件和复职的时机把握上提出了一些要求。这种表现与黎一贯的处事审慎的作风有关外，还有五个因素在起作用。一是任期问题。大总统选举法规定总统任期五年，袁世凯任期到 1918 年 10 月届满，黎元洪当初是以副总统继任大总统，后因张勋复辟于 1917 年 7 月离职，由于后来者任职皆为非法不予承认，如此算来黎尚有一年三个月的任期。更有甚者还主张补足从洪宪改元到袁世凯毙命的这段时间，可谓锱铢必较，大有黎不出山则无以答谢众人盛情之慨。但旧国会中的褚辅成、孙洪伊和皖系军阀卢永祥、何丰林、李厚基等提出，黎的总统任期已由冯国璋代理，实已届满，无位可复。两派观点争执，在没有全国人民统一意见下，黎是不敢贸然表态上任的。二是策略选择。外界劝驾出山虽如潮涌，但也有部分流言蜚语认为黎出山又将成为直系操纵国会的傀儡和机器。为表明自己复出的真实心迹不是希图功名利禄，黎静观时变之际也在酝酿扫除障碍、治理江山、与民福祉的善策，并以此作为谈判复出的基础和前提。三是策士影响。在黎元洪的天津住宅里，他的策士周树模等人劝退不劝进，陈宦日夕在侧，发为种种恫吓之论，势必对黎元洪于时局的分析产生一些影响。四是军阀威胁。直系军阀曹锐、边守靖自谋入阁，因恳患张绍曾组阁，请吴景濂推荐，黎元洪不允，曹、边遂包围吴景濂使其不与黎元洪相见，并在外散布谣言，以直系势力相威胁。五是对国会法办的担忧。日本新闻记者就曾进言黎元洪，某议长曾放言，黎元洪曾经违法解散国会，国会重开后将予以裁判。这些考虑或担忧，或虚或实，但却反映了军阀政治的真实面目，事实未成却已满城风雨、人心惶惑。

6日，黎元洪发出"废督裁兵"的鱼电，颇得社会同情和部分军阀的响应。9日夜到10日早间，川、湘、汉、东三省法定团体发出劝驾电凡十数通，章太炎等名流亦来贺电，加上吴佩孚发来电报解释曹、边恫吓不要顾忌，此时黎元洪出山之心有所松动，但还未说出口，心思已侧注废督裁兵一层。不久，黎元洪连发两道蒸日通电指出，"鱼电计达。顷接曹、吴两巡阅使、齐督军、冯督军、田督军、阎督军、肖督军等先后来电，均表赞同。曹、吴两使且于阳日通电首愿实行，为各省倡，并齐督军庚日通电，具见体国公忠，立志坚决，天心悔祸，元气昭苏。元洪忧患余生，得闻福音，剥尽复享，喜极以泣，当为全国遗黎顿首拜赐"；"定明日入京，暂行大总统职权"；"法律问题，俟国会开会，听候解决"。（《大公报》，1922年6月12日）

11日，黎元洪发表就职宣言："元洪出京五载，不问国事者，亦已五载，而此五年间之经过情形及国家元气之里表，国民所受之痛苦，言之痛心，闻者酸鼻。元洪德薄能鲜，本无解决时局之能力，无奈各方敦迫，力辞不获，万不得已，始于本日来京，暂行大总统职权，藉以维持我国国际上之地位，至于其余各事，惟有静待国家解决，元洪毫无成见。惟望全国一致，力谋自援。元洪亦当追随国民之后，尽力赴之也。"（《大公报》，1922年6月13日）复职后，黎面临三大问题需要着手解决。一是内阁问题。黎元洪对阁揆人选最初主张"以素无党派而又负外交界声望之人物为宜"，遂内定颜惠庆组阁。但黎上任后，政界各要人都以为总统既已恢复法律上地位，总理也当然恢复法律上地位，且为进行统一计，应以伍廷芳恢复总理职权为宜。由于伍氏一时无法到任，即以颜惠庆先行署理。颜署阁期内，各部阁员暂以原在京津政界著名人物就近延揽，请其任阁席，暂以维持时局。待伍廷芳正式复职以后，再罗致全国各名流，组织混合内阁。二是国会问题。黎复职后即嘱秘书刘远驹调查民国六年六月十二日解散国会案卷，并将早经拟定的取消命令原稿略加修正，发出了撤销前此解散国会令的命令，并宣布旧国会于 8 月 1 日正式复会。三是统一问题。这主要是西南和东北两部分尚未统一。东北方面张作霖表达了输诚内向，拥戴元首的主张，所以统一可期。西南方面对于黎复职后的态度，考虑到护法目的已经达到，且护法之初请黎南下，今黎复职似无反对之理，故南方政府和各省多有观望，未有剧烈反对的表示。虽然貌合神离，但全国统一以大局论，已有由分而合的时机。

在怀抱不同政治目的的各派政治力量的拥护下，黎元洪虽然再次上任大总统职务，但北京政府内部的政治斗争并未因此停息，国会与内阁的冲突也直接反映了直系内部保、洛两派的明争暗斗，这在罗文干案引发的倒阁风潮上表现最为集中。1922 年 11 月 18 日夜，众议院正副议长吴景濂、张伯烈和华义银行副经理赶赴总统府，向黎元洪报告内阁财政总长罗文干未经国会同意和总统批准，擅自以损失中国权利为代价，与奥地利签订 570 余万磅金佛朗的借款合同，并从中受贿 8 万英镑。在虽然知晓法律手续不完善的情况下，但考虑到形势刻不容缓，黎下达总统手谕将罗逮捕归案。内阁总理王宠惠得知后即来探视并质询黎元洪下令逮捕阁员为违法行为。保派认为，奥债一案未提交国务院讨论，内阁应负违法责任。洛派反驳，这是手续的错误，即使内阁有责任，须受处分，也不过是行政处分，不能予以刑事处分。这使黎左右为难，自己被置于各派政治力量和社会舆论批评的风口浪尖。黎也不承认自己有违法逮捕阁员的罪责，并辩解自己只是下令监视而未下令逮捕。内阁总理王宠惠将黎逮捕阁员的行为上升到了漠视和破坏内阁制的高度，并提出辞职相要挟。吴佩孚致电黎元洪逮捕罗文干的行为实属违法。梁启超公开指责"总统蹂躏人权"。西方国家公然对北京政府指出，仅就此案情况而论，领事裁判权在目前的中国，实不可以撤销。黎元洪被逼无奈，向监察厅保释罗出狱并致以歉意。洛派欢喜，但保派不乐。曹锟发表通电，历数罗文干五条丧权辱国的大罪，建议组织特别法庭，将罗案彻底查办治罪，以为卖国者戒。直系军阀王承斌、齐燮元、田中玉、蔡成勋等立刻通电响应。吴景濂、张伯烈趁热打铁，率议员进逼黎元洪住宅，要求发电申斥吴佩孚，声讨王宠惠内阁。吴佩孚见势返辔向曹，支持严办罗案，保派压倒洛派。罗文干重为阶下囚，王宠惠内阁倒台。在罗案上，黎元洪受制于曹、吴，在复杂的政治斗争中左右支绌，手足无措，表现出了与一国政治元首地位极不相称的思想和行为方式，既让国人失望，也给他自己刚复位来了个下马威，更遑论施展他的政治抱负了。

在直系各派的激烈争斗下，随后半年内，内阁又迭经汪大燮、张绍曾署理，黎元洪也在政治旋涡的中心不能自拔。保派政客见黎元洪不肯主动退位，为推举曹锟登上总统宝座，又挑起政潮来倒阁驱黎。自国会复会后，黎元洪的任期一直存在分歧。保黎派认为，国会两度被解散，以致民国成立 11 年还无宪法，主张先制订宪法，后选举总统，以此拉长黎的任期。该派还认为，黎的任期应从袁世凯 1914 年 5 月召集约法会议算起，直到 1916 年 6 月继任大总统，再加上冯国璋代理的 1 年零 2 个月，凡 3 年零 3 个月，照此计算本届要到 1925 年 9 月才能期满。保派则认为，黎只应补足洪宪元年到袁世凯败亡这段时间，共 160 日，现已复任 335 日，远远超过任期，应主动退位。该派并不热衷于制宪，反而制造各种缺席机会让制宪会议屡次流会。热心制宪议员则提议，出席会议者奖 20 元，缺席者扣岁费 20 元，并修改国会组织法，将出席人数由两院议员总额各 2/3 改为 3/5，表决人数由出席人数的 3/4 改为 3/5。在筹措奖金时，两院议长向黎元洪请示经费来源，黎表示从海关建筑费名目下借拨 120 万元分批提拨，用作制宪经费和驻外使馆经费。此举成为了保派人士借机倒黎的口实，也成了府院冲突再起的导火索。保派质问，总统府自定国会制宪经费，不经国务会议议决，实有违背责任内阁精神，你们应如何设法打消。黎元洪反驳道，筹款制宪是为国家打算，不是为个人打算，况且公开行事，何尝违反内阁制精神？其后，内务总长高凌霨牵头，与交通总长吴毓麟、海军总长李鼎新、司法总长程克、财政总长张英华等联合，迫使内阁总长张绍曾一起提出辞呈向黎元洪发难。这给黎元洪处理制宪经费案带来了很大的被动，挽留不果张内阁随之倒台。

整垮张内阁这是保派倒黎的第一步。其用意就在于使黎无法组阁而自动辞去总统职务。黎元洪吸取前次张勋复辟的教训，不再轻易言退，而是更加坚定地组建新的内阁。但接踵而至的是，保派见黎无自动下台的决心，遂盘算如何武力倒黎。6月7日，京畿一带军警长官陆军检阅使冯玉祥、京畿卫戍总司令王怀庆等率所部300余人，以索饷为名，发动军警逼宫。接下来的几天里，保派又雇用流氓组成"公民团"在天安门前集会演讲反黎言论，散发驱黎传单。唆使北京城内外警察罢岗，号称索饷不得，不能枵腹从公。纠合大批军警官佐到东厂胡同黎元洪住宅索饷，甚至切断他的电话、自来水管等生活和工作设施。对此，黎元洪不为所动，更是先后电请顾维钧、颜惠庆组阁，表现得十分强硬。为表示自己的苦衷，黎元洪致函国会参众两院抨击保派的恶劣行径。他指出，元洪津门伏处，与世何求？既已依法而来，自应依法而去。若专为己计安全，遂致为后来开恶例，海内健者，相率效尤，国纪不存，乱源怎能遏止？京师首区，元首住宅演此怪剧，成何事体？直鲁豫巡阅正副使为畿辅长官，本日已电询办法，物色阁员，以维现状。紧接着，冯玉祥、王怀庆联名提出辞职，并准备率兵到东厂胡同，强迫总统下台。黎元洪闻讯后决定出京躲避危险，同时缮就准免张绍曾辞职、任李根源为国务总理、准免张内阁八大总长辞职、任金永炎为陆军总长、裁撤巡（检）阅使、扶危定乱、裁废厘金等七道命令向社会发布。6月13日，黎元洪致电参众两院说，本大总统认为目前在京不能自由行使职权，已于本日移到天津办公，并将总统印信交与夫人危文绣带到东交民巷法国医院保管，自己则轻车简从奔赴天津寻求避风港。

　　但事与愿违，保派在京寻找大总统印信不得，遂怀疑为黎所带走，即刻通知直隶省长王承斌中途截留，强索印信。虽有消极抵抗，但双方仍僵持不下，由于被逼无奈，黎元洪只得据实说出出处，交出印信。在被困过程中，黎元洪通过总统府外国顾问、伦敦《每日电讯报》驻京记者辛博森先后两次向社会各界发出电报，一说元洪今日乘车来津，车抵杨村，即有直隶王省长上车监视。抵新站，王省长令摘去车头，种种威吓，已失自由。接着，又说王省长率兵千余人包围火车，勒迫交印，查明印在北京法国医院，逼交薛总监，还不放行。元洪自准张撰辞职后，所有命令，皆被印铸局扣留未发，如有由北京正式发布的命令，显系矫造，元洪不负责任。黎元洪交印后，仍不得放行，王承斌还迫黎在三通电稿上签字。一电致国会参众两院：本大总统现在因故离京，应向贵院辞职。所有大总统职务，依法由国务院摄行。二电致国务院、三电致京外通电，内容与前面一致。直到14日凌晨4时多黎元洪签字后始得放行，前后被截留的时间长达12个小时之久。是日，参众两院立即向议员发出通知："兹定于本月十六日（星期六）下午二时开两院会合会，解决黎大总统辞职事件，届时务希准临为盼。"（《参众两院关于解决黎元洪辞去总统职事的会议通知》，《北洋军阀史料·吴景濂》卷六，第322页）前后速度之快，令人目不暇接。黎元洪被放行后对于自己被迫签署的三道通电向社会解释说，此种被强迫的意思，表示依法决不生效力。当此政象险恶时，一身去就，关系过巨，决不能率言辞职，即去年补行民六辞职咨文，已备咨撤回，不能牵强附会，作为此次根据。如国会竟据此讨论，元洪决不承认。同时，黎元洪还表示，由于印信被人劫夺，所有北京发出命令，概行无效。

但黎元洪的这次被迫出走，却引起社会人士的极大反响。一位署名"哈雷"的作者在北京大学陕西籍学生所办的《共进》杂志上指出："说到黎元洪今年之'走'，不能不令人联想到他老先生去年之来。他去年是用如何的根据手续来的呢？法律上事实上，有莫有可以令人指责的呢？他是不是做了军阀的傀儡来到北京给军阀们做一副肉机器呢？我想不止我们有这些回想的问题，只怕黎元洪本人也要如此回想一下。若他的良心真还存在，他的有名的鱼电说什么'上自巡阅……下至……待元洪于都门之下'一大堆话，如果这一通电不过是他自己想要上台的一个收拾人心的手段，那么在他登台以后种种给军阀作走狗的行为，不只是可恨，而且十分可怜。但是就他登台后种种设施看来，尤其是引用无耻小人，摧残教育劳工等事迹看来，令我们觉得他不只是一个愚懦无能——就是一般人所谓'忠厚长者'——的肉蛋，实在是一个权力熏心、卑鄙污浊的一个不光明的政氓，专干投机的事情。"（哈雷:《评黎元洪之"走"》，《共进》1923年第40号，人民出版社1983年影印发行）诚然，黎元洪的被迫出走是因为不堪忍受军阀政客极其卑污的攻击手段，但他的这种不采取任何铁血抗争措施的一上一下的行为，甚至企图一走了之的做法，着实也激怒了当时社会上的爱国正义人士，因而也被其批判得体无完肤和一无是处。

在直系军阀曹锟的支持下，以高凌霨为首的国务院摄政内阁顺应而生。在京的参众两院也在为黎元洪解职等问题的争论喋喋不休。黎元洪在天津成立了一个"国会议员招待所"，吸引议员来津，待凑齐法定人数后开会成立政府，希望能与直系军阀控制的北京政府作一番较量，但受利益的驱使，来津议员甚少，计划只得破产。之后，黎采用章太炎建议，借助皖系、奉系和西南军阀力量来抗衡直系力量，但各方权衡利弊而貌合神离。随着曹锟势力的不断扩张，广州的孙中山与奉系的张作霖、皖系的段祺瑞、卢永祥结成"反直三角同盟"，以此阻止曹锟贿选。黎元洪也因此再次卷入斗争的旋涡，来到了反直同盟的中心上海，商讨解决时局的办法。黎元洪声称，本人在国会未曾有正当解释任期之前，总统地位当然存在。我在京因不能自由行使职权而移天津，今天天津依然为暴力所包围，故不得不转而至上海。我此来实欲使国人共晓纲纪法律的重要，如果有人能起而维纲纪、崇法律，我将唯命是从。黎元洪始料未及的是，他的到来会给当时控制上海、浙江一带的卢永祥带来不安，卢深恐黎的政治活动会挑起南北战争影响到他的既得利益，从而使黎许多政治抱负未能得到真正的实现。10月5日，曹锟贿选成功，反直同盟随之瓦解，黎元洪复位总统的梦想破灭。一年来的奔走呼号，使黎元洪身心疲惫。加之曹锟上台后加大了对异己的打击力度，黎元洪的生活和生存空间越发狭小，被逼无奈他只好选择东渡日本，永久阔别这个让他沉沉浮浮的民初政治大舞台。

第五章
外交斡旋争权利

民国二年（1913年）黎元洪题字"庆洽侨胞"

　　黎元洪生活的近代社会，是帝国主义加强对中国的文化渗透、经济掠夺和军事侵略的时代。处列强竞争之世，我国尤为各国所垂涎。日本横于东占台湾灭高丽，英国雄于西灭印度侵西藏，法国灭安南又租广州湾扼我南方之要，俄国占西伯利亚而争蒙古据我国北方之险。虽然从小黎元洪认识不到帝国主义为何物，但他知道洋人船坚炮利，西洋军事技艺胜于华夏。中国要图强自新，就必须"师夷长技"。早在北洋水师学堂，黎元洪就开始与外国教习接触，以其平居、厚重、寡言、宽裕、能容，颇为英将琅威理君及德陆军参谋汉纳根君所共赏识。黎元洪也与之深相交纳。1896年，张之洞到武昌任湖广总督，将黎元洪带到身边并安排他负责编练湖北新军。黎元洪建议张重金聘请德国军官来教授西洋操练战法，并三赴日本考察东洋军工、教育与操法，博采众长总结出一套符合中国国情的操法训练新军。法国陆军少尉罗勃尔到湖北拜见张之洞，观阅黎元洪的兵操后，盛称黎元洪统辖500人为节制之师。黎与之谈军事学，所陈多中肯要，使罗勃尔心悦诚服。武昌起义之初，黎元洪就认识到外交政治的重要性。汉阳光复，李国镛偕陈芝来访黎元洪，李极言外交治安的重要，并言愿与外甥夏维松负责外交折冲，与吕达先组织地方保安社以维治安。黎元洪认同外交的重要性并表示同意。晚清时期，武汉作为内陆开放的口岸城市，设有各国驻汉领事馆。辛亥革命发生，汉口租界内的各"国中之国"为安全起见，纷纷组织军事力量在各自辖区内巡逻、防御，长江江面上也聚集了大量列强军舰保护租界区本国的侨民。各国列强虽然表示在清政府与革命党人的交战中保持中立，但交战方的外交态度如何直接影响到了列强们暗中帮劲的力量大小。鉴于列强在武昌局势中举足轻重的作用，黎元洪履职军政府都督后，立即着手与各国沟通，期望获得他们的承认和支持。10 月 17 日，驻汉口英国领事葛福特代表英、法、俄、德、日五国领事拜访黎元洪，表达他们对革命军英勇和文明态度的赞赏，并感谢军政府对侨民的保护，宣布承认革命军为交战团体，各国严守中立。黎元洪听后高兴地说，此次武昌起义，对于本地方的外国百姓，自当尽保护之责。但湖北军队的革命，亦属出于万不得已。清政府今年又派瑞澂来湖北，遇事压迫，所以人民都不愿意，力谋自立，故有今日之举。既劳阁下之驾，又承各国严守中立，甚为感激。因此，在外国人眼里，黎元洪是一个"中正平和，头脑冷静，作事有条理，诚笃可靠"的人物。

黎元洪与各国亲善的姿态得到了外报记者的肯定。11 月 20 日，英文《大陆报》记者埃德温·丁格尔（Edwin J. Dingle）特意登门采访了新任都督黎元洪。黎也借此机会宣传自己的政治主张，指出革命军奋斗目标就是推翻清政府，按照美国模式建立共和制度。今后的中国将更加广泛地对外开放，外国资本和中国资本、劳动力可以自由地结合，共同开发中国资源。埃德温敬佩不已，极力称赞，如果没有黎元洪，就没有这场革命。历史将证明，黎元洪是中国最伟大的改革者。黎元洪为此所付出的努力，使他以及军政府在外交上赢得了主动，很快促使各国公使、领事联合会短期内正式发布了严守中立的公告，承认革命军为交战团体。客观地说，这为军政府消除了清政府"借师助剿"的隐忧，也进一步鼓舞了革命军人的士气和斗志。但黎元洪本人并未将此归功于己，他指出，各国严守中立的布告，从何而来？是由于我们的将校兵士取得战胜，及商会绅民、伯叔弟兄馈送干粮饮料，及荷锄持棒，助战追击所致。不是数十万兵民一心，确守国际公法，不加损害外人与私人财产，他们又怎么能承认我们为独立交战团体？

为进一步阐明军政府对各外国团体的政治立场，黎元洪向各国领事发出了照会公文，义正辞严地指出，对于友邦各国，益敦睦谊，所有军政府对外行动，特行知照，免致误会。第一，所有清政府与各国缔结的条约，继续有效。第二，各国人民财产，居留于军政府占领地域内的，一律承认保护。第三，各国的既得权利，一律承认保护。第四，赔款外债，照旧由各省按期如数摊还。第五，各国如有助清政府可以为战事用的物品，搜获一概没收。第六，各国与清政府所结的种种条约，成立于此次知照后的，军政府概不承认。第七，各国如有助清政府与军政府为敌的，则仇视。以上七条，特行知照，使知起义队伍为正义之师，无排外的性质掺杂其间。对此，汉口领事团照会民国军政府表示，将严格遵守国际公法严守中立，不藏匿两有关系之职守者或军械弹药，不辅助任一方面进行战事。

南京临时政府时期，由于国困民穷，政府财政窘迫，国家内部没有合适的财源，只好求助于外债。从南京临时政府成立到1912年4月，外债收入达到1079万元，占到全国总收入的54%。对于这种饮鸩止渴解决财政危机的办法，黎元洪坚决反对。从2月13日到3月9日这不到一个月的时间内，为反对政府举借外债，他先后6次致电南京临时政府和参议院，对其在财政困难的情况下牺牲本国利权，采取"急不择荫"的办法，进行了狠狠地批判，在一定程度上促使孙中山等人认识到借款的危害性，从而取消了以中日合办汉冶萍公司为条件的向日本借款、抵押招商局借款、以全国赋税作抵押向华俄道胜银行借款等事项。黎元洪还多次致电孙中山和参议院指出，前清借债的失误，我们号呼力争，言犹在耳。如果自己效尤，何以面对民国父老？请从速取消，免致干涉。辛亥革命发生后，各省以本省财政支持本省，而对于南北两中央政府，皆无贡赋。西方列强以中国扰乱之故，恐中国海关与盐税收入为南北军所占领，则各国债权危险，其外交团协议以各国银行代表组织联合委员会，监督中国海关和盐税收入，作为外债的担保。这种对中国经济命脉的把持，无异于将脖子送与他人控制，黎元洪反对借款，旨在消除外债对国民经济的影响，对促进经济社会健康发展具有积极的意义。

袁世凯政府时期，袁以出卖国家权益换取帝国主义的承认。帝国主义则利用"承认"中国新政府名义，大肆勒索中国。英文《日本纪事报》指出，近年来，所有外交上关于中国的约章，不顾及中国的意见，是中国贫弱的缘故。袁死黎继，外国政府对黎元洪政府是否能担当外交大任持有审慎态度。他们提出，至于中国以外的各国政府，除非待到确定不变后，才能给予完全援助。

民国初年，孙中山提出凡革命前所有清政府与各国缔结之条约，民国均认为有效，至于条约期满而止。中国的外交也逐步实现了大转折。正如当时我国的外交研究社所说，我国自前清种种外交上的失败，以致演成国家衰弱，将有不可立于世界之势。谈到往事，未尝不令人揪心。到20世纪初，中国政治、行政、经济都有所进步。尤其是自帝制改革，民国肇兴以来，进步尤为卓著。经过民国政府一系列的外交努力，1917年9月，一战胜利后我国签署对奥和约，废除中奥不平等条约；1919年7月，苏俄第一次发表对华宣言，废除中俄旧约；1918年12月，民国北京政府修改进口税则；1920年9月，苏俄第二次发表对华宣言，重申第一次宣言立场并更加具体地提出废止旧约的具体建议；1921年5月，废除中德不平等条约；1924年5月，中俄两国正式签订《中俄解决悬案大纲协定》。为摆脱中外不平等条约的羁绊，黎元洪或亲自参与，或主持研究，或见证进行，作出了积极的努力。

随着世界形势的发展变化，辛亥革命后民国政府的外交体制也逐步发生了重大变革。南京临时政府时期，中央行政成立了九部，外交部列第四位，为外交执行机构；参议院设外交股、众议院设外交委员会，为外交决策机构。这是中国外交体制走向近代化的里程碑。民国北京政府从 1913 年 12 月起，外交部地位提升，升居行政各部首位，并且负有外交行政的实权。如遇内阁总理辞职，均由外交总长兼代。辛亥后外交官没有了晚清时期外交的屈辱，没有了沉重的历史包袱，而且普遍具有了强烈的民主意识和国家情感，这种意识和情感又使得他们把为新的国家利益效力作为己任，超然于党派和集团利益，从而具备了职业外交家所必备的政治条件和人品条件。这一时期，外交家们多意识到和接受这样一种理念："当办理重要交涉时，唯一影响你的考虑的应当是民族的利益，""如果是民族利益，那就是永恒的，不因时间、舆论或党派而改变。"（中国社会科学院近代史所译：《顾维钧回忆录》第一分册，中华书局 1983 年版，第 397 页）虽然在一定程度上"弱国无外交"，但民国政府依靠国际法和外交上的努力，促进了主权的保护和民族尊严的维护。1911 年清政府崩溃之后，中国之所以没有分崩离析，就是由于民国历届政府自觉地运用促使中国国际化的外交手段，有效维护了疆域和主权完整，并逐步获得主导外交事务的能力。

一、欧战问题交锋：黎元洪与中德关系

近代中德关系在第一次世界大战前夕开始疏远，主要原因是德国在政治上被孤立，最具代表性的事件是 1902 年英日同盟的成立和 1907 年英、法、俄三国协约的签订。为应对此种局面，1907 年德国筹备德、中、美三国同盟未果。1912 年中华民国正式成立，德国给予中华民国临时政府 600 万马克的贷款，并表示可以向中国归还山东的铁路权益。当第一次世界大战在欧洲爆发时，德国因为深陷入欧洲战场，在远东并未采取主动去进行

有意义的行动。德国曾经试图将胶州湾归还中国，以避免落入日本人手上，但是日本威胁中国不得接受这一返还。1914 年 8 月，日本加入战争，并成为协约国的一员，开始攻击德国在中国的租界，占领了青岛和胶州湾。第一次世界大战爆发时，中华民国南方的广州政府首脑孙中山力主中国保持中立，反对加入协约国对德作战。而北方段祺瑞政府虽在英国授意下欲对德宣战，但遭到日本阻挠。直到 1917 年，日本在得到英、美、法的保证，允许日本在战后继续保留前德国在华殖民地和利权的情况下，才同意中国在 8 月 14 日对德国宣战。此后中国军队扣押了停泊在中国各港口内的德国和奥匈帝国商船，并收复了德国在汉口和天津的租界。协约国在中国参战时，曾经保证中国在德国战败后能收回德国在华租借地和势力范围。但是日本通过凡尔赛条约取代德国，占领了山东半岛。在中国人民都感到被协约国欺骗的情绪下，激发了五四爱国运动。总的来说，第一次世界大战给中德关系带来了巨大的伤害，特别是贸易方面。1913 年中国有近 300 个德国商号，但到了 1919 年，却只剩下 2 个。到 20 世纪 20 年代，德国在第一次世界大战中战败，失去了在中国的租界和殖民地。但是这也为德国卸去了改善中德关系中的一个障碍物。1920 年，德国代表卜尔熙率代表团来中国，经过谈判，双方于次年 5 月 20 日签订了《中德协约》。这是中国近代对外关系史上少见的平等条约之一，因战争而中断四年的中德关系得以恢复。

黎元洪与中德关系在第一次世界大战期间中国是否应该加入欧战的问题表现较为集中。1916 年，黎元洪继任大总统时，德国皇帝威廉二世发来贺电："贵大总统于本年六月七日正式继前总统袁世凯之任，朕甚欣慰。从此必当竭力维持，俾我两国素有之邦交，益臻亲睦。特此复书鸣谢，顺颂贵大总统政躬康泰，国祚繁荣。"（《德皇威廉贺任总统国书》，《北洋军阀史料·黎元洪》卷二，天津古籍出版社 1996 年版，第 284 页）此时两国外交关系表现友好，但由于1917年德国无限制潜艇政策的实施，激怒了西方各国，也直接威胁到中国人民的利益，在协约国的邀约下，民国政府亦加入了对德斗争的行列。此时的中德关系可以分为抗议、绝交、宣战、参战四部曲，被当时人们视为关系国家生死存亡的大事。对这个关系中国生死的问题上，有众多不同的声音。各派都纷纷亮出了自己的主张，北洋系段祺瑞派及一些小资产阶级知识分子如李大钊、陈独秀等出于各自不同的考虑而积极支持。孙中山以"中国存亡问题"来比拟中国参战问题。陈独秀说，此次对德外交问题，是国家存亡问题，不可以寻常外交类比，这是全体国民应有的觉悟。是否加入协约国？政府对德方针没有决定以前，国人应群起从事于利害是非的讨论，以促进政府积极进行研究，绝对不可袖手旁观而不置可否。所以，此次对德外交，为国家存亡盛衰的唯一大问题。此时，上海、汉口等地商会则极言保持中立。

1917年2月，德国海军部宣布"无限制潜艇战"的一种潜艇作战方法，即德国潜艇可以事先不发警告，而任意击沉任何开往中立国水域的商船，其目的是要对中立国进行封锁。德国在1914年第一次世界大战开始后，就对协约国实施潜艇战，给英国商船和战舰以重大打击，后因担心美国等中立国的反对，不得不采取"有限制潜艇战"。但到1917年2月4日，德国海军部为打破因战争僵局而引起的经济困难，正式宣布实行"无限制潜艇战"。德国此项政策引起了荷兰、法国、巴西、智利、阿根廷等大西洋海域诸多国家的反对，中国政府派驻各国的公使也纷纷将所在国对待此项政策的态度和采取的措施向黎元洪进行报告。2月17日，法国邮船从中国搭载900名华工来法，在地中海被德国舰艇击沉，经查明，华工死亡人数达到543人，其余的均被救起。2月27日，英国船只被德国潜艇击沉，船上有华人水手43人，均获救。美国对德绝交并要求中国与美采取一致行动。

对此种侵犯国家主权和人权的行为，北京政府向德国表示严重抗议，连续召开四次特别外交会议，筹商对策。总统府特别外交会议因段祺瑞、梁启超、汤化龙等主张，决定对德国实行的潜艇作战提出抗议。抗议指出，德国前此所行方法，损害我国人民生命已属不少。这次潜艇作战的新计划，危及我国人民生命财产必更剧烈，且此项计划违背现行的国际公法，又妨害中立国与中立国及中立国与交战国的正当商务。若隐忍任其施行，不啻使无理的主张引入国际公法。因此，我国政府将对德国政府于2月1日颁行的计划提出严重抗议！当时国人称这次抗议为中国的"外交新纪元"。法国等国外交部及报界得到中国公使知照后对中国抗议政策"极表欢迎"。中国是继美国之后比较早向德国进行抗议的国家之一。由于德国方面对中国抗议未采取任何实质性行动，1月后中国政府再次照会德国公使时提出，关于德国施行潜水艇新计划一事，本国政府本于注重世界和平，并尊重国际公法宗旨，曾于2月9日照达贵公使提出抗议并经声明，万一出于中国愿望之外，抗议无效，逼不得已，将与贵国断绝现有外交关系。自1月以来，贵国潜艇行动置本国政府抗议于不顾且因而致多数中国人民丧命。贵政府仍愿议商保护中国人民生命财产办法，声明碍难取消封锁战略，即与本国政府抗议的宗旨不符，本国政府视为抗议无效，深为可惜。现不得已与贵国政府断绝现有外交关系。至此，中德关系由中方抗议已经上升到对德绝交。为避免断交后对德国言辞过激引起不必要的麻烦，国务院电告各省：(一)认定中德仅止断绝现有外交关系。(二)与德国断绝现有外交关系后，各部院处所用公牍文词均须一律如失和、开衅、敌国、敌人、敌船、敌货、逆寇、夷虏等字样一概不用。污蔑字样概不使用，此次只与德国断交，奥国仍为友邦，德奥二字连用时，务须格外注意。中国对德断交受到了外国舆论尤其是协约国的欢迎。路透社电说，中国此次对德断交，其毅然态度颇受奖励。字林西报载，此次以敏捷手段收管德船，实开中国政治学术的新纪元。

对德参战问题在政府方面，大总统黎元洪的态度是支持和反对的态度不断往复。3月1日，东文《天津日报》报道，黎大总统从来就加入问题，凭国会的意向为标榜，未曾言明自己赞成与否。昨闻已发表反对意向。但3月3日，英文日本《广智报》报道，国务会议议决中国应当加入协商，此项决议决定后，当即承报黎总统。黎总统闻后也不愿反对此举。3月14日，北京政府布告：自即日起对德国正式断绝外交关系，同时宣布收回天津、汉口德租界，停付对德赔款与欠款。这一决定是经参众两院投票作出的。接着，参战问题成为府院和国会两派斗争的焦点。是日，上海商界联合会通电反对向德宣战，广州、武汉商会继起响应。当段祺瑞邀梁启超同到总统府迫黎元洪表态赞同参战时，黎便以社会舆论不赞成反驳他们。使段祺瑞感到棘手的是，不仅孙中山和国民党议员以及其他名流掀起反对参战的强大舆论，北洋各省的督军也多不理解段祺瑞参战的用心，对这一问题态度消极。所以尽管日本一再迫中国迅速加入协约国对德宣战，段祺瑞却无法迅速实现参战的意图。日本大阪《朝日新闻》指出，黎元洪反对加入协约国的理由为：（一）加入协商国后，协商国未必实行其所定的加入条件。（二）对于段总理的政策始终持反对态度。以上二理由，前者为昧于世界大势所致，等有所知，不难即时冰释。而后者则属于感情的关系，一时不易融洽。黎元洪反对加入协约国，还有一个原因就是，因为我国早经处守中立，不允许加入协约国，无故损失邦交。段氏竟以诱逼手段，使黎公赞成加入协约国。黎公爱国心难释，恐将来不利于国家，未免愧对国人，故下令免除段祺瑞本兼各职。受日方支持的段祺瑞因向日本借款力主参战，受英美等国支持的黎元洪则坚决反对参战。段祺瑞发动自己所部胁迫黎元洪和国会宣布对德参战，徐树铮因此被调往西北，组织参战军准备前往俄国帮助协约国盟友对抗东线战场上的德国军队，但参战军还未编排完毕，因俄国发生"二月革命"而退出了协约国。作为对段的反击，黎元洪下令免去了段祺瑞国务总理兼陆军总长等职。在中德关系上，黎段两人挑起府院之争各有所图，段派是为了军阀集团一己之利，但客观上有利于国家利益和民族利益；黎派对德抗议和断交表示出了赞同，只是在对德宣战和参战问题上保持了中立姿态以避免惹火烧身。这种表现与他们一贯的政治性格和政治心理是紧密相连的。

二、四渡东瀛：黎元洪与中日关系

黎元洪与日本的关系发源较早。在其人生历程中，他曾先后四次亲自到达日本，前三次是学习考察，最后一次是退隐养病。1898 年 2 月至 5 月，黎元洪第一次到达日本，被分派到禁卫骑兵联队练习，他革靴蹄铁，风雨

黎元洪手书对联：乳鼎余香留竹叶；
胆瓶新月浸梅花

泥泞，日必一往，学习十分认真。学成归来，黎向张之洞报告日本练兵情况，畅谈学习体会，并建议派遣青年才俊赴日本士官学校学习。20世纪初，中国各省赴日留学生中以湖北为最多，这一方面与救亡图存的形势息息相关，但另一方面不得不归功于张之洞的提倡和黎元洪的推动。武昌起义后有人甚至指出，至今军界学界人如此之盛，皆当日元洪一言之力。1899年10月至1900年6月，黎元洪第二次到达日本，重点考察马队、步队的教育和军纪，以及各队兵法等。后因帝国主义侵略的加剧和义和团运动的兴起，黎奉命提前回国，担任护军马队第一营管带驻防汉口，并在平定湖北自立军起义中发挥了重要作用。1901年9月至11月，黎元洪第三次到达日本，以陪览官的身份学习日本仙台陆军大操的操法和军事政治。1923年11月至1924年5月，黎元洪第四次到达日本，主要内容是退隐养病，但期间他并未纯粹地休闲游玩，而是经常性地受邀四处演讲、会晤友人、参观企业、访问学校、签名题字等，数月归天津，自是绝口不道国政，步马郊外。此后，黎元洪不言政治，只寄情于实业，其从政生涯也自此宣告结束。

　　近代日本是亚洲唯一强大的军事大国，对侵吞中国早有野心。辛亥革命后，西方列强在华争夺贷款及路权、矿权的高潮中，所得经济特权远超日本。对此，日本极不甘心。第一次世界大战爆发后，日本抓住西方列强无暇东顾的机会，主张其在中国的领土与权益，以实现其独霸中国的野心。1914年，日本借口对德宣战，出兵强占山东。北京政府害怕战火蔓延至中国，宣告"中立"。1916年6月，袁世凯被迫宣布取消帝制，在万民唾骂声中郁郁而终，黎元洪继任大总统。日本外务省通告国际通信社表示拥护道"黎副总统接任中国大总统，纯系依据中国宪法。至若因袁总统薨逝，惹起大乱等事，决无可信的理由。各国在华利益倘被胁迫，日本当必然助新大总统而毫不踌躇。黎总统就任，实为南北所公认，可以察见。故政党如有欲逞一己贪欲，趁此危机而起扰乱之事，此实为大恨事"。号称"眼中无王侯，手中有斧钺"的东京《万朝报》指出，黎元洪不像袁世凯有垄断政治上权力的野心，对于中国将来有一种透辟之见。日本新闻媒体极力吹捧黎元洪，就是想以此拉拢黎元洪政府。

1916年10月，大隈重信内阁倒台后，继起的寺内正毅内阁利用袁世凯死后中国政局的变化，改变了大隈时期对华的一些做法，即对华政策上从大隈内阁的"以武力为靠山，用强硬外交手段来攫取在华权益"转变到寺内内阁的"运用巨大资本来扩充在华经济利益"。大隈内阁在对华政策上的蛮干给继任者带来不少麻烦，最典型的遗产就是"二十一条"（民四条约）。由于强压袁世凯政府签订"二十一条"，不仅未能给日本带来预期的利权，反而在国际上引起了英美的警惕，在中国国内招致极大的反感。因此在大隈内阁倒台之后，寺内内阁虽为军人内阁，却不得不转而采取彼此经济提携的方法以求改善处于僵局的中日关系。但这种调整，已经并非由于政党政治的牵制，而是迫于对时局的无奈之举。此前，日本政府还调动驻华公使，将日置益换成林权助，缓和袁世凯时期形成的紧张的中日关系。林权助的对华方针是，第一援黎总统，图南北融洽；第二援中国财政，整理中国政府的混乱财政。这也与后来寺内首相的指导思想达成了一致，即对华方针专取和平主义，并谋两国经济的提携，使中国国民得享文明恩泽。在中国国内政治事务上,日本政府出面积极调停中国南北双方的矛盾,希图双方统一在黎元洪和北京政府的领导之下。同时,日本新内阁也积极谋求通过支持皖系军阀控制下的北京政府来加强对中国政治、经济、军事、外交的控制。日本军国主义者为加大对华的渗透,还先后策划了"满蒙独立运动"和"郑家屯事件",企图使蒙古和东北同中国分离,并建立傀儡政权,成为日本控制下的殖民地,这也是后来制造"伪满洲国"计划的原始方案。

1912—1916年,日本政府先后两次发动"满蒙独立运动"。满蒙独立运动是由日本军部设关东都督府参与策划并实施的旨在分裂中国的阴谋活动,是日本"大陆政策"的重要步骤之一,前清肃亲王善耆力图复辟亦参与其中,后因日本对华政策的变化,失去日本政府的支持而以失败告终。1916年6月30日,黎元洪接见日本五大报之北京代表时指出,新闻纸的力量,足抵敌一师团,惋惜中日交谊不应缺乏诚意,但现在已另辟一新时代,于外交关系上以后中日两国误解各点,可望藉报界议论祛除。黎元洪继任大总统后,日本为改善中日关系,满蒙独立运动的主要策划人川岛浪速等人的举兵计划遭到日本政府阻止,川岛浪速的勤王军也被日本政府解散。满蒙独立运动虽未成功,但它实际却成了后来日本帝国主义发动"九一八事变",建立伪满洲国的雏形和预演。1935年,伪满皇帝溥仪访日时,特派侍从赴川岛家"慰问",赏赐有加,可见川岛家族和清朝复辟势力的深厚关系。

1916年8月,日本东北驻军利用该国商人吉本与一中国士兵在吉林省辽源县(今双辽县)郑家屯镇发生口角这一普通的民事事件,制造事端并不断扩大事态,以致最后升级为两国军队发生流血冲突,要求中国让出重大利权。事件发生后,中国军队退让撤出郑家屯,使原拟包围蒙古叛军巴布扎布的计划落空,致使叛军全部换上日军军服,在日本军队的保护下,炸毁铁桥，切断奉军北调部队追击的去路等，无恶不作，给东北局势造成了极坏的影响。日本政府还提出了申斥处罚中国军官、同等礼待中日军民、道歉赔款等无理要求。此事在中日上层虽闹得比较激烈，但在日本国内却缓和得多。驻日公使章宗祥向黎元洪报告指出，此次问题如在前政府时代，舆论早已沸腾。现一般国民感情对于黎大总统新政府均怀好意，故重要各报议论均极持重，即浪人派虽有开会等举动，政府亦暗中缓和，不令过激。由于寺内内阁经济提携的"大陆政策"和段祺瑞政府力求日本财政支持的经济需求气味相投，分别给双方退让合作提供了条件，最后事件的处理结果也以寺内内阁为建立两国政府的"亲善"而对华作出了某种让步，中方也对于无碍主权各款作了退让而告终。

第一次世界大战后，巴黎和会和华盛顿会议的结果使中国人民蒙受了巨大的耻辱。中国人民遂掀起了反对"二十一条"，要求收回旅顺、大连租界地的斗争，并很快发展为全国性的群众性革命运动。1922年10月开始，各省议会、总商会、国民大会、政界要员、学友会等纷纷上书黎元洪大总统，请从速严重交涉，废除"二十一条"，收回旅大，以保主权。变幻的政界风云又一次把黎元洪推向了政治的前台。山东省议会急迫电陈，万恳中央严重交涉，务雪国耻，凡我人民，誓为后盾。冯玉祥抗议，"二十一条"本属未经议会通过，未由人民公认之事。既未经议会通过，未由人民公认，能否发生效力，共和国家成例俱在；今日绅商妇孺奔走呼号，学界工团开会演说，如此血诚，实堪钦佩。有识之士当知比利时虽小而能存，波兰已亡而复兴民心不死。日本强暴，玉祥誓死力争，即牺牲一切也在所不惜。吴佩孚呼吁，自日本拒绝我政府否认"二十一条"条约通牒，并已经就租借期满的旅顺、大连拒绝收回，我国人同声愤慨。"二十一条"以暴力胁迫缔结，质言之，则以日本一方意思而缔结，依条约原则即已根本不能成立；望我国政府国民根据公法公理急起直追，求世界正评，促邻邦反省，群策群力，誓死力争，石烂海枯，勿渝此志。虽然此时稍有血气的国民人同此心，心同此理，异口同声反对"二十一条"，坚持收回旅大，但黎元洪受制于曹锟的胁迫，不能将自己的政治诉求付诸实施，成为形同虚设的政治傀儡。

三、守土有责：黎元洪与中俄关系

辛亥革命发生后，中国边疆政局动荡，在英国阴谋分裂西藏的同时，沙俄抓紧了对外蒙古地区的侵略，其主要活动是策划外蒙古独立。1912 年11 月，沙俄和外蒙古签订《俄蒙协约》及附约《专条》，条约内容中沙俄几乎囊括了外蒙古的全部权利。协约签订的消息一经传出，立即激起了中国各界的极大愤慨和强烈反对。北京政府声明概不承认。孙中山认为，此事关系民国存亡，必须坚决否认。袁世凯大总统为此事迭电黎元洪提出对策，黎复电同意用兵入蒙。11 月 16 日，时任临时副总统兼领湖北都督的黎元洪向国务院和各省都督致电指出，"《俄蒙协约》关系存亡，乘危幸灾，悍无公法，凡属国民断无蒙羞待毙之理"；"空言主战，原难决胜，然先患未防，危机已迫，稍一让步，各国乘之，莽莽神州将遭窝割，欲求最后之解决，无论平和武力，惟有备战之一途，应请外交部将俄蒙不能订约理由，严重拒驳，绝不承认"；"楚虽三户，亦当悉索敝赋，整饬戎行以为中央之后劲。如蒙调遣，可出步兵三旅前往赴敌（中密）。此外，湖北可接济步枪五千枝，子弹五百万。交绥以后，每月可接济步枪一千五百枝，子弹八十万。仍乞询各省意见并兵饷实数，通盘筹划，俾不至临时仓猝，使外人视作虚声，更无顾忌。各省都督公忠体国，当此祸至，无日尤望蠲除党见，敌忾同仇，我黄帝在天之灵，实式凭之"。[《致国务院并各省都督》，易国干、宗彝辑：《黎副总统（元洪）政书》，《近代中国史料丛刊正编》第六十七辑，台北文海出版社 1971 年版，第 187—188 页] 这表达了强烈的捍卫中华民族主权的爱国感情和矢志与之作战的坚强决心。汉口俄商经营的顺丰、新泰、阜昌等砖茶厂工人举行同盟罢工，反对《俄蒙协约》。1913年12月2日，就外蒙古自治区尚须划界而后定外交方针一事，黎元洪向袁大总统提出，划界为当务之急，要先行选出熟悉外蒙古地域历史人员多名，辅以精图，使其预为研究，以备他日划界的时候不至于有什么缺失。几经协商，1915年6月，中俄蒙三方签订《中俄蒙协约》，中国在名义上恢复了对外蒙古的宗主权。虽然后来国会增设蒙古议员一事，俄国表示反对，但中国与俄国及外蒙所订条约，不过为解决数种交涉，并未允许俄国干涉内蒙自治，外蒙古虽自治，仍为中国主权，中国否认俄国抗议，实际根据外蒙古为中国主权所有之义。

1916年，俄国为应付欧洲战争，并保住侵华权益，急需与日本结成同盟，以便从日本得到武器和其他援助。日本则担心大战后西方列强重返东方，与其进行争夺，也要求与俄国结盟。双方开始合谋签订《日俄协约》以守住各自权益。6月29日，北京政府驻日本代办刘崇杰向黎元洪大总统报告，日俄协约消息迭经电陈报告，本日开临时枢密院会议，提出该约草案，石井说明内容并及日英同盟关系，天皇临席，日内当可批准发表。据查，约中最要者为让与第二松花江以南铁路，共同协定两国在极东的地位。7月3日，《日俄协议》在彼得堡签订，其主要内容是：两国为使中国不落入任何敌视日俄的第三国政治势力之下，必要时开诚协商，制定办法，以阻止这种情势发生。缔约国一方如与上指第三国宣战时，另一方一经请求，即予以援助，两缔约国在未得彼此同意之前，不得单独媾和。实行军事合作的条件及方法，由两国主管当局确定。本约有效期至1921年7月14日止。这个协议将日俄势力范围从中国东北和内、外蒙古扩大到整个中国，并准备相互以武力支持来"保卫"其侵华权益，至此日俄正式结为军事同盟。

1917年，俄国"十月革命"爆发，政局动荡，新旧势力展开激烈斗争。

北京政府追随日本对苏俄的外交政策，继续承认旧俄驻华使节。同时，国务院责令中国驻俄公使刘镜人迅速详查俄国革命情况：（一）此次革命原因及海陆军警响应是否亲德派主动或因反动战事而起？（二）组织临时会议的党魁是否亲德派？系何派别？（三）民主社会工党是否亲德派，系何派别？国务员已否秘密选出？选出者系何派别？（四）国会党魁与民主社会工党是否同派？此次革命主动以何派势力为大？（五）顺民意之说如何？此外，国务院还电告驻英国、法国、日本等国公使，俄国起革命，声势浩大，其政府内部有何变更？对外军事外交有何影响？没有详细确切消息不足以资鉴付之参考。望探当局及其他要人观察，并其方针如何随时详报？报章舆论也希望择要电告。可见，中国政府当局非常重视及时了解俄国国内政情变化对指导中国政府对俄外交的重要作用。俄国十月革命发生后成立了临时政府，协约各国纷纷表示承认。民国政府外交部致电驻俄公使刘镜人，本国政府为促进邦交起见，对于该临时政府即行正式承认，除照会俄使转达外，希望照会俄政府查照。直到1920年前后，旧俄势力在国内争夺权力的斗争中彻底失败，北京政府才开始重新考虑与旧俄的关系，清理俄国在华权益。北京政府先后收回了俄国租界和领事裁判权、中东铁路权益以及中东路的司法、市政、警政权等。此番清理，为后来中苏谈判打下了良好的基础。苏俄政府诞生后，重建与周边邻国的睦邻友好关系，先后三次发表对华宣言，表示永远放弃沙俄殖民主义政策，废除沙俄与中国缔结的一切不平等条约，承认民族的平等和主权，坚定不移地援助被压迫民族的解放斗争。苏俄的宣言受到中国人民的热烈赞扬，许多社会团体纷纷发电致谢，但北洋政府追随干涉苏俄革命的帝国主义后面，对此不理不睬，后在国内舆论压力下，才派人至莫斯科，开始了非政治性接触。由于连连受挫，在中国共产党人引导下，苏俄将建交视线转向孙中山。1923年1月，《孙文、越飞宣言》发表，使北京政府陷于被动。

1923 年 3 月 26 日，黎元洪大总统正式发布特任王正廷筹办中俄交涉事宜的总统令，同苏俄代表加拉罕进行谈判。谈判主要内容有：外蒙问题、中东铁路问题、庚子赔款用途问题、松花江黑龙江航行权利问题、华侨损失赔偿问题等。经过一年时间的接触和会谈，于 1924 年 3 月 14 日，王正廷和苏俄政府副外交人民委员加拉罕各以政府全权代表资格，在《解决中俄悬案大纲协定草案》、《暂行管理中东铁路协定草案》及七种附件上非正式签字。中俄大纲协定"犹得完全立于相互平等之基础上，为互惠之协定"，得到了中国各阶层民众的高度赞同。这是自鸦片战争以来，中国政府同外国政府签订的第一个平等条约，并由此引发了全国废除不平等条约运动。同时，这也推动了中苏两国在北京互换建立外交关系的换文，确认建立大使级外交关系。在外交关系中，根据《维也纳外交关系公约》，国家之间的外交关系可以分为大使级、公使级和代办级三种。大使、公使、代办是一国派往他国和国际组织办理外交事务的正式代表。大使级外交关系是最高级别的外交关系。由于当时各国同中国的外交关系是公使级，中苏首开大使级外交关系也推动了北京政府和各国驻华使团外交关系的升级。加拉罕成为首任苏联政府驻华全权大使。李家鳌成为首任民国政府驻苏联全权大使。

黎元洪时期的中苏关系还反映在中东铁路问题上。中东铁路是沙俄政府为了掠夺中国、控制远东而于 1896—1903 年在中国东北领土上修建的一条铁路。中东铁路是"中国东清铁路"的简称，以哈尔滨为中心，西至满洲里，南至大连。日俄战争后，南段（长春至大连）为日本所占有，称南满铁路。民国后改称"中国东省铁路"，简称"中东铁路"。俄国十月革命后，中东铁路成为中国、苏俄及列强关注的重要问题。从 1917 年到 1924 年中苏建交，中国北京政府积极努力，试图收回中东铁路的主权，但因其受制于列强，错失了良机。苏俄从其利益出发，先是宣布无条件归还中东铁路，继而将路区划入远东共和国的疆界，后与中国议定由中国备款赎回路权。美、日、英、法等国基于中东铁路的重要地理及战略位置，纷纷参与争夺，干涉中苏交涉，使得中东铁路问题变得更加复杂。1922 年 10 月 7 日，黎元洪总统府英籍顾问、伦敦《每日电讯报》（The Daily Telegraph）驻北京记者伯特伦·伦诺克斯·辛博森（Bertram Lenox Simpson）入府晋谒，将解决中东铁路问题面陈黎元洪，中东铁路问题纠纷已到极点，欲求迅速解决，其唯一方法即系即日以政府名义邀请史蒂芬君来京。这是因为中东铁路技术部委员长史蒂芬曾通过主张火车轨距改宽轨为标准轨，成功抵制日本人将中东铁路哈尔滨至长春段轨距并入南满铁路作出重要贡献。辛博森还建议黎元洪外交上应派员慰问时卧病在床的苏俄代表越飞，因为越飞为列宁契友，足可使莫斯科政府所采取的行动，都如越飞所提议。

黎元洪比较重视边疆安全问题，在中俄边境问题上，他表现出了较强的民为邦本、守土有责的思想。1923 年 2 月 19 日，迪化省（新疆）省长杨增新向北京政府报告俄国政府强迫俄属宰桑的旅俄华人加入俄国籍，黎元洪复电指出，俄人强迫华民入籍一节，违背国际法规，事关国权，断难承认。他还交代国务院妥善筹措解决办法。同年 5 月，俄国人在新疆宁远的中国境内设立邮局，传递该国往来文函，兼收中外人民信函，并办汇兑俄帖事宜。黎元洪得知后电告迪化省长杨增新，俄国人在境内设置邮局，既侵害我国主权，又违反国际法例，自应严辞抗议，责令取消，表现出了强烈的国家主义情感。

四、爱恨交加：黎元洪与中美关系

在黎元洪眼里，最具好感的西方国家除了日本之外就是美国。日本是他自己曾经 4 次到过的地方，也是他的大儿子黎绍基留学的国家，加之寺内内阁对黎大总统时期的经济提携政策对华颇具好处，感情自然是最为深厚。黎元洪对美国具有另外一种感情，早年在北洋水师学堂学习时，黎元洪就崇拜美国的民主自由和物质文明，佩服美国的领袖人物华盛顿、林肯等。虽然黎元洪没有亲自到过美国，但他的大女儿黎绍芬留学美国却长达4年之久。父女俩频繁的书信往来，使黎对女儿对美国的关心和关注日趋加深。黎元洪时期的中美关系大致可分为两个阶段：

第一个阶段是1923年以前，这是政治生活领域中的黎元洪和中国政府与美国的交往时期。此间正是第一次世界大战前后，美国的对华政策是加紧与日本争夺在华权益。美国政府先扶植黎元洪，后通过华盛顿会议，签订的《九国公约》打破了日本独霸中国的局面。民国政府袁世凯统治时期，时驻美大使顾维钧经常将美国政府对华政策向黎元洪和中国政府报告。袁世凯称帝后，美国政府不愿见帝制复现于中国，中国政体及执政人员，美国只为友谊上的关怀，并不是说中国继续共和与否；美国冷淡视之，其意不过表示美国不愿对于党派纷争及领袖中何人，继承现存政体等问题有所干涉而已。在黎元洪继任大总统后的第三天，美国传教士李佳白上书黎道"贵国地大人众，各党良莠不齐。目下要图似断在祛莠存良，陶镕一冶，任抒自由之见，力化偏执之私，群策和衷，乃克有济。"1917年是第一次世界大战协约国与同盟国战斗如火如荼时期。由于德国实行无限制潜艇政策，2月，美国国会宣布对德断交，威尔逊总统指出，美德邦交虽断，然与德民睦谊素敦，仍愿继续和好，但如德海军再在海上损害美国生命船只，当向国会请策对付，谅其他中立国亦必有同样举动。美国的通牒得到了瑞士等国的赞成，但巴西、智利、阿根廷等南美国家对此持不同态度。欧洲中立国除西班牙外虽未正式宣言，但已露其不附和美国办法之意。虽有抗议但大部分国家不赞成与德绝交。尽管美德决裂，各国态度不一致，但美德双方均宣言不愿激成战局。为保护国民和商船利益，美国国会还一度提出武装中立政策，即政府于必要时酌拨军械与商船并助其使用，或用其他方法以资保护。对此，中华民国政府国务院电谕驻美公使顾维钧，美德断绝外交关系，现德使已否出美境？闻德现又与美协议，究竟有无此事？情形若何？希随时密探电复。美国采取武装中立政策后，德国潜艇政策仍未松动，时有击沉美国商船或伤害美国人生命的行为，美国政府决定对德宣战。为团结对德作战力量，美国一面照会中国一起参战，一面劝请英法日三国政府同出此举。中美双方外交上对缓付庚子赔款十年、增加进口税、解除《辛丑条约》内限制中国自由防范之处等进行磋商。美方赞同撤除驻华使馆卫队，增加进口税须待《辛丑条约》签字各国多数赞成，美国方能照办，缓付赔款如有关系各国多数允诺，而中国复允于缓付期内照美国政府每月退还之数，按月拨款供给清华学校及留美学务处并学生的经费，以上美国政府承诺当设法照办。美、英两国也赞同中国收管德国在华舰只。由于日本对华的根本政策在于，设法使各国承认日本在华的特别优越地位，所以一战以来，英法两国对此均表默认，而唯独美国在劝告中国对德参战问题上未事先向日本政府磋商，引起了日方的不满。美国成为日本侵华的障碍后，日本政府派前外相石井氏偕海军大员到美国磋商，名为磋商要事，实将密提中国问题，而使美国就范，用意至险。在日本的外交努力下，美国政府暂缓放弃对中国的争取。此次美国对中国提出忠告，曾约日英等国一致行动。经日英等国拒绝，现美国已声明，嗣后不再有此等干涉举动，以免各国误解。

1919 年巴黎和会后，美日两国因争夺在华利益，矛盾日益尖锐。1921 年美国急欲改变日本在华的优势局面，瓦解英日同盟，孤立日本，遂以解决中国问题为名，召开了华盛顿会议。会议提案是由中国北洋政府在美国的授意下提出的，会议期间，中国方面曾提出收回关税自主权，取消领事裁判权，撤退外国驻华军队和收回租界、租借地等，但均遭拒绝。1922 年

2月6日，美、英、法、意、日、荷、比、葡、中9国在会上签订《九国关于中国事件应适用各原则及政策之条约》，即《九国公约》。公约的核心是肯定美国提出的在华实行"门户开放，机会均等"的原则，并赋予它以国际协定的性质，使日本独占中国的野心遭到挫折。这是帝国主义调和在东亚和太平洋地区矛盾的结果，确立了他们在远东和太平洋地区统治的新秩序，中国的半殖民地地位从此进一步加深。1923年6月，黎元洪被迫辞去大总统职务，曹锟党羽为夺取大总统印信将黎元洪困守在天津车站。黎的家人找到美国领事，向他们说明情况，并请求帮助，但美方未采取具体行动。黎返回津寓后，美国领事馆派人前来慰问。黎元洪与美国的政治交往随着他的退位而宣告结束。

第二个阶段是1923年以后，这是私人生活领域中的黎元洪对美国的向往和关注时期。这主要是因为黎元洪大女儿黎绍芬留学美国的缘故。由于从小受父亲熏陶，加之憧憬欧美文化，黎绍芬很早就养成了西式的生活习惯。1923年7月，在父亲的大力支持下，她从南开大学毕业之后赴美国留学。黎绍芬回忆她父亲时写道："他多年想去欧美，又因我先行一步，

剪长辫、穿西服、吃西餐、骑洋马、打网球、经商有道的黎元洪。

所以他总要我写信给他介绍美国的一些情况，因此，他崇拜英、美的思想，我是起了一定程度的推动作用的。"1927年，四易寒暑后黎绍芬获得哥伦比亚大学的教育学硕士后学成归国。女儿能够出国留学并获得硕士学位，这在封建时代的传统思想中是不可思议的，在新文化运动后的后五四时期，更是具有积极的妇女解放和新女性主义的代表意义，可想而知作为父亲的黎元洪颇为自豪，特地派出另外3个儿女以及大媳妇远赴日本横滨迎接黎绍芬回国。黎绍芬从美国带回了关于西方男女平等、社交自由、尊重女性等新思想和新观念，受其影响黎元洪还取消了家中女性不许和男宾说话的传统规矩，此后在诸多场合黎元洪对这些新生思想和事物都深表赞赏并身体力行去实践。

黎元洪乐意与美国人结交朋友、合作创业，在他的社交圈子里比较著名的就有美国垄断资本家、木材大王罗伯特·大莱，美国传教士李佳白，美国钢笔大王派克，美国顾问福开森等。特别是罗伯特·大莱非常钦佩黎元洪，认为他是中国革命的大元勋，故每次到华都来看望黎元洪。黎元洪在天津盖房时，所需木料就是买自大莱木行。大莱也以此大作宣传，说中国总统私人盖房都选用大莱木材，足见大莱木材何等优异。黎元洪还以私人名义与美国人华克在北京合办中美实业公司，黎元洪任董事长，董事名额中美各半。开办伊始，业务骏隆。一面办理进出口，出口以大豆、猪鬃为大宗，进口以汽车、电料为主。一面在西北屯田植林，可圈地、可养兵、可惠工、可劝农。黎元洪与美国人的交往促进了两国友谊，促进了中美两国民间的交流与合作。

五、外交危机：临城劫车案中的黎元洪

1922年第一次直奉战争后，山东督军田中玉派部围攻在山东南部枣庄

东北一带的抱犊崮由鲁、豫、苏、皖等地的贫苦农民以及安武军、毅军等军阀部队的流散军人组成的"山东建国自治军"。因该地易守难攻，双方形成对峙。1923 年春，因天旱缺水，坚守甚难，为减轻自身面临的官军围攻压力，5 月 6 日凌晨，其总司令孙美瑶孤注一掷，策划劫持纵贯中国东部的铁路交通大动脉——津浦铁路列车，绑架外国旅客，以向政府讨价还价，使己部摆脱被围困境。在从南京开往北京的列车上劫持了数十名中外人质，包括美国、英国、法国、意大利、墨西哥籍旅客，又以美国人最多，英国人 Joseph Rothman 因拒捕而身亡，由此酿成震惊中外的重大涉外事件"临城劫车案"。由于被劫火车是当时中国唯一的全钢火车，俗称"蓝钢皮"，故此案又称蓝钢皮事件。据交通部事后的报告，此因事前疏于防范，临事毫无救援，以致危及外人，损毁国道，若不速行扑灭，不只引起重大外交，将国内路权，恐一发而不可收。虽然当时民国中央政府软弱无能，地方军阀豪强横行，土匪掳人勒赎，在政治组织薄弱的中国是常有的事，掳去洋人也不自今日始。但这次绑架人质数量和国籍之多，规模之大，策划之周密，影响之广泛，实为前所未有。因此，消息传出，舆论哗然，相关各国反应强烈。

案发后，在事件解决的过程中，驻京外国公使团以其直接关系并依靠其所代表国家之强势，接连不断地向民国政府交涉。英美等国立刻向黎元洪政府提出强烈抗议，要求黎元洪政府在最短时间内解救人质，并给他们一个满意的答复。英国路透社为此设立了"临城匪案近讯"报刊专栏。公使团在一个月中连续召开了不下十次联席会议，发出多份外交照会，向中国方面不断提出各种要求，如放人的期限、索赔的数额、建立铁路护路队、派团考察护路问题等。此外，各国舆论及国联也对临案表示出极大的关注。外国报纸异口同声，主张关系本案各国，须力谋适当手段，彻底究问中国政府的责任，以免将来再发生这样的事变。这使民国政府面临了巨大的外交压力，不得不采取措施应对。

　　临城劫车案作为突发性事件，民国政府事前并无任何准备，遑论解决的预案。可是案情反响之大，牵连之广，于当时中国的对外关系大有影响，从而震动了民国政府，使其不能不有"应变"之举。同时，事件发生时正值北京政局大变化之前夜，黎元洪的总统府与张绍曾的国务院之间的府院之争颇为剧烈；而直系首领曹锟为过其总统瘾，正在谋划废弃黎元洪，进行新任总统大选；北京政局之剧烈动荡，使本已软弱无能的中央政府失去了外交抗衡的决断力。

　　比较而言，时任总统的黎元洪以案涉外交，对此事的反应还是比较积极。事发后的第二天即 5 月 8 日，他就一面下令围剿土匪，一面下令"山东督军田中玉、省长熊秉琦交陆军内务两部议处，所有肇事地点文武官吏，均即先行撤任听候查办，并责成该督军省长迅速将掳人等先行设法救回，务令安全出险"。临城被掳美国人 Robert Allen、Rowland Ringer 获释。5 月 18 日，北京政府代表交通总长吴毓麟、山东督军田中玉、美国人安特生（曹锟私人代表）、交涉员温世珍（齐燮元代表）在枣庄和匪方代表孙美瑶、郭其才正式见面，决议官兵后撤 15 公里，解除抱犊崮之围后，匪方即释放被劫外侨，政府方面并允收编匪兵为官军。由于山上饮水紧缺，土匪将原有的过期未赎或油水不大的华人肉票，从崮顶掀下去 200 多人。一时间，崮上哭声四起，崮下血肉模糊，死者枕藉，伤者惨号。5 月 22 日，田中玉去北京列席国务院会议，报告临城官匪交涉情形，并力主剿办。黎元洪、吴佩孚等人表示赞同，而外交团为救人质态度软化。至 6 月 12 日，官匪双方经过一个多月的谈判，于当日签订条约，被掳"外票"全部获释，被掳"华票"于 24 日获释。

　　在善后处理问题上，中方与各国反复交涉，直到 9 月 24 日，北京政府外交部将关于临城劫车案复文交北京使团领袖公使葡萄牙公使符礼德，同时致送署名于前次照会各国公使。复文分三大部分：第一，在赔偿方面，因此事不能说本国政府负有赔偿损失的责任，但鉴于外国人被掳的情形暨所尝的艰苦，本国政府自愿本优厚的精神，给予公平的偿恤，数字另议，但个人附带赔偿在性质上言似属间接损失，或与本案无切近关系，或仅系影响所及，本国政府碍难一并列为核计外国人应得恤偿的根据。第二，在保障方面，本国政府碍难同意，深望外交团重加考量；引用《辛丑条约》实非正当或必要的保障。倘若坚持不是特有牵动中国人民的感受，而于外国人生命财产的安全也无所增益。第三，在惩罚方面，有关官员已经按照本国法律分别惩治及交有关部门议处，但本国政府所不能允许从外交团的要求，实因按照条约，凡惩处中国官吏、人民，皆须由中国政府依照中国法律办理。文后声明，本国政府对于外国侨民在中国内地的安宁，素极注重。此次临城案发生的情形，实预料所未及；深信在华外人生命财产权利利益的安全，必能益受保障。虽然外国公使对这一复文难以完全接受，其后曹锟政府也象征性地做了一些应付工作，诸如免除田中玉职务等，但这也标志着临案得以解决。

临城劫车案对中国对外关系和国际地位产生了一定的影响。时任国务总理的张绍曾认为，此案决不能影响中国的国际地位，外国人在中国，今虽遇此不幸之事，而中国侨民在外国，也何尝未遇此类不幸之事。然而中国起初不因此而蔑视友邦自主的精神，故可知友邦也必不因此而不尊重中国的自主精神。此说只不过是应对社会舆论而发的场面上的话语。但实际上，列强们由于临案而开始改变对华的认识和外交行为，认为中国不能承担所谓"国际义务"，因此提出若干干涉中国内政的要求（如由外人控制护路及路政），并放缓了华盛顿会议后同意在一定程度上"改善"中国国际地位（如关税自主和取消治外法权）的步伐。外交各国对黎元洪政府解决危机的执行能力也丧失信心，甚至提出了由外交团承认匪徒的条件，与匪徒直接协议，不容中国官员参与其间，知照中国政府将应行负责的要人，以其生命为外俘安全与释放的担保等干涉中国的无理要求。甚至一些英、美人士还因此种事实的动机，都说此际中国铁路宜移交国际共管。有的说掌管中国主权的人，既非黎元洪与吴佩孚，亦非曹锟与张作霖，乃继红胡白狼而起，现在身为匪首、为豹子谷王、为中国皇帝的孙美瑶。由于临案的发生，正处于第一次世界大战后华盛顿会议对远东与太平洋殖民地和势力范围进行再分割再调整时期，《九国公约》的签订，打破了日本独占中国的局面，在中国出现了几个帝国主义共同侵略的局势。日本媒体和部分西方舆论借此附和道，临城事件的发生虽是由于中央政府的积弱，也是山东治理不善所致。而山东的失政，是日本军队撤退的结果。假设有日本军队在，必能禁止匪徒横行。这将临案的发生归结为中国中央和地方政府的无能以及日本军队的出缺，显然是一种自我贴金式的外交军事争强。在华盛顿会议关于治外法权等问题上，由于中国政府在解决山东问题时仰赖美、英的帮助，因而作为妥协，未能在取消治外法权、撤退外国军警、恢复关税自主权、取消势力范围、废止"二十一条"等方面取得实质性成果。华盛顿会议议决，外国在华享有的治外法权应成立中国司法制度调查委员会研究解决。但临案发生后，有舆论指出，各国因鉴于临城事件以撤废治外法权毫无考虑余地的理由，将该项调查委员会终止派遣。处于与曹锟进行政治角力的黎元洪，在这一外交危机的处理过程，确实没有及时地也无力地表现出实质性的相对妥当的解决方案。对临案处理不当，使黎元洪政府进一步深陷政治危机，失去了外国势力的支持，也使曹锟得以趁隙而入，上演了一幕可笑的贿选闹剧。

政治思想展异彩

思想的流变性和定性是常见的两种思想现象。一方面，社会存在的各种变化反映到人脑中会产生新的思想，人脑中各种信息的组合也会产生新的思想，这使人的思想不断发生着变化，人们的道德观、价值观也会出现许多新的内容。这些就是思想的流变现象。另一方面，思想一经形成，又具有相对的稳定性。如人的世界观、人生观一经形成就很难改变，而且对某些具体社会事物的看法一经形成也是很难改变的。这就是思想现象的稳定性问题。思想的稳定性和流变性都有一定的相对性，按照广谱哲学的数学观点，它们都与等价关系密切相关。所谓等价关系就是满足自返性、对称性和传递性的二元关系。等价性是一种极其广泛的辩证同一性（有内在差异的同一性），如马克思、列宁就无产阶级的立场和观点而言是等价的，因为它们满足自返性、对称性、传递性，但它们又各有自己解决具体问题、具体任务、制定具体战略和具体策略问题上的诸多特色和不同，这就是有差异的同一。又如所有的资本主义国家在基本生产关系上是等价的，因为它们满足等价关系的三个条件，但各个资本主义国家又各有自己由于历史、民族等条件所形成的诸多差异，这也是有差异的同一。（张光勤：《关于思想基础问题的广谱研究》，《开封大学学报》，2001 年第 3 期）

黎元洪的政治思想就是这种流变性和定性的统一。他的思想在其游学、从军、旅日、主政等不同时期都有不同的新内容，具有流变性。但他对国家的热爱、主权的捍卫、民族的认同等思想情怀是定性的。和袁世凯、徐世昌等北洋军阀相比较，他们的阶级立场和观点是等价的。但他们对国家问题的一些具体的处理方式和思想意识上却不一样，黎元洪的思想比较开阔，有着显著的西方文化影响的印记。这种带有西化色彩的政治思想的形成，主要是有以下六个方面的原因：

一是有西式教育的经历。黎元洪生长在洋务运动的鼎盛时期，早期接受西方的资本主义教育，崇拜西方民主自由和物质文明，佩服西方领袖人物，如华盛顿、林肯等等。他倾向西方的民主制度，主张男女平等，社交自由。黎就读的北洋水师学堂，教材选用的是英文书籍，同时受到严复校长、萨镇冰教习等影响，在学校接触这些受过西方思想熏陶的人，很早就开始对资本主义顶礼膜拜。

二是去过发达的资本主义国家。早年，他三次被张之洞派到日本学习考察军事，晚年退隐养疴还是选择日本。他对日本这个明治维新后崛起的发达资本主义国家的经济、政治、军事、社会状况，数次耳闻目见，亲身体验，感受至深，逐渐形成自己独立的比较西化的思想。在随后黎元洪组织的军事训练和民国时期开展的执政活动中都可见其明显的西方文化的烙印。

三是儿女对他思想潜移默化的影响。长女黎绍芬深得父亲喜爱，她喜欢新鲜事物，经常出入社交场合，生活趋于西化。父女俩都喜欢英文书籍，常西装革履同去散步、游览，探讨欧美国家事情，在家中也是一起单独吃西餐，对西方文化心驰神往。1923 年 7 月，她到哥伦比亚大学就读，取得教育学硕士学位。因为黎绍芬是中国总统的女儿，所以美国朝野上下极为重视。美国参议院议长埃瑞斯夫妇亲自邀请她来华盛顿做客，陪同她参观美国国会。当时的美国总统哈代还特意在白宫接见了黎绍芬。在写给父亲的信中，她除了倾吐思乡之苦外，常常提及自己在美国的所见所闻。黎元洪对女儿的这些讲述颇感兴趣，总要她写信介绍美国的一些情况，从而更加崇尚欧美的政治文化，女儿的来信，也多多少少弥补了他未能游历欧美的遗憾。他对女儿带回来的关于西方男女平等、社交自由及尊重女性等新的思想观念极为赞赏，并且身体力行地去实践，取消了女儿不能同男宾讲话的规矩。大儿子黎绍基 1920 年到日本贵族学院留学，同样，他的言行对黎元洪的思想是有启发的，正如他的女儿黎绍芬所说，父亲崇拜英、美的思想，我是起了一定程度的推动作用的。

黎元洪大总统及其家人

四是经常性地接访资本主义国家的来访者，双方谈话和思想交流对他是有影响的。如《泰晤士报》主笔熊少豪、美国顾问富开森、美国在华传教士李佳白、总统府英籍顾问辛博森等常与之接触，他还接见过美国木材大王罗伯特·大莱、英国报业巨子北岩公爵、美国钢笔大王派克等。辛亥首义发生后，英文《大陆报》记者埃德温·丁格尔采访黎元洪后说，将军具有中国人特有的儒雅，用英语跟我谈话。黎在接受英文京津时报北京通信记者采访时，虽用英文翻译但也懂英文，分手时以照片赠记者，以英文书名其上。可见，黎元洪不仅具有一定的英语功底，受西方文化的熏陶也是显而易见的。在与李佳白交往过程中，黎元洪不仅出资400银圆赞助他创办的刊物《尚贤堂纪事》，还希望他保障和平，主持公道，造成国民幸福。

五是自己投资创办了很多资本主义性质的实业。黎元洪的收入扣除家用外，大部分都进行了投资，购置了大量土地、房屋进行出租。他还投资金融、实业，购买大量股票，与外国领事、外国公司、租界工部局负责人等过从甚密，进行资本主义经营，获取高额收益。

六是生活方式趋于西化。从日常着装上来看，他喜欢穿西装吊带裤，很少穿长袍马褂。历数民国时期报纸杂志，黎元洪登上版面的全身照片，

黎元洪戎装照

着装不外乎两种，一是军装，另一种就是西装，看不到任何中国传统服装的影子。每日三餐大部分时候他都是吃西餐。在他的天津英租界私宅里有一个中餐厨房和一个西餐厨房，他和大女儿黎绍芬等吃西餐，其夫人及办事员吃中餐。

政治思想是适应一定时代需要，反映一定阶级、阶层或集团利益的政治理想、政治态度和政治要求，为其设计夺取建立和维护政治方案，为实现其统治出谋献策。政治思想的核心问题始终是国家政权问题。因此，如何认识国家组织管理，是政治思想的主要内容。对黎元洪来说，他虽然谈不上是一代杰出的政治家，甚至其政治思想没有什么有特色的哲学思想和历史观念作根基，但他在同革命党人、北洋军阀集团争权夺利的政治实践中，表现出了有自身特点的政治思想。而且，对政治功能的重要性和对政治主体的认识是他政治生涯中刻骨铭心的体会，他常说："国家兴亡，视乎政治；政治隆替，视乎官方"，就是这一思想的表现。他的政治思想包含了诸多如治国思想、政党思想、宪政思想、民族思想等重要内容，既有传统的内容和民族的形式，又有时代的色彩和西方的特性。

一、民族情感血浓于水

  黎元洪的民族思想表现在国家对内、对外的各种政治、民生等事务中，有着明显的爱国情愫。尤其是他在民国政治舞台上的主政时期，将个人与民族的命运紧密联系起来，穿针引线，调和矛盾，防止内阋于墙，主张共同外御其侮，有着鲜明的时代特色。

  早在北洋水师堂毕业时，黎元洪充海军飞鲸军舰正炮目，在中日甲午海战中，清军败绩，黎愤而投海，虽为舰友所救获，但表达了他强烈的民族气节。1898 年，他赴日本考察军事教育时，在东京、大阪等地的公园，见到大量的日本在甲午战争中夺取的中国和朝鲜的战利品后，觉得触目惊心，曾经邀集侨胞请求监督，与日本当局商量撤除，表现了他坚决捍卫民族尊严的决心。1900 年，义和团运动发生，西太后下旨各省格杀居留内地外人，英、美等帝国主义勾结中国各省督抚实行东南互保，湖北新军跃跃欲试，意杀之而后快，当地外国人势极危险。黎元洪得知后报告张之洞，并遍历各营演说，声泪俱下，军士为之动容，终未酿成大变，所以此间湖北不致有杀害外国人的事情，黎元洪可以说功居其半。民国成立，在接到各国领事函称四川境内地方不甚安宁，恐酿事端后，黎元洪致电宜昌招抚使蔡汉卿说，外国教士、商人往来湖北境内的，务须严加保护，以促进邦交而免交涉。可见，黎元洪的反帝思想不是盲目的意气用事，在某种程度上，保护外国人人身安全也是一种民族精神在人道主义上的具体表现。

  在排清问题上，黎元洪的民族思想表现得是非分明，而非盲目地一棍子打死。武昌起义爆发，这是革命志士是对清政府腐败统治不满的缘故。起义军士搜查在鄂服官满人，无分老幼男妇，一律格杀勿论以泄愤。对此，黎元洪颇不以为然,召集军士演说,指出满人虐我汉族,是少数有权势者所为,与普通大众无关。现在军队起义,如果有反对我及破坏我的主张的人,应杀之无赦。这样就可以免予残杀,使大家不会有悖于人道主义。在这里,黎元洪的民族思想已经超出了狭隘的民族观念,把"反满"界定为反对满族当权贵族,而不是普通外族民众。此后,仍有部分军士阳奉阴违,诛戮如故,黎元洪得知后下达严令,如有不服从者,按妄杀无辜论罪。起义胜利后,在缴获满人财产的分配问题上,满族人请求发还,大部分汉族人提出充公,认为满人入主中夏达二百六十余年,一切度之全部来源于汉族,今天的区区财产,即收为民国所有,亦不为过。黎元洪对此则有不同见解,他指出,他们是满人中少数一部分,今为众人所共弃,是因为他们的祖宗遗毒所害,即使按照前清专制法律,尚不能罪及子孙,何况共和世界?于是,黎元洪毅然按照他们的请求,全部足额发还。

作为辛亥时期激动人心的战斗口号之一的"排清",在动员各阶级各阶层人民投入民主革命的洪流中是起到了积极的作用的,但过于激烈的排清言词以及频繁的排清宣传,也给汉族内部的帝制主义者蒙上了面纱。黎元洪民族思想包含着"排清"的成分,但同时受这种单纯的"排清"思想的影响,使之在许多重大的革命立场上出现了消极的认识误区。如在他看来,只要同属汉族的袁世凯"回旗北向,犁廷扫虏"、"与吾侪共扶大义",由他来出任中华民国第一任大总统亦未尝不可。在这种思想指导下,黎元洪的意识中才会出现义军与袁军可以进行和平谈判,从而联合实现覆灭清朝的目的,即使达不到目的,也可有起而应战的想法,并将这种想法付诸了实际行动。

直到"二次革命"后,黎元洪才逐渐认识到袁世凯的真实面目,其民族思想才开始区别于一般人单纯的"排清"和"反清",转向到了"反清"、"反帝"和反对帝制上。筹安会六君子之一的杨度策划帝制游说黎元洪,黎愤慨地说，我身为民国副总统，对此违背民国的事情，不是我所愿意听到的。蔡锷连夜拜访黎元洪，探寻他对于帝制的态度，黎表示极端反对。袁册封他为武义亲王，黎元洪对亲信黎劭平说，反对帝制恨无力，赞成帝制决不可。如果帝制实现，我唯一死而已。1923年，日本强占我国旅顺大连，凡属国民者莫不愤慨。6月1号，日本军舰伏见号在湘挑衅伤人击毙讲演的市民和学生，死伤数十人。黎元洪从维护国家主权的角度出发，立马致电责成湖南省省长赵恒惕应与严重交涉，以维持公理。河南省议会、湖北商界外交后援会、安徽省教育联合会、学校联合会、学生联合会等社会各界就此纷纷向黎元洪上书抗议并请求严重交涉，反对日本蔑视我主权、残害我民命的恶劣行径。安徽国民外交后援会提出，应当严重交涉，以此保障人权而伸张公法。两湖巡阅使吴佩孚致电黎元洪指出，驻湘日本军舰蔑视公法，摧残市民，这样的暴行让人非常愤怒。请政府严重交涉，各省合力抗争，保卫国权，为民请命。紧接着，黎元洪复电吴佩孚强调，日本军舰在湘肇事挑衅，我已经下令严重交涉，接到你的来电，倍感义愤，体现了爱国爱民、反对帝国主义侵华的强烈的民族主义情结。

在禁烟拒毒上，黎元洪的民族思想也有着积极的表现。近代以来，烟患沉重。而禁烟有三法，即禁吸、禁种和禁运。民国甫定，如何消除鸦片流毒，安徽省议会和孙毓筠都督发电指出，禁种、禁运，不是双方并进，禁吸则非常困难。现在禁种虽已实行，禁运尚待改约，希望尽快与外国人磋商改约问题，以中华民国元年为鸦片进口终止之日，救国救民，此实急务。对此，黎元洪就向政府提出，查禁烟有三种办法，只有禁运最难，也只有禁运最急，从前中英订约，以逐渐减运为办法，商人希图渔利，往往暗中多运，不顾公理，以致禁种、禁吸均未收真实效果。现在安徽省提出的方案，实为解决问题的根本办法，恳请大总统国务院主持，各议会各都督赞同，磋商定议，共同禁种、禁吸，自必事半功倍。1916年10月，黎元洪上任总统后发布"大总统令"，明确表示禁烟为福国利民之政。他指出："军兴以来，四方傲扰，深虑官吏稽巡不密，奸民故态复萌，瞬届冬烟播种之期，设使毒卉潜滋，不惟违背约章，实于人民生计关系至巨。除已迭申禁令，责成地方有司实力奉行外，应再特派专使督察，未报禁绝省份烟政事宜，随时会同各该文武长官，切实检察，严厉禁革，务使积年痼疾早日廓清，有厚望焉。"（《段祺瑞公布大总统禁烟令》，《北洋军阀史料·黎元洪》卷十，天津古籍出版社1996年版，第546—547页）黎元洪禁烟拒毒思想是时代的产物，是其民族思想的表现，符合中国的国情，更符合中华民族的根本利益。由于时代和阶级的局限性，他这一思想未能达到彻底根除鸦片流毒的目的，但却对当时中国及其以后的禁烟拒毒运动起了一定的推动作用。

对待外债的态度，也是衡量近代民族情感的一把标尺。1909年，湖北留学生张伯烈等回国发起川粤汉铁路民办运动，反对举借外债。黎元洪以军界代表身份参加各界联合会成立的铁路协会，表现了一定的爱国热情，成为后来他被推举为大都督的"前导"。北洋政府时期，为应对疲弱的统治危机，当政者往往通过出让利权举借外债来解决财政困难，保全统治地位。从成立到1912年4月，南京临时政府外债收入达到1079万元，占到其总收入的54%。对这种大肆举借外债的做法，黎元洪等人进行了强烈的抨击。针对善后大借款，黎元洪致电国务院，请求政府正式宣告大借款条件及其用途，以释群疑。若合同内实有条件丧失国权，则五国银团是否同意与我国进行修改？如是，则众怒可息，而反对可免，南北恶感，也可解除。从2月13日到3月9日不到一个月的时间里，他先后6次致电南京临时政府和参议院，批评这种以利权换债务的饮鸩止渴的做法。对以抵押轮船招商局、中日合办汉冶萍公司等为条件向日本借款、以全国税赋作抵押向华俄道胜银行借款等政府行为，他都表达出强烈的抗议，尽管他这种抗议或多或少带有些政治目的，但从保障民族权益的角度来看，防止民国进一步陷入水深火热的帝国主义的经济陷阱中还是起到了积极的促进作用。

尽管当时帝国主义对中国的侵略、瓜分和渗透的野心已暴露无遗，但黎元洪当时的民族思想中不仅没有明确反帝的内容，而且还寻求外国的同情和支持，企图依靠外国列强的支持来实现他的政治理想。美国驻华公使馆随员阿诺尔特计划离开北京回到纽约时，黎元洪托其传递口信说，中国人民祈祷并请美国人民对于新民国的建设矛以赞助。但是，在黎元洪投资的企业实体中却并非如此，其中大多属于民族资本企业，它不是帝国主义的附庸，相反有的和帝国主义是竞争对头。黎元洪投资实业，这里面也包含他实业救国的动机。从他投资的八个煤矿公司来看，中兴、中原、怡立、北票、临城、六沟河、浙江长兴、翕和萍乡等煤矿在运作资金上无外资插手，在经营管理上都是和帝国主义在华煤矿争利的企业。新中国成立以后，黎投资的这些煤矿，不是按照官僚资本没收，而是依照民族资本企业实行公私合营，每年都拿定息，这也足以证明他的投资不是官僚资本，而是属于民族资本。黎投资实业是沿着资本主义的方向前进，不论他自觉或是不自觉，总是顺应了历史的潮流，适应了时代的需要，具有进步的意义。所以，黎元洪的民族感情在爱国主义上的表现为，很关心祖国的利害，确系一种人物，其志愿即在竭其能力，为国效劳。1925 年，"五卅"惨案发生，黎元洪的长子黎绍基正在南开大学读书，学生们为声援这次上海大罢工，推举黎绍基为后援会募捐组组长。黎元洪得知此事后，大加赞许，除自己出资赞助外，还亲笔函介黎绍基前往拜见顾维钧、杨以德、鲍贵卿等名流，不出三日就募集到了 11000 余元，大大超过了预计数目。黎元洪以实际行动支持子女参加反帝爱国运动，是其民族情感的真实流露。

定孔教为国教是黎元洪民族思想的又一个集中的体现。自明末以来，列强伺窥华夏，传教布道图谋已久且从未间断。起初，负有政治任务的少量基督传教士入内地宣扬耶稣为救世主，瓦解在儒、释、道思想下成长的国民，但终以中华大地地大人多、国力未衰而未奏效，但在民间却起到了一定的播种作用。鸦片战争后，西方列强加大侵华力度，清廷媚洋腐败日剧，洋教士在华获得种种特权，并大肆宣扬其理论，蒙蔽国民。此时西学东渐、泥沙俱下，清朝势衰、受制于人，民国幼嫩、军阀混战，其间大城市中租界林立、教堂纷起、国中有国。国内大批投机者纷纷投入洋教麾下，假洋鬼子的积极效命，使其教义波及甚广，致大批民众盲从于外，而使本国正源儒学消极发展。儒家思想是中华民族文化的核心思想是不争的事实。民族的才是世界的，才是最有生命力的，当时很多有识之士为昌盛孔教奔走呐喊。1913年9月，黎元洪以副总统身份向北京国务院参众两院、各部部长、各省都督和民政长、省议会发出呼吁："大乱之起，倡自邪说，继以暴行，欲觉世牖民，其功必在立教。吾国自汉孝武崇尚孔道，表章六经，两千余年，实已浸淫渐渍于普通人民之心理。""孔教之所以久而弥光者，盖折衷于群圣集大成而归本于人道之常则。""兹者国体维新，民行仍旧，廉耻之防未立，信义之用未宣，人背常经，士越恒轨。心无定仰，则竞权攘利之弊生。乡无善范，则犯上作乱之衅起。""速定国教，模范人心，孔道一昌，邪诐斯息。……请政府迅饬颁行，岂徒为崇昭神圣之灵文，抑以标范围人心之正鹄。事关治化，匪犹常典，管蠡所及，维众赞而公择焉。"（《黎副总统请两院速定国教电》，《孔教会杂志》第1卷第8号，1913年9月，第10—11页）之后，孔教会在曲阜召开第一次全国大会，黎元洪指派湖北省代表刘赓藻、张则川、沈致坚与会。但定孔教为国教议案在国会中遭到否决，同年11月，黎元洪致电北京大总统袁世凯以及各界有关方面指出，尊孔一案，元洪曾于九月发电赞成，想必大家都已经看到。近因宪法草案，竟予否决，各处接连致电力伸前议，足见卫道翼教，心理所同。正所谓皎日明而爝火熄，正学倡而危言消，请大总统于宪法未定之前，通令京内外各学校凡是学习汉文的，每届上学放假期前一律设位崇祀，培养大家的信仰，树立良好的社会风气。宗教一般都具有排他性和神鬼之说，而至圣先师孔子"不语怪力乱神"，言"生"不言"死"，以人道为主要内容，是以"人"为终极关怀的宗教。黎元洪推崇孔教，有助于儒学国粹发扬光大，后继有人，有助于人们自觉抵御全盘西化思想的侵蚀，有助于改变国人思想，增进民族团结，在民初信仰缺失又思潮风行的年代具有积极的导向意义。

二、军民分治与废督裁兵的治国主张

从 1911 年 12 月被推为大元帅开始，到 1923 年 11 月彻底退出政界，在民初政坛上叱咤风云、独领风骚前后长达 12 年之久的黎元洪，在治国方略上的思想与作为，不是学术界部分人所议及的"傀儡"、"墙头草"等"一刀切"评价下的表现，而是在不同时期有着不同的内容，包含着积极的因素，并随着时代的需求而变化。

1. 前期的军民分治思想

所谓"军民分治"就是针对辛亥革命后各省都督集军政、民政大权于一身的现状，提出的将一省的军务和民政二权由两人分开执掌的思想。黎元洪提出这一思想并倡导之，就是要将总揽军、民两政权的军政府撤销，另立平行的都督府和民政府，两府分别由都督和民政长来执掌，各行其是，互相制约，互不干涉。黎主张"军民分治"的思想缘起于：一是有利于削弱革命党人的军权。因为辛亥革命后各省建立起来的军事政权，大多是革命党人的集中地，撤销军政府另起炉灶，无异于瓦解革命党人实力，所以当时江西都督李烈钧、安徽都督柏文蔚等率先通电反对。二是有利于培植亲信，互为掎角，壮大势力。民政长的人选必须为都督得意心欢之人，上可以执行都督之意志，下可以替都督剪除异己。三是有利于维护中央集权。

一人掌握一省大权容易造成权倾一方，形成割据之势。军民分治，都督和民政长均归中央委任节制，交通、司法、外交等一些重要的省司均与国务院各部门对口设置，直接管辖，这种人事任命和机构设置，有利于全国军权集中、政令统一。

若不采取"军民分治"的措施来整军治民，坚持军人柄政的后患是无穷的。1912年4月10日，黎元洪在致袁世凯的电文中就详述了"军民合一"的"十害三无"：荧惑政纲，督乱方略，其害一；把持贤路，推挽私人，其害二；招募非人，嚣然自雄，其害三；恣财黩武，暴敛横征，其害四；假以军法，草菅人命，其害五；奸淫劫掠，蹂躏地方，其害六；易受鼓惑，动摇政局，其害七；拥兵自重，易生反侧，其害八；争城夺地，内讧不息，其害九；割据一方，形同藩镇，其害十。"军民不分，范围太广，流弊所趋，虽贤者亦有不免，而今日军界尤为可危"。在这种军事独裁和军队扩张形成的社会危害下，军界会出现"无道德心"、"无法律心"、"无责任心"，从而造成种种险象。故此，"消隐患于无形，垂宏规于久远，惟有将军务民政划为二途。"[黎元洪:《上大总统并致京外各机关》，易国干、宗彝辑:《黎副总统（元洪）政书》，《近代中国史料丛刊正编》第六十七辑，台北文海出版社1971年版，第124—125页] 黎元洪将军务、民政分开，改变都督独揽大权的现状。随后，他还表示，元洪不才，当先率领湖北军界为天下昌，并反复强调，军民分权为当今正本清源之策，优游不断将遗患滋深。

袁世凯总统高度赞赏黎元洪副总统建议，认为"十害三无"，触目惊心，西方人士所谈暴民专制，没想到今日得以亲眼所见。黎元洪深入分析军人柄政之弊，拟将军务、民政厘然分途，从湖北开始实行，以资表率。不是行如曾闵，学如程朱，又怎么能做到这样？全国都像他那样，我国登黄龙而抗欧美指日可待。一言兴邦，公真不朽。"军民分治"的思想对黎元洪来说于己有利、于袁有助，有着不可告人的动机。由于触及地方政权执掌者的利益，多数省份的都督们表示反对，包括革命党人因涉及削弱南方各省的革命势力，也表示反对，所以这一政策只在湖北、四川、山西三省小范围地试行。但其积极因素却不容否认，"军民分治"对军阀、都督们占地为王，乱施暴政，割据一方酿成"藩镇之祸"，把持兵柄抵制中央等行为是有着监督和制衡作用的。从后来各路军阀肆意妄为、武人干政的情形来反观，黎元洪这一治国思想未能很好地推行开来，不能说不是历史的遗憾而让人扼腕叹息。

2. 后期的废督裁兵思想

执掌政权、军事和财政是其重要内容，且互为表里。废督裁兵不能实行，地方财政就会被截留挪用，中央政府自然是捉襟见肘，为维护积贫积弱的统治基础，举借外债不得已而为之，这也是民国政府首脑像走马灯一样更换不息，统治危机频频出现的一个重要原因。民国肇始，黎元洪上任副总统位以来，就一直对武人干政深恶痛绝。无论是在总统副职岗位，还是在正职位置上，他都目睹并切身感受了尾大不掉的军阀集团对主政者施展政治抱负，实现自己治国理想的钳制和羁绊。早在袁世凯时代，袁为加强个人独裁，防止"藩镇割据"之害，就曾授意当时的副总统黎元洪提出"废督裁兵"的倡议。不过，这次倡议黎元洪充当了袁世凯的传声筒，是袁扫平专制道路的一块垫脚石。1918年底，正当南北双方和谈之际，"废督裁兵"又成为和平运动的口号之一。此后数年间，不时有人发出类似的呼吁。1922年初，华盛顿会议也专门就此作出决议，由于现在中国政局不安，中国军队继续维持，如迅速进行大裁减，不仅对于中国政治统一及经济发达有利，也是促进财政恢复的重要途径。所以，同年6月6日，当在直系军阀曹锟领衔的十省区督军省长联名通电吁请后并决定第二次走上总统岗位前，黎元洪在天津寓所举行谈话会，参加者有旧国会的两院议长、曹吴等军界重要代表、各省团体代表等数人，他提出了洋洋三千言的"废督裁兵"

的"鱼电"，列举出了实行督军制的"五大害"：

练兵定额，基于国防。欧战既终，皆缩军备，亦实见军国主义，自促危亡。独我国积贫，甲于世界，兵额之众，竟骇听闻。友邦之劝告不闻，人民之呼吁弗恤。强者拥以益地，弱者倚以负嵎。虽连年以来，或请裁兵，或被缴械，卒之前省后增，此损彼益，一遣一招，靡费更多。遣之则兵散为匪，招之则匪聚为兵，势必至无人不兵，无兵不匪，谁实为之？至于此极。一也。

度支原则，出入相权，自拥兵为雄，日事聚敛，始挪省税，终截国赋。中央以外债为天源，而典质皆绝。官吏以横征为上选，而罗掘俱穷。弁髦定章，蹂躏预算，预征至及于数载，重纳又艰于崇朝。以言节流，则校署空虚；以言开源，则市廛萧索。卖女鬻儿，祸延数世，怨气所积，天怒人恫。二也。

军位既尊，争端遂起，下犯其上，时有所闻。婚媾凶终，师友义绝，翻云覆雨，人道荡然！或乃……宰制一省，复冀兼圻，……扼据要塞，侵夺邻封。猜忌既生，杀机愈烈，始则强与弱争，继则强与强争，终则合众弱以与一强争，均可泄其私仇，宁以国为孤注。下民何辜，供其荼毒。三也。

共和精神，首重民治。……自督军制兴，滥用威权，干涉政治，囊括赋税，变更官吏。有利于私者，弊政必留；有害于私者，善政必阻。省长皆其姻娅，议员皆有重儓。官治已难，遑问民治？忧时之士，创为省宪，冀制狂澜。……顾按其实际，以为积重难返之势。……易汤沿药，根本不除，虽有省宪，将焉用之？假联省自治之名，行藩镇剽分之实，鱼肉我民，而重欺之，孑遗几何，抑胡太忍。四也。

立宪必有政党，政党必有政争，果由轨道，则政争愈烈，真义愈明，亦复何害。顾大权所集，既在督军，政党争权，遂思凭借。二年之役，则政党拥督军为后盾，六年之役，则政党倚督军为中心。自是厥后，南与南争，北与北争，一省之内，分数区焉！一人之下，分数系焉！政客借实力以自雄，军人假名流以为重。纵横捭阖，各戴一尊。……卒至树倒猢狲散，城崩狐迁，军人身徇，政客他适。受其害者，又有别人。斩艾无遗，终于自杀，怒潮推演，可为寒心。五也。（《申报》，1922 年 6 月 9 日）

谈话会上，黎元洪要求各省督军立释兵权，上至巡阅使，下至护军使都立刻解职，集中于北京，共筹国是。他说，我今天的这个主张，是唯一关键，在座诸君可以将此意转达各省区长官及全国国民，如以鄙言为不合，则今日与诸君畅谈，即为最后会晤一日，鄙人从此不敢再问国事。黎元洪以此作为自己再次出山的决心书和宣言书。颇富传奇的是，这天正好是袁世凯逝世六周年，无论是历史巧合还是黎元洪有意为之，都昭示了后继者施政不能忘却历史，应以史为鉴，鉴往知来。

废督裁兵后，督军缩小权力，一省军、政两权分由两人执掌。但裁兵后，兵员去向成为了人们关注的问题。黎元洪和吴佩孚商量指出，不裁兵则兵多，裁兵则匪多。他们计划一边裁兵，一边筹划西北屯垦之策，以为消纳良策。但各省兵士，不必都为无业之民。若分期遣散，与以川资，送归故里，则有农事可做的人占大多数。若实行屯垦计划，由于西北交通未开放，绝不是今日所容易收到实效的。

"鱼电"一经发出，黎元洪废督裁兵的主张很快得到了社会大部分人士的拥护。北京各团体合组国民裁兵会成立，上海、广东、安徽、四川等地纷纷通电、集会、请愿，一时造成浩大声势。唯恐黎元洪拒复职而不能为己所用的曹锟、吴佩孚两巡阅使立即发表通电表示响应。他们指出，"废督裁兵"是当今的关键之举，谨当遵命为各省倡导。江西陈光远、山东田中玉、四川刘湘、贵州袁祖铭、湖北肖耀南、陕西刘镇华、江苏齐燮元等地方督军也先后来电表示赞同。对于响应废督裁兵的号召，直系曹、吴与各界团体的用意是大相径庭的。时论指出，吴佩孚的目的，在于拥黎元洪为总统，驱逐徐世昌及其安福党羽。黎元洪对此也并不切实否认，确实耐人寻味。直系军阀心中另有一套阴谋，他们"响应"黎元洪通电的用意除了借此使黎同意复职以达到驱逐徐世昌的目的，还有一层为己所用的意图。6月15日，吴佩孚在保定高级会议上专门讨论了"废督裁兵"计划，包括：在全国设立9个军区，编全国军队为40个师，每区设军区长一人主持；军队直接隶属于中央政府，饷银军械悉由中央供给；废除巡阅使及各省督军，裁撤冗兵等。这实际上就是要把全国的军、政、财大权皆囊括于直系手中，丝毫无关乎于国计民生。相反，当后来曹、吴看到"废督"如果一旦按照黎元洪的思路发展实行的话，那首先会有损于遍布黄河及长江流域的直系势力，此时两人一反当初的应允，反对"废督裁兵"，甚至大招新兵。如吴佩孚6月份在山东夏津、武城、邱县等地招新兵5000人，由此可见司马昭之心昭然若揭。

诚然，"鱼电"发出后，反对者、矫饰者亦有之。奉系、晋系军阀则表示反对，认为兵不能裁，裁必生乱。浙江、江西两地督军却是只拥护黎元洪号召实行"废督"。浙督卢永祥通电全国指出，实行废督，请从我开始，这是我一直的主张，并非矫饰。他还宣布就任"军事善后督办"，在浙江地区不准任何方面非法干涉侵犯。赣督陈光远则是在广东北伐军进逼江西、赣军力不能敌的情况下以兵溃不得不自动去职。所以，在这次废督裁兵过程中，唯一自行宣告废督的还是只承认黎元洪为事实上的大总统而非法律上的大总统的浙江督军卢永祥，颇有讽刺意味的是，他后来又被部下推举为浙江军务善后督办，可谓改头换面而换汤不换药。唯一由中央废督的是江西督军陈光远，而且是因为陈惮于北伐军入赣而弃职自逃，使黎能颜面有光地行使大总统的权力，但旋即北伐军回师平定陈炯明之乱后，江西又重归北洋系掌握之中，黎先前任命为"节制江西全省军队"的蔡成勋，则被曹锟保举为江西督军，折中后又改称"督理江西军务善后事宜"，实际上和以前如出一辙。在直系军阀的操纵下，黎元洪出山充当排头兵收拾残局，迫使徐世昌退位和孙中山放弃护法。黎元洪的做法虽然在政治格局上带来了曹锟独擅权柄的消极后果，但积极的一面是，他的废督裁兵的主张却为民国政治健康发展指明了前进的方向。

3. 其他重大国家建设问题

辛亥革命后，国家财政捉襟见肘，要解决这一问题，黎元洪认为必须从生产着手，发展工业，振兴实业。他指出，当时社会疲软，财政收入停滞不前的原因在于"分利者万出其途，生利者百不得一"，提出应以实业为根本，开源节流，即在于此。他还指出，日本邮船会社与我国招商局同时兴办，前者突飞猛进，而后者奄奄一息，原因在于前者有工业支持，而后者则不然。因此，强国之道，在于实业发达。实业救国的思想由此产生。黎元洪本人也身体力行，大力发展实业，投资领域涉及金融、矿产（煤、铁、石膏、盐等）、林业、纺织、造纸、食品、烟草、证券、公债、保险、航运、水电、市政、文化教育等社会经济生活中的多个方面；投资地区不仅大量集中在京津沪三大城市，而且远跨山东、山西、河南、河北、辽宁、黑龙江、湖北、江西、江苏、浙江及香港等地，对抵御外资入侵，促进民族企业发展，保护国民经济命脉作出了积极的贡献。

对于治理一个国家社会政治经济生活各个领域，应该采取何种政策措施来推动，黎元洪有自己的方略。他认为，在教育方面，最重要的是在于教育普及。教育决不可专讲经学，中国各地应开设初等小学，教授写读算学及实业、商业、经济知识等，这样后世子孙就有谋生之方。小学初具规模后自然再授以高等教育。在军事方面，中国只须有防守的军备，无须有多数军队，但能镇压盗匪，维持秩序及防备他国袭击，即可满足需要。在经济发展上，中国应速行开放，赞成用外资发展实业及建筑铁道，反对含有政治性质的实业借款。

黎元洪还特别重视新闻舆论对政治的导向作用。辛亥革命甫一发生，胡石庵创办《大汉报》刊布光复军政消息时，一时抢购的人蜂拥而上，一天销量即达二万余份。第二天再增一倍，于是招人合作，扩充篇幅。一天他来拜见黎元洪，元洪出5000元为他提供帮助，该报基础从此巩固。当《大江报》刊发无政府主义、蛊惑人心时，黎元洪指出，国家要素，在尊重主权。共和人民，宜服从法律。无政府，何以立国？无法律，何以治民？当国家建设之初，岂容破坏？接着，他派出军警查封该报，对主笔何海鸣、凌大同实行严缉法办。1914年4月16日，《中华杂志》创刊，黎元洪亲自发表出版祝词时指出：世界最文明的国家实行多数政治体制的，号曰"舆论政治"。舆论政治是我国古代民视民听民好民恶，国人用之、国人杀之的称谓。《中华杂志》出版，以数年来的宏愿孤诣、热心毅力博采学说，精求政论，审现状应趋势，本政策为社会，上以箴规政府，下以模范舆论。我知道它必有成就，实行的时间越久，信仰的人越多。国民都有政治常识，优秀程度发扬光大，将一同跻身于舆论政治国家。1916年，黎元洪继任大总统后，在政事纷繁的情况下，亲访章太炎询以治国"大计"，章告以"去小人"、"大开党禁以广开言路"二策，又谈论国势人才及去取所宜的事情，真知灼见使黎元洪心悦诚服。

在民初稳定政权上，黎元洪还认为宜速颁行官制以稳定大局。他指出，政府虽有幸告成，各国尚未承认，欲扶持危局，必先尊重国权，欲尊重国权，必先划一官制。以制度的形式确定官阶的划分，从而奠定了民国政治在执行主体上的制度基础。

三、建党是强国的必由之路

民国建立后，中国大地上掀起了一个组党结社浪潮，党派林立，政治风云波谲云诡，瞬息万变。政党政治成为民初政治舞台上的主要政治形式，这在一定程度上也反映了人们思想观念的解放和资产阶级政治势力在新形势下的组合和分化。对于名目繁杂的集党结社活动，黎元洪表现出了极大的担忧。他指出，如果大家随意集会结社，资格不能限齐，党派不能划一，万一稍有冲突就会惹起纷争。他主张，将各会名目一律停止，徽章一律取消，化小团而扩为大团，除私党而结为公党。用以表率士民，维持秩序，将会造福全国人民。由此可见，黎元洪的政党观中包含了一些资本主义的观念。民初政党分化组合的事实也证明，民初政坛上最后形成了国民党和进步党的两大资产阶级政党对峙的格局。黎元洪作为首义元勋，不由自主地成为了各个政治派别相互争取的重要对象。对黎本人而言，他也选择性地加入其中一些与其志同道合的政治团体，或为领袖，或在幕后支持，对平衡各派政治力量、监督执政党依法行政发挥了积极作用。

1. 加入的政治党派

（1）民社。辛亥首义成功，民国奠定，各个政治派别群起组织政党，以期争夺更大的政治权利。武汉方面，则以黎元洪为中心而有民社。民社是1912年1月16日孙武、刘成禺等革命党人于上海成立的新派政党，创办机关报《民声日报》，以卢梭《民约论》为根本主义，其目的在图共和政体健全发达。其地盘为黎元洪直属的湖北派，对于统一共和政治，持进步主义，以谋国利民福。列名的发起人有黎元洪、谭延闿、王正廷、孙武、吴敬恒、刘成禺、孙发绪、张伯烈等24人。黎元洪考虑到巩固自己权力的需要，同时可以集结和壮大湖北方面的力量，幕后支持民社活动，成为民社的实际领袖。民社本部虽设在上海，但事实上，民社是以湖北为重心。民社的大多数成员为南京临时政府遭受排挤而失意的革命党人，它的诞生也就隐含着与临时政府相抗衡的意味和监督临时政府内政外交的积极作用。实际也是如此，在汉冶萍借款、抵押轮船招商局、抵押全国税收举借外债等政府外交政策上，民社党员态度鲜明地表示了强烈的反对和指责，在一定程度上约束了政府行为，保护了国家权益和民众利益。民社与同盟会、统一党、共和建设讨论会一起成为民国初期的四大政治团体。随着党派的发展壮大，四大政团，莫不各依其主义系统的相似，或中心势力的号召，先后进行了合并小党的运动。自从临时参议院移至北京后，民社就与统一党及其他政团，合组为共和党。

（2）武学社。武学社是民国元年12月由陆海军人于湖南会馆正式组成的团体，时参加大会者151人。该党派以联络感情、增进智识、提倡国民主义，促进全国征兵，振奋国民精神，洗国军积习为宗旨，并创办《陆海军日报》，下设总务、评议、著作、调查4个处。总社设于北京前门外延寿寺街茶儿胡同。该会推举黎元洪、黄兴、段祺瑞、冯国璋、刘冠雄、陈宧、蒋作宾、汤芗铭为名誉社长。公举郑汝成为正社长，魏宗瀚、吴绍礼为副社长。

（3）共和党。共和党是1912年5月袁世凯为在临时国会中与同盟会对抗，将统一党、民社、国民协进会、民国公会、国民党等党派合并而成立的。该党标榜保持全国统一，采取国家主义，以国家权力扶持国民进步，顺应世界大势，以平和实利立国等。黎元洪被举为理事长，张謇、程德全、章炳麟、伍廷芳等为理事。为支持党的事业发展，黎元洪对共和党人提出，希望我党党人，坚持宗旨，共襄政纲，合世界为眼光，本国民为怀抱，不争权利，不矜意气，不较名誉，不恤身家，瓜可摘而不解其绵，葵可焚而不移其根，群策群力，取得成就，这不仅是全国之福，就是黄帝在天之灵，也是望风色喜。

（4）进步党。进步党是 1913 年 5 月由共和、民主、统一三党合并成立，组织取合议制，理事长黎元洪，拥护袁世凯。该党标榜采取国家主义，建设强善政府；尊重人民公意，拥护法赋自由；顺应世界大势，增进平和实利。三党合并，议院中国民党、进步党遂成两大对峙之势。由于党员愈多，党见愈深，加之袁帝制自为，党员多不满梁启超、汤化龙等人的把持，进步党虽然成立，但内幕冰炭暗潮分裂，破裂之机，如悬崖转石，猛下奔趋，虽有大力，不能挽回。共和党各省支部也纷纷来电表示反对，解散进步党。共和党地盘虽宽，而其最占势力机关，则在共和党鄂支部，而黎元洪及民社一般重要分子均在鄂地。三党合并，共和党各支部，无不同声反对，而鄂支部为最力。随着党员的纷纷脱离，进步党逐步陷于瓦解。

此外，在政治团体上，黎元洪与黄兴、唐绍仪、伍廷芳等人发起成立了政见商榷会，该会为挽救政党林立、党同伐异之弊，以融合各党之感情、研究政治问题为目的，但实际上完全为一有名无实的团体。黎与黄兴、蒋翊武、蔡济民等人发起成立共和急进会，以永远泯除私见联络各阶级组织一大团体，扶持现在共和政体的成立为主义，其政纲为施行民生政策，筹划平均地权，整理中国财政，普及军国民教育，振兴实业，充实国民经济，谋求扩充国际贸易，扩张陆海军备，实行殖民政策。黎还发起成立东亚大同社，旨在统一融洽汉、满、蒙、回、藏五族。在军事团体上，黎元洪应邀加入了黄兴、徐绍桢等人发起的南京陆军将校联合会，黎任名誉会长；黎还加入了周凝修等人发起的军事研究社，任名誉社长。

在民初各政党中，根据政党的组成、主要人物及政纲可以分为三大类，即袁黎派、共和宪政派和孙黄派。其中，袁黎派里面的黎元洪系统包括了民社、国民党、军学研究会、共和急进会、东亚大同社、国民共进会、统一共和党、国民公党。诚然，民国初年的这些政党的诞生，并非完全为革命开发民智，增进政治思想，而在很大程度上是依仗权势、利害及地理关系。有些政党政纲几乎完全相同，处于混乱庞杂的状态之中。这些因素也为嗣后政党争权夺利，互相猜疑排挤，引发官民交争，阻碍国政发展埋下了苦果。

在 1913 年初进行的议会选举中，各个政治党派进行了激烈的竞争，宋教仁领导的国民党一举击败众敌，获得多数席位，成为第一大党。对此，宋教仁不仅想组织本党内阁，还想凭借国民党在议会中的绝对优势，在未来正式大总统的选举中，排斥袁世凯，力推黎元洪。当时有报道指出，黄兴、宋教仁两人极力推举黎副总统为正式总统的候选人。宋教仁说今日时局非公不可，希望不要为官僚派所欺。黎元洪虽有大党领袖的支持，但其毕竟不是擅谋权术政治的阴谋家，宋教仁也因此倒在了袁世凯一手主导策划的政治血泊中，成为了民国历史上"为宪法流血的第一人"。

2. 建党的思想主张

辛亥革命后，中国曾一度效仿西方的议会制和多党制，一时间集会结社，犹如疯狂，政党之名，如野草怒生，政党数达 300 多个。此时的中国政治，已是乱象丛生，闹剧连连，以致国民"厌党"心理蔓延，"不党主义"成为时尚。但在民主立宪制国家中，政党的作用非常重要。这种体制的国家的立国要素，必赖有健全巩固强有力的两大政党壁立国内，而后可促平民政治的进步。对于政党在国民政治中的重要性，黎元洪认为，国家强盛，依靠政党；群治进化，政党攸关。

民国初年，黎元洪效仿西方资本主义国家，十分热心地推行两党制，认为这是一条促进民主国家走向富强的道路。他指出，政党公例，以两大党对峙为原则，英国的自由保守两党，美国的民主共和两党，互相提携，共同促进。当时，宋教仁领导的国民党逐步发展壮大，成为国内的第一大政党；为组建另一大政党与之抗衡，黎元洪派孙武广事联络，促成民主党、共和党、统一党三党合并为进步党，并被推举为理事长。进步党诞生，黎元洪觉得"适符初志"，快意人心，切合民主政治的要求。虽然仔细来看，进步党不过是清末君主立宪派的改头换面，而且在袁世凯当政期间又充当了袁推行专制统治的政治工具，但毕竟这是一个改变，正如党名所言是一种相对于君主专制的"进步"，这从后来在护国运动中进步党所发挥的作用里可找到其符合进步方向的元素。

在政府中实行何种政治体制，一直是民初各省封疆大吏国体争执的焦点之一。除主张实行政党政治外，有提出实行君主立宪制的，如山西阎锡山认为，考察历史，对照国势，参看舆情，有不得不主张君主制。观察当今世界大势所趋，以为中国今日救亡之道，不厉行军国主义，不足以图强。欲厉行军国主义，不先定君主立宪，不能收上下一致精神贯彻的效果。云南唐继尧则反对实行政党政治，他指出，国家民智未开，民力未充，但若对症时势，定为方针，切实实行，无不足以利国而便民。民国五年以来，国中多数人的心理对于政党政治的前途，几乎灰心绝望，我国的政党仍不脱汉唐宋明朋党的覆辙，利国工具将变为覆国之媒。

政党政治体制有助于民主执政，使国家组织发展有社会监督，更趋向民主。在旧的政权体制倒塌后，选择政党政制这一新的政治体制，不失为挽救百废待兴的民初政治的一个不错选择。在内阁的组成形式上，黎元洪倾向于混合内阁。作为进步党理事长，党员的愿望也与其保持了步调上的一致，进步党员王印堂致函指出，建设稳固人才，超然内阁抑善为权变，消阻力于世形，明望内阁引南北人为混成内阁。黎元洪在1922年6月复任大总统之前，社会各界劝驾。由于上任后的第一件事就是组内阁以安人心，组阁问题乃复职后第一要事。对此，黎元洪起先许允赞同吴景濂等人提出的以张绍曾组阁，后听取亲信分子会商意见，慎重考虑又倾向于混合内阁。在对责任内阁的认识上，黎元洪有自己的见解。他认为，责任内阁严格的意义是对于国会负责任，如英国内阁是内阁对于外交、财政、教育、实业、海陆军事的政策，应向国会宣布，国会赞同而后内阁即须遵行。当轴之人，不明了责任内阁的组织，他们所持责任内阁之说，似各总长仅对于自身负责任，是不符合责任内阁精神的。他还就记者提出的"国会不通过总统所提出的总长，是国会不敬总统，不信用其选择的人"，结合责任内阁制作进一步阐释，现系责任内阁，总统虽署名内阁所提出的人，选择权则在内阁，有数次即总统自身且不赞成内阁所呈请提出的人，故国会不通过，与总统无关，初不能与不信任投票同日而语。1922年6月15日，黎元洪首开出席阁议之创举，他认为，为讨论利便起见，拟亲自出席阁议。对于议案的赞成与否，自愿无表决权。一部分议员们认为，如此可省报告手续，并无不可以商量其他阁员，也无异辞。而另一部分议员则提出，此事不甚妥当，并认为黎元洪只算旁听，不算出席。但如以旁听资格莅临会议，似乎不能提案，甚至只备咨询而已。

在将来政府政策制定上，黎元洪认为，现有责任内阁大政方针应归内阁所定，总统不下一词，但他认为，最重要的即在教育普及。英文京津时报北京通信记者问，能否以目前政局大概情形，见告目前政局不宁，其原因何在？黎元洪答道，政局摇动，初不有如外间所言厉害，这是报纸传播结果。中国各政党虽互起冲突，然而中国政治进化才到目前阶段，则冲突自不得免。外国政治发达在相似时代，其情形也与中国相等。

政党促进政治发展，黎元洪就表示支持，倘若影响社会治安，则予以查禁。1912年初，社会党湖北支部因提倡均产主义，甚至强占房屋，干预公事，通饬军警、地方官长，地方各报刊对此争相报道，造成很坏的社会影响。黎元洪得知后迫其解散，如有抗违，立予拿办。当时社会党代表江亢虎公开上书黎元洪表示抗议，党务发达，党员众多，偶有一二违背党纲、抵触法纲的人，则以副总统所处地位，按律惩治，亦固其宜。若欲假此抹到团体，取消机关，夺人民自由，蹈亡满覆辙，微论共和政体、临时约法理不可行，且恐压制愈严，爆发愈烈，使本党不幸，不能终保其和平，而民气激昂，国本动摇，谁尸其咎？虽然有来自各方面的声音，有些言辞激烈甚至言过其实，但黎元洪对政党活动始终保持密切关注，只要不破坏社会安定团结的局面，允许政见的不同和观点的交锋，体现了一位民国领导人对民主共和社会发展的迫切期待和良好愿望。

四、宪政为立国安邦之本

宪政是一种在宪法之下使政治运作法律化的理念或理想状态，它要求政府所有权力的行使都被纳入宪法的轨道并受宪法的制约。宪政以"法之法"的宪法为基础；意味着对于政府权力和公民权利的制度安排，它保障公民权利并制约政府权力；是法治的政治秩序；包含着意识形态和文化观念。民国初期，国民对宪政的向往是源于对西方政治制度的认识。在后晚清时期，国家政府为迎合民意的需要，尝试仿效西方进行了一些宪政方面的改革，虽然没有取得非常明显的效果，但与自身相比，还是前进了一大步。

清末新政时期，统治集团中分化出来一支强有力的政治派别——君主立宪派。他们要建立以设议院定宪法为核心，以三权分立为原则的君主立宪制度，把君主立宪制度视为救国的良方，作为变法运动的最高目标和政治纲领。黎元洪由于从北洋水师学堂开始受到严复的影响很深，思想上早已倾向于君主立宪。同时他牢记甲午战争、日俄战争的惨痛教训，认为日本之所以相继打败中国和沙俄，根本原因就在于君主立宪战胜了专制政体。黎的政治倾向是君主立宪，所以他的政治立场也在君主立宪派，在清末政潮中，他不仅积极支持湖北立宪派头目汤化龙要求速开国会的三次请愿，而且在保路运动中，他还是湖北唯一的参加铁路协会的军界领导人，以至被武汉各界誉为"开明"将军。所以，早期黎元洪有着浓厚的君主立宪思想。

武昌首义前，黎元洪三次到日本学习，西方宪政思想对黎元洪的耳濡目染是可以想见的。他崇拜日本的军事制度，认为西方的兵强国富与其国家施行的宪政制度是存在内在联系的。西方国家的宪政制度不仅开阔了黎元洪的眼界，也对民国建立后黎元洪的资产阶级民主宪政思想的形成和发展产生了重要影响，这从黎元洪在民国初年一些重要的政治主张中可见其宪政思想转变的形迹。

宪法是立国的根本，宪政的前提是有能充分体现人民意志的宪法，宪政的核心是国家权力严格依照宪法来产生和运行。黎元洪认为，法律肇端，实为宪法。他非常重视制定宪法，提出民国奠定，编订宪法，是其先务。1916年，黎元洪继任大总统后，鉴于宪法未定，大本不立，下令国会恢复宪法，指出专以制宪为要义。

要实行宪政，必须要有立法的权力机关，才能为宪政之路铺上基石。黎元洪认为，民国初建，百端待理，立法机关，尤属重要，以我国幅员辽阔、户口众多、政见多出、国基危若累卵，采用两院，自不待言。他通过列举法国、美国、德国等国家的宪政制度，提出中国之所以要实行两院制主要是存在三大"可疑者"：制造宪法的国会尚未完全成立，且组织国会及召集国会的权力也无明文规定，可疑者一；将来实行选举，究竟以何为标？可疑者二；将来统一政府告成，可否即以参议院改为上议院，尚难臆断，可疑者三。以上三点，亟宜解决，稍不察慎，大患随之而来。对于黎元洪的建议，袁世凯给予积极回应，国会应该采用两院制，而且分成上、下两院，上院为地方代表，议员应由各地方议会及行政长官分别选派，下院为人民代表，议员应一律由人民选举，人口比例一节，系属选举法问题，尽可查照近年统计，酌定人员名额。袁世凯又指出，实行两院制，可分三期进行：自临时政府组织大纲发布，至临时约法成立，为第一期，这已属过去的事；自约法发布，至宪法成立，为第二期，正是现今的事；宪法成立以后，为第三期，是属将来的事。以上界限，解剖明晰，一切歧异之点，自可消弭。但遗憾的是，袁世凯帝制自为，其组织制定的法律条文都是帝制框架下的产物，违背了宪政的初衷。袁死黎继，各省纷纷向黎元洪进电请明令施行约法，召集国会。上海唐绍仪上书黎元洪，今日解决时局第一要著，在恢复民国元年临时约法，及民国二年国会制定的大总统选举法。稍有差池，危象立见，请以明令迅速施行。由此而发生了民国时期孰是孰非的约法之争。

黎元洪重视地方制度建设，认为政府初成，宪令未布，地方制度，为国家构造的基础，关系尤为重要。早在 1902 年，黎元洪主持制定了中国陆军改革的第一个法规《湖北练兵要义（十条）》，其中规定：一、入营之兵，必须有一半识字。二、人人皆习体操。三、各营人人操炮。四、马队不设马夫。五、营房力求整洁合法，宜于卫生。六、器械资装，随身具备。七、待兵以礼。八、统带官、哨官皆亲自教操，不准用教习。九、将领、营官、哨官不准穿长衣。十、阅操之时，各官皆不许坐看。黎元洪还制定了全国第一个将弁学堂章程，为湖北乃至全国培养了大量新式军官。武昌起义爆发后，黎元洪领导湖北军政府拟定了民国第一个政府组织法《军政府暂行条例》，规定都督握有军政大权，军政府由司令部、军务部、参谋部、政事部构成，四部均直辖于都督，受都督指挥命令，执行主管事务。这是辛亥革命后第一个省一级政府组织法案。紧接着，黎元洪与宋教仁、居正等人商议，湖北为首义之区，要作全国表率，仅有《军政府暂行条例》还不够，还需制定一部根本法，作为将来民国宪法的蓝本，这就是后来诞生的《中华民国鄂州临时约法》。该法仿美制，主张在地方自治的基础上实行联邦制，保障公民权利，确立三权分立原则，对行政、立法、司法三方面的职权作了明确的划分，这可视为民国宪法的先锋，也是民国元年临时约法所取资，其施行期间虽短，实为武昌首义后具有根本大法的雏形。它的出台，不仅巩固了黎元洪的鄂督地位，而且为将来组织临时政府提供了法律依据，并且对破除袁世凯软硬兼施的巨大压力，迅速组织联合政府，统一军政，兴兵北伐，防止独立各省被清军各个击破的危险，具有重大的战略意义。在中华民国临时政府成立之际，黎元洪认识到各省临时议会不是正式选举产生，有的是从咨议局机关变更名目而来，有的是集多数人士选举议员，当时庶政草创，原欲旁资舆论，救弊扶匡，不得不稍示变通，急谋成立。现在大局渐定，责难遂多，组织既不完全，行动辄生窒碍。在解决办法上，黎元洪提出，法令必付诸统一，言论必利诸施行，当务之急是迅速命令内阁，妥定省会及议员选举法交议院议决，月内颁行，使各省议会一律改组，这样众星共纬，万壑同流，舆论既真，烦言自息。

民初时期，贯穿整个政治社会的宪政主线或者说是正统的根本大法就是，南京临时政府成立时颁布的近代中国第一个资产阶级性质的宪法——《中华民国临时约法》。该部宪法在国家政权体制问题上，改总统制为责任内阁制，以限制总统的权力。在权力关系规定上，扩大参议院的权力以抗衡总统，规定参议院除拥有立法权外，还有对总统决定重大事件的同意权和对总统、副总统的弹劾权。在程序性条款上，规定特别修改程序以制约总统。此外还规定，临时约法的增订修改，须由参议院议员 2/3 以上或临时大总统之提议，经参议员 4/5 以上出席，出席议员 3/4 以上方可进行，以防止总统擅自修改变更约法。在此框架下，南京临时政府所确立的宪政制度，根本目的是建立民主立宪的资产阶级共和国，实现资产阶级为主体的人民自主的民主权利。就权力的本质和结构而言，从封建专制到民国宪政，这是一种从权力一元向权力多元的发展；权力多元不仅仅是宪政的基础，在宪政的制约下，也是一种动态、发展的政治妥协。所以，《临时约法》的实施，其必然会遭遇巨大的阻碍。袁世凯、黎元洪身为正副总统，理所当然地要积极倡导并身体力行之。但此后的实践是大总统袁世凯身怀二心，相继炮制《天坛宪草》和《中华民国约法》来剪除《临时约法》的束缚，以图集大权于总统一身。副总统黎元洪与之帮腔，领衔致电袁世凯，攻击南京临时政府参议院为"十四省行政官代表之参议院"，指责第一届国会议员被选举之初，别有来由，多不是人民公意所推定，虽说是代表，又能欺负谁呢？从而否定了南京参议院和第一届国会的合法地位。黎元洪甚至还要求袁世凯解散国会，修改《临时约法》，向袁大总统劝言不要顾忌。袁世凯去世，黎元洪继任大总统的法律依据是《临时约法》。黎元洪上任大总统后的首要任务也是恢复被袁世凯取消的《临时约法》。嗣后张勋复辟，黎元洪引咎辞职，段祺瑞"再造共和"，废弃原有法统，解散旧国会，命运多舛的《临时约法》再遭废弃，遂引发了恢复约法和国会，反对军阀干政的护法运动。

民国政府实行的理想的宪政制度是民主立宪，采行责任内阁制，它是以议会为基础而形成的，内阁向议会负责。国家实际权力在内阁，由内阁代表国家元首向议会负责。国家元首颁布法律、法令和发布文告都必须由内阁首脑或有关阁员签署。如议会通过对内阁的不信任案，内阁就只有向国家元首提出总辞职，由国家元首任命新的首脑重组内阁，或者是由内阁提议国家元首解散议会，重新进行议会大选另组内阁。内阁总揽国家政务，其首脑有权任命所有政府高级官员，负责制定和执行国家对内、对外的一切重大方针与政策。1916 年 6 月，黎元洪继任大总统后，在责任内阁制的基础上，准备筹办元老院，其成员多为年高德劭的人和实力派，以此解决以往国会只重形式辩论，做事往往迁延不决的弊端。元老院的职责在于：一、核定宪法及其修改解释。二、宣战媾和。三、批准国际条约。四、宣告大赦特赦。五、推选本院院长，审定元老资格，以及其他规定于宪法内的事务。因为元老院有"核定宪法及其修改解释"的权限，所以在国会制宪久而不决而贻人口实时，这不失为保护制宪不被干扰的有利办法。但同时它又具有两面性，存在着专制和引发冲突之嫌，孙中山就此郑重地向黎元洪反对指出："总统崇贤报功之意，至可感佩。然国老院之设置，根本上不敢赞成。因人设官，必有流弊。查欧美共和国有元老院，实与今之参议院相当。美国上院委员会即可参与行政，我国已有两院，无取架屋叠床。日本之枢密院立于上院以外专备咨询，而元老又参赞国政，似为此制度所本。顾彼为天皇大权之结果，以大权集于天皇，维新之初，未有议会，未有责任内阁，则以此备天皇之咨问。至立宪以后，天皇犹有大权，因仍需枢密院而元老因袭，以有重权。顾今日以元老与内阁议会交相嫉视，而施政亦大受阻碍，已有议会决定大纲，责任内阁为之执行。咨询机关本属长物流弊所至，则多一机关即多一冲突之原。异日或转因意见分歧，使大政为之受碍，且日本近已因元老问题屡起政变。徒以政治已有常轨，不致危及本根，若在今日中国国基未定、民情未固，一有不幸冲突之结果，有如日本反对元老之风潮，则酿成革命亦不可知。益少损多，窃谓不可。事犹及止，敢布匈臆，伏乞裁鉴。"（《孙中山反对设置国老院电》，《北洋军阀史料·黎元洪》卷一，天津古籍出版社1996年版，第202—205页）黎元洪在听取各方面意见后，元老院最终不了了之。黎元洪想在《临时约法》框架下尝试的宪政改革，也无疾而终。受到当时军阀混战的局势以及认识水平的限制，黎元洪的宪政思想只能是在《临时约法》的轨道上运行。

在如何处理法律和命令的关系上，也就是如何协调法治与人治的关系问题方面，黎元洪认为，"按文明国法律原则，命令不能变更法律。然非常紧急之时，得发大权命令。紧急命令是命令，可济法律之不及……以民福国利为前提并按约法第十五条、第三十一条、第三十六条，得以敏活从事，庶可秩序不紊而邦本以宁……参议院诸君为国民代表，即为国家命源。立法之机关停滞一日，即政府之危险增加一分……前清之亡，既由立宪，后来之祸，亦在共和……望知识互换，意见消融，不拘党争，但谋福利，共促国基之巩固，勿滋他族之狡启，庶共和前途视此为转，国会基础赖此而稳健"。［易国干、宗彝辑：《黎副总统（元洪）政书》，《近代中国史料丛刊正编》第六十七辑，台北文海出版社1971年版，第158—159页］这表现了一位政治家采取灵活的手段息争安邦的智慧判断。

五、政体力主共和主义

在中华民国的政治制度体系中，政治建设的终极目标是追求共和。共和要以民主为基础，民主则以共和为目标，宪政是民主的准则和共和的保障。宪政高于民主，共和精神则贯彻于民主和宪政之中。民国政府出台的《中华民国临时约法》规定的宪政制度为国家民主制度实施的准则，也是维系共和政体的法律保障。黎元洪是中华民国的缔造者之一，共和思想是当时包括黎元洪在内的所有民国缔造者们拥有的社会改造思想。民主革命时期，他们为了共和众志成城，抛头颅洒热血；民国建设时期，他们为了共和党同伐异，捍华胄卫社稷。

在民国政体问题上，黎元洪主张实行共和主义。黎就任都督职后，召集军官训话，公开声明赞成民主共和，反对清朝专制。他指出，今日革命军起义，是推倒清朝，恢复汉土，废除专制，建立共和的开始。我们身为军人，从此须抱破釜沉舟的精神，扫除一切顾虑，坚决去干。1912年南京政府成立，十七省代表一致推举黎元洪为副总统，就是对黎在首义中作用的肯定。在南北议和中，黎元洪的立场与黄兴等人一样，主张袁世凯可以当选总统，但前提条件必须是赞成共和主义。武昌议和是辛亥革命时期南北议和的开始，黎元洪代表军政府拒绝袁世凯要求君主立宪的议和条件，并指出民主共和是大势所趋，希望袁及时反正做第一大总统。在上海议和谈判期间，黎元洪的议和代表伍廷芳在谈判桌上明确向袁世凯的代表指出，今日人心倾向共和，若不承认共和，别无议和办法。后来，袁世凯玩弄阴谋拖延和谈，并以武力进行恫吓时，黎元洪毫不示弱，主张议和不成则以武力解决纷争，他强调，如达共和目的，固属万幸。假设不如愿，唯以战争为第二解决办法。黎元洪坚决站在共和主义的立场，捍卫了民军的尊严。由此可见，以前有人指出的黎袁在议和中勾结，是不符合当时的历史事实的。黎元洪虽然主张共和主义，但他对立宪政体是持不反对态度的，或者说是有时候在"立宪"和"共和"问题上认识模糊。辛亥武昌和议时，对袁世凯以立宪为前提的诱和，黎的反应比较温和。汉阳失守后，他派外交次长往访美国驻汉口领事，表示愿停战三月，由他向各省革命军征询意见，在清朝廷之下建立立宪政体。黎元洪还在信中与袁世凯讨论政体问题时指出，时至二十世纪，无论君主国、民主国、君民共和国，皆莫不有宪法，虽然其性质稍有差异，但都称为立宪。将来各省派员议和，视其程度如何，当采取何种政体，其结果自不外立宪二字，观察当前舆情，清朝恐难参与其间。这显然混淆了共和和立宪的本质区别。立宪制和共和制是资本主义制度的两种政治体制，立宪制保留国家君主为国家元首，并无行政管理权力，一般由首相管理事务，所以君主立宪制是带有封建主义的资本主义制度；共和制是完全废除君主制有两个或多个政党在民主共和的基础上轮番执政。从双方的立场来看，袁世凯是完全坚持前者，黎元洪则是多半主张后者。所以，他们在"必满奴去君主之位，中国建共和政体"这个问题上，与革命党人是有着不同之处的。

1912 年 5 月，在袁世凯接替孙中山就任中华民国临时大总统后，为了在临时国会中与同盟会对抗，袁指使统一党、民社、国民协进会、民国公会等合并成立共和党。黎元洪出任共和党理事长，以"保障共和"为己任，并希望党员排荡横流，发挥宏愿，监督政府，导正国民，扶颠持危。黎元洪是一个温和的共和主义者，他希望通过依靠袁世凯这样强有力的人物来建立统一的资产阶级共和国，维持共和的稳定秩序。但在民初政治建设时期，袁世凯因违背共和宗旨而称帝，遭到了世人的唾弃。袁世凯砸碎共和招牌的行径，黎勇敢地站出来反对复辟帝制，表明他仍是一个共和主义的维护者。同时，黎仍然对袁心存幻想，希望他改过自新重新领导民主共和国。1916年3月22日，袁被迫宣布取消帝制，但围绕是否保持其大总统地位的问题，军政各界要人展开了激烈的争论。4月16日，黎元洪联合徐世昌、段祺瑞向蔡锷、唐继尧等促袁引退的反对派人士指出，为今之计，莫如以法律定责任，巩固国家根本，保障共和永免翻覆，以宽广的胸怀主张并接纳袁世凯维持元首地位。对共和主义的追求和坚持，黎元洪是矢志不渝的。尽管有时候错误地寄望在貌合神离的领袖人物身上，但是他认识到问题后是不会亦步亦趋的，这从他拒绝领受副总统薪俸及公费，并请裁撤"副总统办公处"，以及坚拒不受袁世凯以"皇帝"名义册封的"武义亲王"等抵制袁世凯复辟帝制的行为中可见一斑。他在与京津泰晤士报记者吉尔斯君谈话时指出，"余之政见，仍与就任时相同，毫无变更。余固守立宪主义、共和主义，保持法律与秩序。中国为共和主义，已起三次革命战争，故此种政治形式，不可不维持。目下纷扰，实为立宪主义与军力主义之冲突，历史上多数国家，均曾经过此等阶段。而立宪主义之得胜利，大抵均存明征也"。（《大公报》，1917年6月12日）在"立宪"和"共和"之间，黎元洪的认识是不清晰的。在黎元洪看来，无论在何种国体之下，国家的政权组织形式中都离不开宪法这一根基，"共和"与"立宪"无本质区别，只是稍有差异，但究竟采取何种政体，则视乎政治的发展程度。而且，黎元洪强调，宪法在国家政治生活中的地位至关重要，宪法当速制定，正式总统当速即选出，以安大局。拟定宪法必须认真对待，在议院制宪议会上，他指出，制宪不可轻率，大家有意见尽可在议会充分发表讨论。这些政治立场都是他受到了较深的西方法治思想影响下的具体表现。

这里需要指出的是，黎元洪在辛亥革命前是一个封建专制主义的追随者，缘何在武昌起义后这个特定的历史条件下，摇身一变成为共和主义的信徒，主张共和主义并身体力行之？其实这种历史现象既非偶然也不足为怪。由于阶级关系发生了变化，满族封建贵族统治倒塌，革命派和立宪派上台，资产阶级共和制度取代封建专制制度，社会各个阶级都要在这个历史性时刻作出选择和表态，包括地主买办阶级的政治代表和立宪党人都不得不抛弃自己的主张而另谋高枝，黎元洪当然也不例外。"在阶级斗争接近决战的时期，统治阶级内部的、整个旧社会内部的瓦解过程，就达到非常强烈、非常尖锐的程度，甚至使得统治阶级中的一小部分人脱离统治阶级而归附于革命的阶级，即掌握着未来的阶级"。（马克思、恩格斯：《共产党宣言》，《马克思恩格斯选集》第一卷，人民出版社1972年版，第253页）黎元洪的动向就是如此，他剪掉"豚尾"，誓与封建专制脱离，加入民主革命的阵营，就是他告别专制主义走向共和主义的抉择，这一抉择符合了历史发展的潮流和方向。正如贾仲明挽黎元洪联指出的"政体变共和，代中山克底于成，我公允传千古；初衷能贯彻，遇项城不夺其志，历史问有几人！"一样，说明民初黎元洪对共和主义是始终坚持和不懈追求的。

第七章
军政要人试比肩

黎元洪一生戎马倥偬，无论是在军界还是政界，都充满了复杂的斗争。在辛亥首义中，他崭露头角得到了革命党人、新军和立宪派人物的追捧，后又因投向袁世凯阵营而遭到背弃。北洋军阀时期，他与政界互动几起沉浮，既充满波折、险象环生，又富有传奇、劫后余生。黎元洪自我评价道，沉机默运，智勇深沉，洪不如袁项城；明测事机，襟怀恬旷，洪不如孙中山；坚苦卓绝，一意孤行，洪不如黄善化。如其所言，黎元洪在这些方面确实与他们无法比，但黎在民初政界上克享大名并常被人与这些风云人物相提并论，却在于他过人的品质以及他与军政两界机要人物千丝万缕的联系和交往，互为唱和，交相维系。同时，这也使得他在民国政坛得以化险为夷，站稳脚跟，而同时又是因为他们，使他马失前蹄，跌撞人生。

一、若即若离：黎元洪与袁世凯

　　黎元洪和袁世凯关系比较复杂。黎元洪在清末军营中担任协统时，袁世凯是权倾朝野、威震一时的军机大臣、外务部尚书、北洋军阀首领，两者官衔相差甚远且素不相识。武昌起义时，黎元洪被推举为军政府都督和大元帅，旋即在南京临时政府中担任副总统；袁世凯则在罢免后因"戡乱"而被清政府重新启用并出任内阁总理大臣，陈兵长江，向革命党要挟议和，一面威胁孙中山，一面挟制清帝退位，袁黎两人因打而相识。袁窃取中华民国临时大总统职位，并在北京建立北洋军阀政权，黎元洪则继续以副总统的身份在民国政府中任职，并从武汉迁居北京与袁世凯共同署理政务，两人关系急剧升温，从政治同僚发展到儿女亲家。袁世凯帝制自为，黎元洪表示反对并拒受"武义亲王"册封。至袁病死，黎继任大总统职位，对袁给予了优厚的国葬待遇。黎袁从相识到相处前后不到6年时间，却经历了从对抗到对接、从拥袁到反袁的政治思想演化，并且两人的互动对民初政坛产生了巨大而深远的影响。

　　袁黎第一次接触发生在 1911 年 11 月，袁世凯领兵攻打武汉时首先公开提倡议和，他委派黎元洪的海军同学蔡廷干、湖北同乡刘承恩赴武昌和黎通联，黎致回信给袁。黎在信中以"项城宫太保"称谓向袁致意并指出，今全国大势归中华民国已十之八九，这不是我们这些人力所能达到，诚意上天眷祐我汉族同胞，不忍四百兆人民宛转哀号于水深火热之中，其意可知。天意如斯，人情效顺由此可见。接着，黎元洪劝说袁世凯反正时指出，公尚何嫌何忌而必欲为满洲的扩廓呢？这里的"扩廓"是身为汉人，死保元朝的一位男子——扩廓帖木儿（王保保）。黎还利用袁迷信谶纬之学，借用我国流传的两条歌谣古谶"手执钢刀九十九，杀尽胡人方罢手"、"继统偏安三十六，旗分八面到秦州"来劝诱袁世凯弃满投汉。前者黎解释道，在"革黨"两字中，"革"字九画，"黨"字十九画，"此即所谓九十九也，胡运告终"。后者黎元洪分析说，"统"为宣统，"偏安三十六"说明清宣统皇帝只能安居 36 个月（1908 年 12 月至 1911 年 12 月），"即为胡运告终"；"旗分八面"就是八旗离散，秦州之"秦"，不是指关中，而是"奉天"两字"不完全之象形"，意指清朝君王"终当流离于此主权不完全之奉天也"。诚然，这种说法有些牵强附会，连黎元洪本人也承认，此秘箓初非我所愿主张，主要是愚民政治。黎之所以如此，在于因人立言，劝说袁世凯不要徘徊中立，而应归附汉族，与大家共扶大义，将见四百兆人民都皈心于公，将来民国总统选举时，第一任中华共和大总统，公固不难从容猎取。黎元洪分析利弊，晓袁以理，可谓用心良苦。

　　这次书信接触，是两人首次以文字形式上的会晤。武昌方面对这一次接触，革命派当时所持的是反对态度，立宪派却表示赞成，这是袁世凯和黎元洪接触的开始。在这次接触中，黎元洪看到袁世凯在议和条件上保留了君主立宪条款，严词表示拒绝停战并驳斥道，同志们都能自树汉族勋业，不愿再受满人羁绊。在停战协议生效后，黎元洪仍然积极备战，从不放松警惕，并致电提醒各省都督，观察军情瞬息万变，所有军事上一切筹备，仍须严密施行，恐一旦和议不成，难于措手。如果袁世凯仍违约，等援兵一到，当可谢绝合约，即时宣战，表现出了高度的军事警备心理。

由于黎元洪在武汉有以副总统兼领湖北都督的身份，并掌有重要的军事实权，他成为了南方各省革命势力的中心。袁世凯窃取中华民国临时政府大总统职位后，在北京建立北洋军阀政权。为达到接近黎元洪、分化湖北革命力量的目的，袁世凯任命黎元洪为参谋总长，意图调其离开武汉进京供职，并秘密派人从内部分化瓦解鄂省革命武装。嗣后，又为实现黎与革命党人彻底脱离关系的目的，袁借手黎元洪杀掉军政府军政部副部长、经常出枪威胁黎的革命党人张振武，复又公开黎请袁灭张的电函，并出面替黎承担责任。亲立宪派的黎元洪经过这一事件后，不得不开始倒向袁氏阵营。如在南湖马队事变中，黎元洪为镇压革命力量，致电大总统调直隶、江西、江苏、安徽四省军队来鄂驻扎，给袁世凯调兵南下提供了一个有利机会。袁世凯便借口治安重要，由直隶派兵一千来鄂弹压，从此，北洋势力深入南方。袁、黎合谋，使袁的势力逐渐渗入湖北，招致以后南方各省革命军第二次癸丑年革命之役被袁打垮。1913年，袁制造"宋案"后，又违规背法签下了2500万英镑的善后大借款合同，这两起事件一时成为了各省都督、各党议员攻击的目标。但方事之亟，黎元洪却通电劝解，要求"同遵轨道"，并在"赣宁之役"中助袁屯兵驻扎武汉，控制长江流域，表达了拥袁的鲜明立场。作为对黎的"信任"和"利用"，袁将李烈钧免职，令黎兼领江西都督。黎元洪坐镇湖北，据长江上游，地势则绾毂南北，地位可谓举足轻重。

但在制定宪法问题上，究竟宪法由谁来起草、怎样实施，黎表达了与袁不同的政治态度。袁世凯、江苏都督程德全等认为，由政府出面，成立宪法起草委员会，提出草案交国会议决。具体操作是由大总统提出国会组织法第二十条修正案，并同时提出宪法起草委员会法案，要求参议院通过。这是意图改弦更张，推翻约法，另立御用宪法。黎元洪、湖南都督谭延闿等认为，应避开政府嫌疑，设立宪法草案研究会编拟草案。他们指出，约法不能变更，则国会组织法无从修正。共和国体，托命法律，未成宪典，固须详慎。既定约法，尤须拥护。临时约法五十六条在临时政府期内，明定其效力与宪法等同，若行政官提议可以变通，恐酿成行政力量干涉宪法的恶习。这在很大程度上维护了约法的严肃性。

在袁世凯的策划下，1913年12月黎元洪北上北京，由段祺瑞接替其湖北都督职务。袁黎两人初次在总统府见面时，黎元洪"戎服佩剑，行最肃之军礼，态度极为谦谨。大总统则殷勤特甚，仿佛极尊严之长辈见一极可敬之少年。南北两杰久久未晤，今日一堂聚首，其握手之情状，有人比诸明年巴拿马河开通时大西洋水与太平洋水忽然翕合之奇观，虽拟于不伦，其言却有趣味"。（《大公报》，1913年12月12日）这反映了军政界南北两大巨擘从对抗开始走向面对面的貌合神离的"合作"。黎也从此走出了自己在湖北的独立王国，入住副总统官邸——慈禧太后曾经囚禁光绪皇帝的中南海瀛台，在一定程度上成为一个政治俘虏或者说是袁世凯在政坛博弈中放在关键时候要打出的一张折冲牌。这里富有戏剧性的是，后来袁称帝后，黎要求搬到总统府外居住，袁安排在明代专门关押审讯犯人的地方、明太监魏忠贤的特务机关锦衣卫下属的东厂。前瀛台、后东厂，这两个不祥的地方是袁漫不经心的安排，还是有感而发的戏弄，我们不得而知，但无独有偶则足以证明袁的别有用心。

袁、黎两人为首义所作的贡献以及在民众中的呼声在民国人士心目中是有目共睹的，黎也因此成为了各派力量竞相争取的重要对象。袁世凯本人也不得不承认，公本首义，凯受其成。他将黎元洪困居瀛台，对其拉拢利诱，先是推黎为参政院院长，又规定副总统月薪1万元，月公费2万元，另支参政院长与参谋总长的薪津，从名义职位上看可谓升官发财。后来为了将黎牢固地捆绑在自己的战车上，甚至与之结为儿女亲家。袁让黎在袁家女儿中挑选出一个做媳妇，同时要黎元洪也把一个女儿嫁给袁世凯的儿子。起初，黎家也想娶袁女，但黎夫人吴氏害怕袁家势力大难以驾驭，所以决定只嫁自家女，不娶袁家媳，黎家二女黎绍芳与袁家九少爷袁克玖结为夫妻。袁世凯娶了1妻15妾，共生子女29人，他最善于利用儿女亲事来发展裙带关系，以互为奥援，巩固政基，如两江总督端方、两广总督周馥都是他的儿女亲家。袁世凯这一攀结姻亲、鸾凤和鸣的招数控制的不仅仅是黎本人，而更多的是黎的一大批追随者和拥护者。这次选择黎也是他在铺平称帝道路上寻找新的盟友。可以说，稳住了黎，在一定程度上就稳住了民初政坛。这里值得分析的是，从清末协统到湖北军政府都督再到民国副总统，黎元洪一路的升迁可以说离不开革命党人的大力支持，在民初南北双方政争以及后来的二次革命中，黎为什么恩将仇报，不但不支持南方革命党人，反而视之为仇寇，掉头转而支持北洋军阀大头目袁世凯呢？

其一，黎袁两人具有相同的阶级基础，拥有相同的利益，一为封疆大吏，一为中级军官，都属于清王朝的既得利益者，均处于革命的对立面，容易接近并成为盟友。正如袁世凯的幕僚所言，革命派的立场，常站在反袁的方面，立宪派则富于妥协，便倒向袁世凯。黎元洪本来是附和立宪派的，因此也随着倒向袁世凯。所以两人的结合比较容易。

其二，黎元洪与革命党人矛盾分化，直至与同盟会关系破裂，这既加速了部分革命党人武装反黎的步伐，也加剧黎对革命阵营的离心。如张振武案的发生，黎元洪本想利用袁世凯排除异己，却没想到反被袁利用，使袁世凯成为了大赢家，使处于政治风暴旋涡中心的自己，既不为革命党人所容，又不为本党同志所见谅，为保持自家性命和政治地位，黎元洪被迫向袁世凯投怀送抱以制衡革命党人的威胁。

其三，袁世凯拥有强大的军事力量，在北方拥兵自重，同时又是前清宿将，资历和威望震慑大江南北，在此兵荒马乱的年代投靠袁世凯让人具有安全感。民初，为应付南方革命党人，袁世凯加紧扩充军备，拥有"只知有袁宫保，不知有大清朝"的北洋六师以及禁卫军、拱卫军、武卫军、豫军、毅军等精锐部队。到二次革命前夕，其麾下的总兵力有15个师以上。这不仅是载沣等人对其心存猜忌却又不得不倚为靠山的资本，也是革命党人对之心存幻想的根源所在。黎元洪也曾感叹，北洋军皆袁世凯所教练，将士爱畏无二心，又强悍善战，器利粮足，不是我军所能敌。相比之下，南方各省兵力只有江苏5师4旅、安徽1师1旅、江西2师1旅、湖南1旅、广东2师1旅，明显兵力上处于劣势，而且队伍分散，又缺乏统一、强有力的指挥机关。两害相权取其轻，两利相权取其重。黎元洪为求自保选择了袁世凯，自然政治风向标也就倒向了北方。

其四，袁世凯主动对黎元洪拉拢利诱也是黎倒向袁氏阵营的一个原因。袁世凯窃权后，为推行独裁统治，一方面对革命党人采取分化瓦解政策，另一方面积极寻求支持者来扩充实力。黎元洪乃首义元勋，又是副总统，因而袁世凯对其收买拉拢更是不遗余力。从黎出任湖北军政府都督开始，到南北合议，到组成民国政府等一系列辛亥后的军事和政治活动中，袁都对黎极尽威逼利诱之能事，想方设法通过邀人托请、许以官职、提高俸禄、结为亲家等各种途径来拉拢，企图通过控制首义地区的都督来达到控制南方革命党人以及立宪派的目的。黎当时对袁的阴谋尚无认识，加上迷信袁的武力并想借袁自重，故在其拉拢下很快地投怀送抱，倒向袁氏阵营为虎作伥。

但平心而论，黎虽然支持袁世凯，但并未完全与之同流合污。袁世凯进行帝制自为，黎不参与其间。袁以黎"创造民国、推翻清室、功在国家"

为由册封其为"武义亲王"，黎以"生无以对国民、死无以对先烈"而拒受。嗣后，袁派人为其量制亲王制服，他又坚拒不允。越日，政事堂以公文送官制至黎宅，封面书写"武义亲王开拆"，黎饬令退还。之后，袁派驻黎邸的旗牌、内卫等都遭遇到被黎冷落、斥退、回拒的尴尬。甚至到年节时期，儿女姻亲馈赠时，袁送黎礼用红帖书"赏武义亲王"字样，都让黎愤怒地拒绝了。隔日，袁改用"姻愚弟袁世凯"字样，黎始接受。1916年元旦，袁世凯着龙袍至怀仁堂，受各官朝贺，并设宴款待百官，黎元洪忽至，袁急到更衣室，复着总统大礼服出而接待。事后，梁士诒问其故，袁世凯答道，我也不能自解，觉得良心上羞见黎公面。后来，这话被黎元洪听到，黎遂不常与袁晤面。袁世凯还策动梁士诒和杨士琦在报上刊载"武义亲王前副总统黎公曾代表全鄂人民列名劝进"，意欲假黄陂名义以号召天下，黎得知后勃然震怒，勒令自行更正。此间，帝制活动层出不穷，黎元洪采取消极抵制，请辞副总统、参谋总长、参议院长等职，站在袁的对立面表达了强烈的仇帝情绪。黎元洪当时又身在复杂的政治中心，正所谓没有绝大的本领，何能处此横流旋涡中。这也可以看出黎元洪的政治敏感性和选择政治立场方向的果敢。事后，护国运动爆发，护国军方面在广东肇庆成立军务院，遥奉黎元洪为合法大总统，一个重要的方面与黎立场坚决抵制帝制自为是息息相关的。政治路线选择的正确与否也直接给袁黎二人带来了两个完全不同的结局，一个撒手人寰，一个登堂入室，阴阳两隔，可谓教训沉痛。

二、殊途同归：黎元洪与孙中山

黎元洪与孙中山，一位是辛亥革命后湖北军政府第一位大都督、中央临时政府第一位大元帅、中华民国临时政府第一位副总统，一位是中国近代民主革命的伟大先行者、中华民国"国父"、中华民国临时政府第一位大总统。如果说孙中山是"英雄造时势",那么黎元洪则是"时势造英雄"。两人家庭出身都很贫寒,而且完全属于同一时代的人物,走过的道路虽有不同但政治主张却存相似之处。可以说,两人阵营有别,但殊途同归,均为推翻封建帝制、建立民国政权发挥了巨大的历史作用。

　　黎比孙大两岁,相识较早,第一次晤面是在1893年8月。是年,孙中山由澳门迁往广州开设东西药局,边行医边宣传革命。此时,黎元洪任北洋海军广甲舰二管轮,负责巡视琼崖、虎门、汕头,在停泊广州时适逢船员生病,经粤洋海军军官、香山县同乡程奎光、程璧光介绍,孙中山上船治病,并被邀请参观兵舰。在参观过程中,黎元洪负责当向导,从舰艇的构造与性能,以及与世界上先进战船的差别进行介绍;孙中山则向黎元洪等军官陈述民族危亡,国势积弱,国将不国的严重情况。孙切合时弊的民主革命宣传,道出了忧国忧民的急务,深得黎元洪的敬佩,以致他不得不感慨,这是我有生以来见到的最具说服力的演说家。这次见面,是为黎

黎元洪与孙中山会晤

元洪首次会见孙文并聆听种族革命宗旨的开始。

1904 年初，黎元洪在湖北编练新军，孙中山写密信派乔义生（后来同盟会负责人之一，是一位医生）到湖北面见黎，黎立即安排他在新军中担任医官。约年余，由于乔在新军中行医时不断地向官兵灌输革命思想，被清政府侦知，即令张之洞迅予查明并悬赏缉捕。实际上，乔在军中的活动黎是知晓的，当张问及黎有无此人时，黎却矢口否认，还于当晚派人护送乔乘日本商船安全地离开了湖北。

武昌起义发生，革命形势迅猛发展，迫切需要选举总统，建立中央政府。1911 年 11 月 16 日，孙中山从欧洲致电国内认为，总统自当推定黎君。在嗣后举行的总统选举会上，孙中山、黎元洪分别被十七省革命军代表选举为南京临时政府大总统和副总统。孙致电黎，"武昌举义，四海云从，列国舆论，歌颂民军，无微不至，而尤钦佩公之艰苦卓绝。文于中国革命，虽奔走有年，而此次实行，并无寸力，谬蒙各省代表举为总统，且感且愧，惟有勉为其难，以副诸公之盛意。武汉为全国之枢纽，公之责任维艰，伏维珍重"。黎元洪以孙中山居功至伟，国事寄托得人，回电说，"先生识高千古，虑周全球，挽末世之颓风，复唐虞之盛治，使海内重睹汉官威仪，不独四万万同胞之福，即东西各国亦莫不景仰高风，为中华民国庆！"（丁中江：《北洋军阀史话》，中国友谊出版公司 1996 年版，第 372 页）黎元洪又致电临时政府，"元洪才识凡庸，素无表见，此次发难，皆赖群策群力共赴事机。元洪何人，敢叨天之功以为己有？先生首倡大义，奔走呼号，二十年如一日，薄海内外，莫不钦仰，高风濡沫，仁化西哲。"[黎元洪：《致南京临时政府》，易国干、宗彝辑：《黎副总统（元洪）政书》，《近代中国史料丛刊正编》第六十七辑，台北文海出版社 1971 年版，第 49 页]南京临时政府期间，孙黎围绕当时的大政要政，函电往还，在外看来关系颇为融洽。但在实际工作过程中，黎元洪武昌官僚集团对以孙中山为首的南京临时政府表现出了抗衡，尤其是黎迟迟不肯放弃大元帅的名号。根据各省都督府代表会议决议，大元帅只是临时性职务，俟临时大总统产生后即应取消。黄兴的副元帅在孙就职当天即通电取消，黎却迟迟不动。湖北方面认为，大元帅已经各省代表举定，不得以私人的意见取消。湖北省为民国军事总枢纽，应即组织大元帅府实行职务，意在抓住统帅南方革命军队的实权，以民军最高统帅的身份与临时大总统孙中山对抗。直到袁世凯接替大总统职务后，黎元洪才宣告，本都督发布此谕之日，即为大元帅解职之日。此后，大元帅名号才移冠袁世凯，黎主动放弃民军领导权。

至南北和议告成，孙中山履行诺言辞去临时大总统职务。作为北洋派与同盟会之外的第三个势力集团的盟主——黎元洪，电邀孙赴武昌首义区参观、巡视。孙中山愉快接受邀请，于1912年4月9日至13日携家人和随行人员由南京乘舰抵达汉口，进行了两人第二次会见。黎元洪举行了隆重的欢迎仪式，一连数天陪同考察首义战区，参加武汉各界群众联合召开的欢迎大会。黎称赞孙是"功成身退，光比尧舜"，孙推崇黎为"民国首义的第一伟人"。胡汉民代表孙中山致答谢词时指出，不是有黎副总统对局面的号召，则各省响应，不能如是风起云涌；又不是黎副总统的谨厚，则军队也容易赞助共和。黎元洪充分肯定孙中山的丰功伟绩，认为武昌起义不四月南北统一，不独五千年历史所未有。究其原因，都是孙公在海外数十年奔走擘画之功，造福民国，实无涯量。国内外各大中英文报纸纷纷报道孙黎相会，高度评价两人情谊极深，均恨相见太晚，倾心畅谈民国建设要政及社会革命的手续。孙中山的革命主张因此得到了广泛宣传，尤其是他提出武汉居长江中游，汉水入江之处，西通巴蜀，北控秦晋，南接潇湘，东连吴会，又是首义之区，为天下根本重镇，武汉是"沟通大洋之顶水点"的"中心说"也因此播及宇内。

孙中山卸任后全国各地邀请其出山访问者络绎不绝，缘何孙婉拒他们而却欣然答应黎元洪并一拍即合呢？从表面上看，这是一次以私人身份的出访，但从当时孙中山所带的宋子文、胡汉民、汪精卫、廖仲恺等20余位随行人员来看，以及当时革命党内四分五裂的形势，临时政府财政经济上捉襟见肘、政治上令不行禁不止的局面来分析，这里面有更为深层次的原因。总统府顾问章太炎评价孙只有"百里才"，并提出"革命军兴、革命党消"的言论，参加统一党反对孙中山。实业总长张謇将政府重要的财政来源盐税严控于己手，各省也截留上缴财政税收，切断政府命脉。黄兴、胡汉民、汪精卫也相继打出和议牌。面对这一系列统治危机，孙不得不拱手让位，又意图想借此次武汉之行为革命造势，期望濒临分裂的革命党能重整旗鼓。这次孙黎会见不仅广泛宣传了孙的社会事业革命的主张，也对旁证武汉"中心说"的建都主张，扩大黎元洪的影响起到了积极的推动作用。

"二次革命"失败后，孙中山东渡日本，组建中华革命党，任总理，在海外继续开展革命活动。黎元洪则应袁世凯之召入京，困局瀛台长达十月之久。在被幽禁期间，黎专门研读了孙中山的《建国方略》，认为它是救国济民的良方，其后黎的许多政治主张均受到孙中山革命理念的影响。譬如他旗帜鲜明地反对袁世凯帝制自为；首倡"军民分治"和"废督裁兵"；在中国率先实行"省长制"等，都是从孙中山那里吸收了营养，具有重大的现实意义和深远的历史意义。

1916年6月7日，黎元洪接替袁世凯任总统，饬令各省撤兵停战。就在黎就职后第三日，孙中山致电黎元洪，"公以首义元勋，凤系人望，民国创始，文惭薄德，与公追随。今闻于阳日依法就职，良为国庆中邦。专制历数千年，共和方新，忽被摧挫，去乱图治，愿力反前人所为，有如规复约法，尊重国会，尤不容缓。民国总统制曰，公仆一切僭制妄作，宜即屏除，庶几气象一变。目前，纠纷若定，前途希望无穷，企公本高尚之旨趣，宏大规模勇毅之精神、精密之条理，以与国民从事，天下幸甚。"（《孙中山请规复约法尊重国会屏除僭制电》，《北洋军阀史料·黎元洪》卷一，天津古籍出版社1996年版，第706—707页）对此，黎元洪回电表示采纳孙的建议，但又因审慎手续问题而未迅即付诸行动，孙接着再次致电黎元洪指出，约法停废、国会解散俱系前人越法行为，今日宣言承认遵守，不过以法之命令变更不法之命令，其间毫无疑义，内外期望，唯此最先，一切纠纷，宜促速解。为合议停战后的善后之策，如何恢复国会和约法等问题，按照黎元洪的要求，孙中山还派萧萱、叶夏声代表晋京，共商国是。当得知行将恢复约法和国会后，孙又致电黎指出，中国古代国家治理繁荣昌盛必言德治，近世欧美强大必言法治。约法国会二事，已交国务院要筹，行将解决。刍荛之言，备见采择，感动在怀。6月29日，黎元洪就发布大总统申令，宣布恢复临时约法和国会。是年8月，黎专发两封电函力聘孙中山任总统府高等顾问，指出"值纷丝之待理，觉朽索之堪虞，凡百措施，诸兹指导。执事足历五洲，胸罗万有，本悲天悯人之意，成乾旋坤转之勋，成功弗居，旷古无匹，每瞻北斗辄盼南针。兹特专函，聘为本府高等顾问，安车束帛，敬迓高贤。前席苍生，伫闻明教，庶几询兹黄发，保我黎民，凡属内安外扰之方，胥出嘉言良谟之赐"，（《敦聘孙中山任总统府高等顾问函稿》，《北洋军阀史料·黎元洪》卷十，第451—452页）表达对孙的高度推崇和盛情邀请。对此，孙中山以未去"一夫不获之忧"，着力倡导发展实业为由予以婉拒，但表示必竭尽愚虑，以为帮助，还特派胡汉民、廖仲恺作为私人代表晋京，面陈一切。之后，在黎段斗争中，孙还多次为黎出谋划策，力顶黎抵制段祺瑞的飞扬跋扈，反对张勋的借机复辟。

后袁世凯时代，孙黎虽然没有同室合作，但两人时有信函往来交流思想。如在龙济光问题上，段祺瑞任命龙为广东省长兼督军，孙中山坚决反对，致电黎元洪指出，龙在粤三年无恶不作，粤人恶龙甚于洪水猛兽。此人不去，粤无宁日，政府维新，万不宜留此奇凶以祸百粤。望即收回成命，立予严惩，不以一人之故而失粤三千万人之心。在孙中山等人推动下，龙被调任琼岛矿务督办，不得不率余部退守海南岛。原长江巡阅使、粤汉铁路督办谭人凤在上海病故后，孙中山也向当时隐居天津的黎元洪致电报丧。这些说明孙黎两人或进一步说黎元洪与革命党人之间的革命情谊是一直保持的，孙对黎的信任和推重也是具有积极意义的。

1917年，因府院之争、张勋复辟事件影响，黎元洪被迫去职，迁居天津。由于段祺瑞拒绝恢复袁世凯时期下令解散的国会和废除的《临时约法》，孙中山在广州召开国会非常会议，组织护法政府，被推举为海陆军大元帅，誓师北伐。北京政府国务总理段祺瑞非常愤怒，迫使冯国璋总统下令通缉孙中山。由于陆荣廷等西南军阀反对另组政府，主张仍由黎元洪恢复总统职位，于是非常国会补作决定，迎黎南下。孙中山也以大元帅身份去电欢迎。黎元洪暗中与孙中山联系合作，密令海军总长程璧光统率海军第一舰队司令林葆怿所辖"海圻"巡洋舰及十余艘舰只开赴广州拥护法统。程璧光派"海容"、"海琛"两舰去秦皇岛等候黎元洪逃出北京时赴粤组织护法政府，嗣因北洋军阀严密监视，黎终不成行而作罢。

在短短的几年时间内，黎元洪经过武昌起义、帝制复辟、南北对抗、府院之争等炼狱般的考验，逐渐从一个封建社会的军官转变为一个共和主义的追随者。在诸如筹建政权、部署北伐、推翻帝制等重大问题上都基本与孙中山保持一致步调。黎在南北调和中以斡旋者身份自居，在之后的定都之争和组阁之争中，在孙中山和袁世凯之间走中间路线，左右局势，防止南北分裂而产生新的社会动乱，这样既得到了袁的极力笼络，也得到了南方革命党的肯定，加上武昌集团的支持，使得黎左右逢源，对双方力量制衡有着独特的作用。但黎对形势的认识不够，一直深信袁是稳定局势的关键，迁就之中也就给了他一些可乘之机，从而为孙让出政权领导位置、张勋上演复辟丑剧、国会解散、自己被迫下野5年埋下苦果。

1922 年 6 月，直系军阀曹锟、吴佩孚以"恢复法统"、"实行南北统一"的名义，拥黎再次上台。此时，中国仍处于南北两总统的对立局面。南方是 1921 年在广州组织的"中华民国正式政府"，孙中山为非常大总统，并再揭护法大旗，准备北伐；北方是北京政府，黎元洪再次上任大总统，意在废督裁兵，统一中国。黎元洪上任后首先撤销对孙中山的通缉令，先是电邀孙中山入京筹商国是，接着派亲信黎澍和刘成禹等持亲笔函前赴上海谒见，会商国是。又于 6 月 15 日下令全国各地一律停战，作出主动缓和南北之间局势的姿态。在 1922 年黎元洪复职上，黎孙关系微妙。孙中山反对黎元洪复职，认为黎的"任期已由冯国璋代理已满"，表示应由护法政府承继法统。黎元洪也将"孙中山引退"与"废督军制"、"遣散冗兵"一起作为复职的前提条件。陕西督军兼省长刘镇华等 13 人致电，一致催促孙中山下野，使大局迅告成功。黎元洪这次出山，认为南北局势在形式上似分裂，而在精神上已则融合一致。此次出山，也专为谋排除形式上的障碍。在处理与孙中山的关系和应对措施上，黎元洪提出，西南各省中如川、湘、滇、黔、桂诸省已趋向统一，惟孙中山方面意见稍异。请伍廷芳北上组织内阁，且任用谭延闿为内务总长，谢远涵为江西省长，又拟令李烈钧为将来全国裁兵委员会领袖，此皆欲与孙氏一派谋调和的表征，用人则不分南北，国家大计将与南北明达之士共筹，这毫无政治上的私见。他还指出，欢迎孙中山北上共商国是，相信我们在政治上无有不可商议的地方，关于法律上任期的问题，一待国会将来解决，个人毫无恋栈之意。在王家襄建议下，黎元洪还去电请孙中山出任裁兵修路之督，以收南方人统一之心。但形势变化之快，陈炯明武装叛乱，炮轰总统府，孙中山被迫离开广州，退居上海。

1923 年，孙中山重返广州，宣布此后革命进入"讨贼"时期。为防止"一国两主"局面的再度出现，他不再恢复总统名义，设大元帅府就任大元帅，并发表《实行裁兵宣言》，提出裁兵的具体计划。这与黎元洪出山前提出的"废督裁兵"政治主张非常契合，得到了黎元洪的大力赞同，黎还派出丁槐为总统特使到广州慰问。王宠惠也以内阁代表的名义，携带全体阁员的联名函件南下，劝告孙中山赞助和平统一。但曹锟、吴佩孚不以为然，认为孙称大元帅就是破坏约法和和平，主张讨伐，并指使粤督沈鸿英等反孙势力进攻广州，动员国务总理张绍曾迫使黎元洪下令"讨伐"孙中山，黎拒绝盖印以致发展到被逼下台再次退隐天津。在西南军阀组成的"反直同盟"的运作下，黎被邀请南下上海组织政府对抗北京政权，他致电孙中山告知来沪苦衷及打算。孙闻讯后，委托汪精卫携带自己的亲笔书信送达黎元洪手中，邀其赴粤共谋国家大计。由于在沪组织政府的计划遭到大部分议员的反对，加之曹锟在京贿选总统成功，形势的发展对他愈加不利，黎遂复函谢孙之邀，决计离开上海，东渡日本别府养疴，半年后才回到天津寓所。1924 年 9 月，第二次直奉战争爆发，冯玉祥回师北京举行政变，并邀请孙中山赴京商议国政。孙带病北上途经天津时，既受到当地学生、工人的热烈欢迎，也遇到帝国主义和封建旧势力的敌意对待，在这种新旧势力爱憎氛围交织的情况下，黎元洪对孙中山一如既往，在英租界私寓为孙中山夫妇举行隆重的宴会，与阔别已久的千里故友畅叙情怀。孙中山向北京政府提出了对内召开国民会议，结束军阀统治；对外废除不平等条约，反对帝国主义侵略，同帝国主义和段祺瑞、张作霖等北洋军阀作斗争，坚信中国人民有能力来解决全国一切大事的建议。由于积劳病剧，孙不得不在天津张园养病，黎多次前往探视。后来孙移住北京协和医院，黎还不时委托李根源、黎澎等人代表专程前去看望。1925 年 3 月 12 日，孙在北京逝世。孙公行辕秘书处专门向黎发出电报，"黎宋卿先生钧鉴：大元帅前大总统孙中山先生客冬由粤北上，提倡开国民会议及废除不平等条约，以谋民生之独立与民权之确守。及自抵津京，肝疾日剧，医药无效，于三月十二日上午九时卅分在北京铁狮子行辕逝世，哀此奉闻。"（《孙公行辕秘书处告孙中山逝世电》，《北洋军阀史料·黎元洪》卷十，第 1273 页）黎元洪得知讣闻，悲痛不已，在自家寓所设灵堂祭奠，并写下挽联："江汉启元戎，仗公同定共和局；乾坤试四顾，旷世谁为建设才"，表达了对孙中山的崇高敬意和无限缅怀。

在政治主张、政治路线上，黎元洪和孙中山的一些基本观点都大体相似，但在具体的解决方式方法上却有显著不同，最终产生的效果和对社会的贡献也有所不同。

其一，在"军民分治"方面存在异同。如前所述，黎元洪认为军人柄政有"十害三无"，即十大流弊和军界无道德心、无法律心、无责任心，必须将军务、民政划为二途，民政长由地方公举并报请中央任命，军政上每省定一都督、专辖军队并悉归中央委任节制。孙中山原则上赞同军民分治，但如何贯彻执行，认为有待仔细筹商。对于具体的分治办法，他的意见为，兵权全收归中央，都督可由中央任命，其他交通、财政、外交、司法，皆为中央独占大权，余则可放任地方。至民政长则以民选为宜。在实行时机上，黎元洪主张立刻实行，并率先在湖北贯彻。孙中山则认为时机尚不成熟，不宜立即实行，尤其是要解决好军队消纳问题。从实际效果来看，黎元洪首倡军民分治，企图防止军人干政，但客观上军民分治却成了袁世凯推行专制独裁的工具，并没有达到防止军人干政的目的，这也是黎始料未及的。

其二，在"废督裁兵"方面存在异同。在 1922 年 6 月 6 日的同一天内，黎元洪和孙中山不约而同地发表"废督裁兵"通电和宣言，表达自己的观点和立场。黎元洪发表通电将废督裁兵作为再次出任总统的必要条件，并认为这是消除督军制五大祸害的唯一办法。孙中山发表《工兵计划宣言》，认为欲想约法的效力不坠，在使国会得自由行使其职权，在扫除一切不法的武力。为保证国会能自由行使职权，孙中山认为第一当惩办祸国罪魁，第二要保障国会安全。祸首既惩，则乱法的武力无自发生，故军队的安置宜为要图。为此，他一方面提出化兵为工的安置计划。即将现有军队改为工兵，统率编制，收其武器，与以工具，易战事为工事，兵不失业，工事日繁而生产发达。另一方面建议采行征兵制，另组国防军。即集爱国人士，编制国军，实行义务兵役，两年一易。废督裁兵是解决时局问题的一剂良方，也是孙黎两人针对民国以来军阀专权干政、祸国殃民而提出来的。两人共同的出发点都是希望以此结束战乱，实现和平统一，但在具体的实行方法上存在一定的差异性。在废督问题上，黎主张请督军自动放弃兵权，集中北京，共同筹商善后。孙则主张以武力讨伐，惩办祸国罪魁。在裁兵问题上，黎笼统提出军队直隶中央，妥为编制，悉听军部统筹全局。孙则提议斩断督军根基，将全部旧军转业生产，以优厚待遇安置他们投工投劳，并另组保国卫民的国军。历史发展证明，黎元洪的方案虽然比较温和平稳，但实行起来比较脱离实际，很难取得明显的效果，最终只能是一个政治口号。孙中山的方案则可行度较高，直击问题要害，符合历史发展的方向。

其三，在政治路线方面存在异同。在辛亥革命之前也就是黎元洪47岁之前，他所走的是一条致力维护清王朝专制统治的道路，与以孙中山为首的革命派背道而驰。辛亥革命把黎元洪被迫拉上革命的道路，使之成为革命主义者的同路人，但终其一生，黎一直没有成为一位坚定的革命者，而是见机行事摇摆于革命与反革命之间，走着中间派的道路，有时为了保护自身利益，不惜助纣为虐杀害革命党人，也不畏与最高权威袁世凯等作斗争，有着很强的自我中心意识，这也使得他成了民国初年各派势力争相拉拢和借以利用的重要对象。因其身份的两面性，黎对民国所作的贡献也是功过参半。孙中山则不同，虽然最初从医未言革命，尝于1894年《上李鸿章万言书》中提出多项改革建议未果，但其后即他28岁时就弃医从政，着手组建兴中会奔走革命并伴其终生。孙走上革命道路年龄上早于黎元洪将近 20 年，尽管革命征途中屡遭挫折，却越战越勇，历久弥坚，成为中国近代史上最伟大的革命先行者，为振兴中华立下了不朽功勋。

三、从战到和：黎元洪与黄兴

黎元洪比黄兴大 10 岁，均是辛亥时期的风云人物。在武昌首义前，凡属著名的革命战役，多数有黄兴参加，在同盟会内黄兴是仅次于孙中山的革命领袖，享有崇高威望，其社会影响力远超清军协统黎元洪。然而到了民国初年，两人齐享"民初四巨头"、"革命四大首领"等美誉。在黎黄的交往过程中，两人经历了从斗争到合作的转变，可以说是在战乱中相遇，在领导权上斗争，在建设期合作。因黄兴过早病逝，双方的人际交往虽不足五年，但却影响深远。

1. 武昌首义中的黎黄之争

武汉三镇光复后，成立了湖北军政府，清军大举南下，企图将革命政权扼杀在摇篮中，由此汉口战事吃紧，大局岌岌可危。此时汉口汉阳保卫战——阳夏战役全面展开，民军清军拉开了长达月余的殊死搏斗。起义之初，革命军总司令一职由黎元洪兼任。但随着战事的推进，前线指挥乏力，前有总指挥何锡藩受伤辞职，后有总指挥张景良通敌正法，前方战场正当群龙无首。10 月 28 日，黄兴、宋教仁等从上海来到湖北，加入到反清的革命斗争中。由于黄兴作战经验丰富且具有崇高的革命威望，他的到来无异于一针强心剂，使民军士气大振，武汉军民把他比作"天将下凡"，莫不翘首仰望黄兴来收复汉口。正因为此，黎元洪举行隆重的仪式欢迎黄兴的到来。但在明确前线战役指挥人选的同时，军政府内部重新分配权力的斗争也摆在了分别以黄兴和黎元洪为代表的同盟会革命党人和首义武昌党

中华民国元年的宣传画（中为孙中山，左为黄兴，右为黎元洪）

人的面前，双方引发的纷争即所谓的黎黄之争由是产生。

　　早在从上海赶赴武汉途中，黄兴就曾在轮船上对同行的田桐等人说，黎元洪本不是革命党人，我到湖北后，必须取而代之，且称两湖大都督。黎元洪希望尽快扭转战局，在黄兴到达当日就委任他为汉口民军总司令，指挥前线作战。到达后的第五天，革命党人集议，田桐等人提议公推黄兴为两湖大都督，位列黎元洪之上。对此，革命党内部意见分成两派：一派是以宋教仁、田桐为代表的同盟会革命党人，主张以黄取代黎；另一派是以孙武、刘公为代表的首义武昌党人，主张黄兴属黎都督名下。这两派意见是中央革命派和地方革命派斗争的结果，也是两派革命合作领导权摩擦下的纷争。宋教仁以大局为重出面表示，此事不过征求大家同意，我们原无成见，既有利害冲突，即作罢论。最后，大家议定黄兴为战时总司令，所有湖北革命军及各省援军，均归其节制调遣。领导权之争的风波虽告平息，但却给黎元洪等人以警醒，感到黄兴对自己的地位是个威胁，若其收复汉口取得成功，他们卷土重来争夺领导权则易顺理成章。但又如何在刚刚"迎黄"后马上大拐弯来个"驱黄"？这是摆在黎元洪等人面前的一个棘手问题。在这种悲喜交加的情况下，11月2日，黎元洪、孙发绪等人策划了一场"登台拜将"的"驱黄"阴谋："正在这种沉闷的空气中，孙发绪起而言曰：'此事不难，驱黄出省可也'。黎等讶曰：'今日才迎，怎好便驱？纵驱之，其如黄不去何？'孙发绪道：'可用阳尊阴逐之策，请都督仿汉高祖登台拜韩信的故事，于明日就都督府前坪高搭将台，预备战时总司令印信一方、令箭一枝、总司令大旗一面，届时集合全军将士，由都督亲捧印、箭、旗三物，拜授于黄为战时总司令，请其率师北伐，并于汉阳设置战时总司令部，迫登台拜礼毕，即送黄渡江就职。这么一来，黄兴即被逐出省垣了。尔后战事若利，则黄率师北上，自然离鄂日远。战事不利，则军法所在，纵不便持法相绳，黄亦无面见江东了。'黎等闻谋称善，于是星夜如谋筹备。"（《新生月刊》，第5卷第2期）

次日，黎元洪高筑拜将台，拜黄兴为战时总司令，使黄兴名属黎元洪之下。拜将仪式上，黄兴慷慨激昂地演说，此次革命，是光复汉族，建立共和政府；今日既承黎都督与诸同志举兄弟为战时总司令，为国尽瘁，亦属义不容辞，望大众努力前途为要。由于敌我力量悬殊，最终以民军的失利而告终，汉阳失守，黄兴辞职返沪。分析汉阳战败失守的原因，参谋长李书城指出："这是因为我在战略战术上都犯上极大错误所致；我对这两次战役的失败是应该负重大责任的。因为我的作战计划错误，使黄先生受'常败将军'之讥，使革命形势收到挫折"。（李书城：《辛亥前后黄克强先生的革命活动》，中国人民政协文史资料委员会编：《回忆辛亥革命》，文史资料出版社1961年版，第150页）黄兴自己认为，其所以致败的原因，第一系官长不用命；第二军队无教育；第三缺乏机关枪。有此三缺点，故每战失利。当事人的分析应该是最接近历史事实，由此可见黎元洪等人的

"登台拜将"阴谋，或如有人指出的"黎黄之争"，是导致阳夏战役战败的主要原因的看法，显然是违背历史事实的。但客观上造成"登台拜将"阴谋的得逞，黎元洪依然大权在握，也是不争的事实。

2. 民国建设中的黎、黄互动

民国成立，黎元洪当选为南京临时政府副总统，黄兴任陆军总长。袁世凯窃取政权后，临时政府北迁，黄兴任南京留守，主持整编南方各军。后因经费不足，军队哗变，乃取消留守府，退居上海。黄兴致电黎元洪指出，缔造共和，公为首功；兴以菲材，谬蒙褒许，实所感愧；此后在野，仍当尽力民国，以副雅怀。黎元洪提出"军民分治"，黄兴深表赞同："尊意拟将军务民权，划界分权，诚为至论。民政为平时行政最要部分，泰西各国近甚注意，所以保持安宁，增进幸福，国家生存端赖乎此。军务性质乃属特别，混而为一，实成两败，强则把持，弱则废弛，军无节制之实，民有凋敝之忧。……务当早日分厘，期与各国一致。庶几军民安帖，分道进行。我公爱国铭心，救时有道，屡披来电，辄想仁风陈贾谊之策，痛哭时闻读贽之文。指掌如数，凡兹硕画，实罄私衷，敢乞主持，无任拜祷。"（黄兴：《覆副总统赞同军民分权》，《黄留守书牍》上卷，新中国图书局1912年印行，第4页）

在政治团体的建设上，黎元洪和黄兴合作紧密，参与组建了一系列革命组织或军事团体。1911年底，黎元洪与黄兴、蒋翊武、蔡济民等人发起成立"共和急进会"，其政纲为施行民生政策，筹划平均地权，整理中国财政，普及军国民教育，振兴实业，充实国民经济，谋求扩充国际贸易，扩张陆海军备，实行殖民政策。1912年2月25日，黎元洪应邀加入了黄兴、徐绍桢等人发起的"南京陆军将校联合会"，任名誉会长。1912年5月27日，黎元洪与黄兴、唐绍仪、伍廷芳等人发起的"政见商榷会"在上海成立。该会为挽救政党林立、党同伐异之弊，以融合各党之感情、研究政治问题为目的。1912年12月，陆海军人在北京成立"武学社"，黎元洪、黄兴等八人被举为名誉社长。该党派以联络感情、增进智识、提倡国民主义、促进全国征兵、振奋国民精神、洗国军积习为宗旨。由于黎元洪和黄兴在军政各界具有较强的影响力和号召力，这些团体成立后曾经吸引了大量的会员加入，并在民国社会建设中发挥了积极的作用，既唤醒了民众意识，又改良了社会政治，促进了民国社会发展水平的提升。

1916 年 6 月，在黎元洪上任大总统后的半个月内，黄兴连续两次致电黎元洪请求召集国会，恢复《临时约法》，废除袁世凯制定的伪约法。黄兴第一电指出："顷阅北京通电，忽袁氏遗令依约法二十九条，由副总统代行大总统职权，殊深骇怪。我民国根本法乃元年参议院所定临时约法暨二年国会所定大总统选举法，国会誓生死以守之者，各省举议所争即在此。乃更始之时，不声明恢复元年约法及遵照二年大总统选举法第五条由副总统继任，而蒙混提出袁氏预备称帝时伪造之约法二十九条由副总统代行其职权，是仍以伪法乱国法，适与护国军暨民意相背，足征逆党势力尚弥漫北京。黎大总统未能回复自由，假名以行，祸机潜伏，大局更危。应请黎大总统以明令规复旧约法，除去袁氏一切伪造之法律与民国抵触者，从速召集旧国会，组织内阁，严惩祸首，昭大信于天下以定民志而奠邦基。"（《黄兴请明令恢复旧约法废止袁氏伪法召集国会组织内阁严惩祸首电》，《北洋军阀史料·黎元洪》卷一，天津古籍出版社 1996 年版，第 727—729 页）黎元洪复电采纳了黄兴的提议并给予褒奖。黄兴紧接着第二电强调，凡百端建设，当以此两事为最急切务，望排除莠言，迅速解决，以合法的命令废除袁世凯伪造约法，这样民国真正的旧约法当然存在。表达了保卫正规法统的急迫心理和坚强决心。"二次革命"时，秦毓鎏与黄兴等人起兵讨伐袁世凯，秦被捕入狱，以"附和内乱"罪判刑 9 年。1916 年 7 月 13 日，黄兴为解救秦毓鎏致电黎元洪指出，秦君毓鎏道德之交，癸丑岁在无锡被逮，羁禁三载，苦不可言，请电饬冯督从速省释，以全士类。是年 10 月，秦被提前释放，黎元洪是起了积极作用的。

鉴于黄兴对国家大事有精辟的分析和见解，湖南同乡、江苏督军府章驾时、萧光濆等110余人联名致电黎元洪说，黄善化丰功厚德，全国景仰，望公以礼聘至，共谋国是。黎元洪继任大总统后，即邀请孙中山、黄兴等人进京筹议大政方针，拟聘请为总统府高等顾问。黄兴委派李书成前往听取意见。李书成在致黎元洪的信中说，国人依法请黎公继任总统，海内外同深庆幸，公德望固久洽人心，此后建设必更有以慰国民期望。克强先生嘱咐书成为代表赴京以应公命，谨当趋诣代承伟教。在黄兴请辞总统府高等顾问后，黎元洪致电挽留，元洪"绠短汲深，材铨任重，扶危定乱，诸资匡导之功，重道尊贤，宜有优崇之典，兼葭遥溯，辄念伊人葑菲，毋遗印须我友，敢申前请，幸勿固辞"。（《请孙中山黄兴勿固辞总统府高等顾问函稿》，《北洋军阀史料·黎元洪》卷十，第459页）

黄兴逝世后，黎元洪写下挽联"成功却爱身萧散，大勇那知世险夷"，并特派上海督军王芝祥前去吊唁。孙中山、唐绍仪、柏文蔚、谭人凤、蔡元培等人致函感谢，"王芝祥上将恭代致祭黄克强灵几，隆礼厚谊，孝家哀感无既，谨代敬谢"。丁世峄向黎元洪报告黄兴生前负债事宜，黎元洪认同黄兴所欠款项，其情形颇与孙中山先生所用之款性质相类。中山先生款项一经提交国务会议，而国会即群起质问，报章也极力排斥，款项丝毫未得，反对之声洋洋盈耳，并建议此事不宜付诸动议，批复致电有关方面研究解决。这表现了黎元洪对黄兴革命事业的深切感念和下决心解决黄兴遗留问题的政治谋略。

四、政治知音：黎元洪与章太炎

黎元洪与章太炎的交谊发生于辛亥革命且双方过从甚密，日久情深，甚至是在黎元洪过世后，章太炎对黎的推崇和景仰可以说是无人能及，在民国政治人物的交往中也实属绝无仅有。章为一代革命家和思想家，是同盟会和辛亥革命的重要领袖之一，黎元洪为民国政府的重要领导人之一，民初政治斗争是两人走在一起的外在的客观条件，黎元洪的谨厚品质和章太炎的学术涵养是两人互通声气的内在的主观因素。章太炎竭忠尽智，主动输诚，黎元洪延才揽士，唯才是举，两人互相视为政治上的知己，谱写了近代版的知音传奇。

章太炎初知黎元洪是在日本，正当武昌首义发生，他从报章中得知"鄂军都督为黎元洪"，自此对"初倡起义"的黎元洪分外仰慕。章太炎初识黎元洪是在武昌，1912年7月25日章太炎谒见黎元洪，第一次晤面给双方留下了很好的印象。在章太炎印象中，黎公年49，体干肥硕，言词简明；其所着西装制服，以粗夏布制成。自大都督以至州县科员，皆用支薪20元；以项城的雄略，黄陂的果毅，左提右挈，中国宜无灭亡之道。后来，黎元洪亲书"东南朴学"匾额一方，用锦装驰赠予章太炎。基于双方建立的良好印象，章太炎在武昌期间邀请黎元洪担任统一党名誉总理，黎元洪则回报之以共和党理事。此后，在"二次革命"、章太炎北京被囚、袁世凯复辟、府院之争、护法运动、法统重光、第一次直奉战争等民初时期一系列重要的事件中，黎章两人密切配合，互帮互助，营造了融洽的政治友谊氛围。

"二次革命"发生，章太炎发布《宣言书》为黎元洪诛杀革命党人辩解："黎公首举义旗，久为民国斗杓。两年以来，激昂之士，动扰武昌，至今劳心，镇抚诛罚过严，此为保安地方，而非阿附政府。封疆之任，职守宜然。"（汤志钧编：《章太炎年谱长编》，中华书局1979年版，第442页）在袁世凯镇压"二次革命"之后，章太炎觉察袁世凯包藏祸心，于1913年8月进京，欲与袁世凯说理。袁不见，章乃以大勋章作扇坠，至新华门大骂，遂遭袁世凯囚禁于共和党总部。同年12月，黎元洪在袁世凯的胁迫下，亦困局在中南海瀛台。虽然同是天涯沦落人，但黎的处境比章好得多，黎只是政治上的软禁，而章是身体上的囚禁。出于关心，黎利用其副总统的地位，对章优礼有加并表示，章太炎如欲在京为何事，经费可负责，并为章建"考文苑"向袁世凯疏通，筹划款项，遣人奔走，各事皆由黎公处间接促成。黎元洪在袁世凯面前为之疏通调解，为改善其处境悉心策划安排，从而在很大程度上缓解了章太炎处境的危困。

1916年黎元洪继任大总统后，在政事纷繁的情况下亲访章太炎询以"大计"，双方晤谈长达两小时。章太炎告之以"去小人"、"大开党禁以广言路"两策，并"泛论国势人材及去取所宜"。对此，黎元洪均表"深服"。国会议员林森、褚辅成等54人联名上书黎元洪请任用章太炎为国史馆馆长。"余杭章炳麟先生具多见多闻之姿，养至大至刚之气，究天人之际，通古今之变，道足以俟百世而穷于一时，学足以济万物而掩于其文，岿然灵光，众流宗仰"，"今日国体变更，春秋乃失其运，章先生筚路蓝缕，孕铸共和，躬被五毒，目营八表，若得成民国史一编代春秋而起，维持不敝亿万斯年"，"今世之变态，章先生学古通今，因革损益必有最精密完善之义例，镕欧冶美，蔚为大观"，"惟是经世盛业，固非大儒莫辨，而选贤任能尤赖元首之明，天时人事国运，史例际会若斯"，"国史馆之设于兹，数年来糜数万金，曾不见有悬门之书以餍人望，议员等公意以为馆长一席，微章炳麟先生莫属"。（《林森等请任章炳麟为国史馆馆长函》，《北洋军阀史料·黎元洪》卷十，天津古籍出版社1996年版，第486—488页）这足见章太炎学术水平的社会影响力和国会议员对黎元洪任人唯贤的殷切期望。

1917年3月，府院之争骤然激化，国务总理段祺瑞出走天津，黎元洪政治上日趋孤危。身居上海的章太炎与谭人凤联名致电西南各省督军，为黎争取支持，电称内阁以去就相要，元首孤危，祸机迫近；诸公驻守西南，唯愿勠力同心，使黄陂外得援助，则争去者不能要挟，而黩武之祸自解。

孙中山提出在南方组织临时护法政府，章太炎认为，黎元洪比孙中山要高明和重要得多，立即请海军总长程璧光派军舰迎黎南下，不然南方无助，何以自立？还劝告孙中山遥戴黎公，以存国统。在章太炎眼里，"护法"无异于"护黎"，对黎主动输诚，其情实笃。

1922年黎元洪再次上任大总统前，章太炎主动献策"异地复职"，称宜于金陵、武昌择地复职，切勿系于北京，自同囚锢。虽然没有选择异地复职，但黎元洪还是提出了"废督裁兵"作为复职的前提条件，这两种选择的最终目的都是为了防止军阀干政扰乱政治统治。对于黎大总统没有采行自己的意见，章太炎表示出了一些不满。6月17日，黎元洪致电章太炎等人，请其来京，共商国是。而章太炎却复电表示，大统已复，时局尚艰，凡百施为，非在野所能论列，婉言谢绝了大总统的邀请。但以进言献策为能事的章太炎并没因此停止自己的谏言，一番思考后继续向黎元洪提出应对当前局势的政治主张。他针对借款、西南各省、孙中山、曹吴等各方面的情况应持何种态度，出谋划策，对症下药，良苦用心跃然纸上。章太炎还在函中解释道："炳麟暌隔清尘，已历年所，久思一瞻颜色，得慰素怀，然轻易入都，又撄权门之忌，故属川人曾君通一面谒"，"所有详情，不可笔罄者，请随时面询可也。"（汤志钧编：《章太炎年谱长编》，中华书局1979年版，第642页）基于对章太炎十余年来艰苦卓绝的革命努力和为国家建设政治参谋的充分肯定，是年8月29日，黎元洪发布"大总统令"：晋授章炳麟以勋一位。章太炎致电黎元洪示谢并指出，国家财政拮据，度支困难，以勋位补偿，以虚易实，也可相代；希望主座"或晋或授"护法一役劳绩之士，如广东督军朱庆润、广东省长林葆怿，以此不失权衡人，也自无异议。

在直系军阀曹锟、吴佩孚等人的逼迫下，1923年6月黎元洪被迫离京。章太炎对黎元洪的处境颇为关切，建议他筹措巨款策动国会议员赴沪集会，并联合段祺瑞，借用奉系和西南军阀的力量，与曹、吴等直系势力对抗到底。章太炎还义正辞严地劝告，对曹、冯仇恨甚于往日段派，黎公难道不发愤为雄？这次黎元洪很快地采纳了章太炎的建议。先是任命段祺瑞为讨逆军总司令兼第一路军司令，并派人到奉天与张作霖接洽。接着，募集款项对出京到津的国会议员，每人致送500元"旅费"，鼓动其南下上海集会。据统计，20天内在津签名领取南下旅费的国会议员多达397人。但是，由于黎段心存芥蒂，张作霖亦是敷衍了事，来津的国会议员多数认为时机尚未成熟，暂取镇静态度。浙督卢永祥以黎元洪为非法总统之由称，尚无迎黎南下的必要，最终"讨逆"行动因实际响应者寥寥而告终。是年9月，黎元洪秘密到达上海，计划另组政府，又因各方反对而困难重重，加之曹锟放言欲加害于黎而不得不东渡日本别府养疴。

在日本修养半年后，黎元洪回到天津弃政从商。章太炎则继续进行政治和学术活动。拥黎复出的念想始终盘旋在章的心头，只要政局稍有变动，他即鼓吹法统重光。1925年，浙奉战争爆发，章太炎致电五省联军总司令孙传芳、讨贼联军总司令吴佩孚，建议迎请黎元洪南来正位，建置合法政府。奉军郭松龄倒戈，章太炎等提出"拥黎出山，以正法统"。这两次建议因得不到军阀头目的响应而归沉寂。此后，在鹿钟麟发动北京政变赶走段祺瑞、颜惠庆组建摄政内阁等军事政变或政治事件中，章太炎都极力主张除请黎黄陂复位外，无更好的办法；如欲建置中央，则黄陂犹在，依法可以复任。在章太炎为黎元洪复任四处奔走游说后，奉系军阀的重要首领之一杨宇霆复函表示，中央政局，奉方但期主持得人。黄陂地处超然，较为相宜。诚如尊见，即希极力主张，早日观成。章太炎如获至宝，派代表谒见黎元洪和张作霖，并面陈解决时局的办法，想方设法推动此事，但后因张作霖反对又无疾而终。

1928年6月，黎元洪病逝天津。章太炎闻讯后发出挽电："闻大总统仙逝，

位于武昌卓刀泉附近、湖北省林业勘察设计院后山上的黎元洪墓地。

天崩地坼，薄海同悲，国亡与亡，大节自在，仰望山河之气，仍维本朝思雄有灵，犹能杀贼。特电哀挽，即希鉴察。"之后章太炎又寄送挽联："继大明太祖而兴，玉步未更，佞寇岂能干正统；与五色国旗俱尽，鼎湖一去，谯周从此是元勋。"但不知何种缘故，挽电和挽联均未到达黎府。7月1日，章太炎致函黎元洪的长子黎绍基："崇光大兄礼次：六月四日得报知，尊公大总统逝世，哀痛之余即与孙尧卿、刘霖生等致电哀挽（由大北公司发）。嗣又于六日由局寄致挽联一副，并未接到。四电不知何故，今日接得讣状一件并闻此问礼中清谧。"[《章炳麟为哀挽黎元洪致黎绍基函（附：挽电与挽联）》，《北洋军阀史料·黎元洪》卷十，天津古籍出版社1996年版，第1278—1279页]时隔五年之后，章太炎还为黎元洪作了一篇碑铭，备述黎氏一生，颇多溢美之词，表达了对旧交故人的缅怀情谊。

五、同床异梦：黎元洪与段祺瑞

黎元洪与段祺瑞年龄相仿，同为清廷行伍出身，均接受过近代化的军事教育。黎投效张之洞麾下编练新军，擢升协统；段协助袁世凯训练"新建陆军"和北洋军，官至总督。在晚清政府检阅新军陆军编练结果举行的军事演习中，段担任河北"河间秋操"北军总指挥，黎代领河南"彰德秋操"南军总指挥，均取得了骄人成绩。1911年武昌起义爆发，黎被革命党人推举为军政府都督领导革命，段被清政府任命为第二军军统开拔湖北前线镇压起义，两人从同一个阵营分裂走向了对立面。不出一月，袁任命段祺瑞署湖广总督，会办剿抚事宜，不久又令其兼第一军军统，代替冯国璋统帅前线各军，并成为袁的心腹大将。后因南北和谈，双方息战。在清末，黎段两人的接触都是间接进行，既没有直接晤面，也没有同堂共事，只是在各为其主地进行一些军事和政治活动。在影响力上，辛亥革命前，段远远超过黎，是袁世凯引以为豪的"北洋三杰"之一，黎为清军湖北方面的一员中级将领，两者身份因武昌起义得到迅速改变，权重一方，两者在民国政坛上的起伏博弈直接影响到了民初政局的走向。

民国底定，黎先后出任南京临时政府和北京正式政府的副总统，又兼领湖北都督盘踞一方，日趋位高权重。段祺瑞则在袁世凯政府中充任陆军总长。袁世凯上任大总统后，授黎元洪陆军上将和大勋位、段祺瑞陆军上将和勋一位。1913年5月，段代理国务总理，镇压"二次革命"。12月8日，为控制黎的势力发展壮大，袁世凯派亲信段祺瑞到武昌请黎元洪离鄂北上"磋商要政"，并电告黎"拟任段总长来鄂替公暂权篆务"。就在黎乘专车北上的途中，留在武昌的段祺瑞就接到大总统命令暂兼代湖北都督。段督到鄂后即秉承袁意，着手铲除黎元洪和革命党在湖北的势力，以实现北洋军阀对湖北的控制，为袁施行帝制扫平道路。段祺瑞虽为袁之心腹，但对袁世凯的帝制自为还是持有反对态度。早在段南下武汉迎黎北上之前，就向身边贴士表达了心迹。段府幕僚曾毓隽回忆："段笑着对我说：'你前些日子和我所谈，我曾问过袁，袁指天发誓，否认帝制，冯国璋也曾以此事询问过袁，袁也是以否认的态度答复了冯国璋。现在他迎黎北上，用意所在，我已明白。现在又以金钱诱我，我南下迎黎，正是脱身的机会'"。（胡晓编著：《段祺瑞年谱》，安徽大学出版社2007年版，第86页）后来，段因反对袁称帝，还在陆军总长任内引病开缺，在家闭门谢客。段反对帝制的做法在当时民国政坛上是主流，符合民心所向，有积极的意义。段的政治立场在这方面与黎元洪并无二致，有着同样的政治考量。1914年5月，参议院成立，黎元洪任院长。护国军兴，段被袁任命为参谋总长，代徐世昌任国务卿。在袁世凯任期内，黎段两人的权力逐渐上升到顶峰，黎作为正统派的代表，有全国人民和广大议员的支持，段作为北洋军阀的代表，有皖系军人和日本帝国主义的支持，此时，两人的力量对比因有袁世凯的震慑而保持了一定的平衡。

1916年6月，袁世凯临死对徐世昌、段祺瑞执手交代，按照《约法》，由宋卿（黎元洪）继任总统，你们要好好辅佐他。基于此，当在四川作战的张敬尧等将领致电表示愿推举段祺瑞为总统时，被段断然拒绝，一时传为佳话。从后袁世凯时期的政局来看，是否拥黎继任，"所谓北洋团体者，意见甚不一致，而与黎元洪不愿合作，则大致相同。其时冯、段两人一内一外，确均有掌握大局之资格。段之拥黎，则因黎老实，易于妥协，以后可实行内阁制"。（《北洋军阀直皖系之斗争及其没落》，杜春和编：《张国淦文集》，北京燕山出版社2000年版，第202页）当时，袁世凯戕害约法，解散国会，民国已遭到严重破坏，如今有一个宽仁谨厚的黎元洪担任国家元首，有一个外界看来正直不阿的段祺瑞主持内阁，又有国民党和进步党共处国会，宪政实现已依依在望，全国上下对此表示了一致的乐观。黎元洪继任总统后，虽然无兵力，又无资力，以其自由意思左右政权虽稍困难，但南、北两方面均仰黎总统德望，黎总统于事实上，为中国之中心。但是，段祺瑞素来刚愎自用，又自恃为北洋勋宿，从内心深处对黎抱轻视态度，和黎绝少交往；黎元洪则外柔而内刚，谦恭谨厚，虽不足威慑别人，却自有不屈的意志。两人的性格差异决定了总统府和国务院之间不可能有亲密的关系，事实证明后来以黎段为代表的府院两大集团多次发生冲突，并一度成为北京政治的主要矛盾关系。这主要表现在：

一是在国会制宪等问题上的立场不同。国民党和南方的地方势力是黎元洪的依托，研究系、进步党和北洋督军是段祺瑞的基础。双方在国会制宪、恢复约法与国会等问题上分歧严重。黎元洪就职后，黎派意图恢复国会、速定宪法，主张采用两院制，扩大国会权限，以抵制段祺瑞的专断独行；段派则以国会重开，诸多掣肘，意在迁延，反对省制入宪，主张缩小国会权力，改两院为一院，以迎合皖系军阀专制的私利。这是黎段意见分歧的开始。由于国民党议员在国会人多势众，多数拥黎，段派的议案屡遭否决。在国会表决中，皖系军阀首领便策动北洋各省督军，粗暴干涉国会，恣意打击国民党人。双方左右媒孽趁机挑拨，从而使府院冲突愈形尖锐。如内务总长孙洪伊和国务院秘书长徐树铮之间的明争暗斗，每以无关系的用印小事多方指摘，造成府院成见日深，最终以双方均遭罢免息争。

二是在官吏任免上的观点分歧。在中央政府和各省军事行政官吏的任用上，黎元洪倾向于用新派人物，对帝制派分子坚决不用，甚至连过去他最亲信的秘书长饶汉祥因其支持袁世凯的洪宪帝制，也弃之不用，直到张国淦辞职，丁世峄继任总统府秘书长，并必以饶副之作为上任条件，才安排饶作副秘书长，但也毫未发挥其作用。段祺瑞则排斥新派人物，偏好用旧派人物，如段上任国务院总理后启用徐树铮为院秘书长，被视为段的"智囊"。1916 年 12 月，在赴日公使的选派上，黎段意见分歧。此前以曹汝霖为赴日特使为议院所反对，故此次黎总统遂不咨诸议院，任命熊希龄为赴日特使，惟段总理对于此举甚为不平，故黎段间的感情颇有异形疏隔之势。黎段在人事任免上的分歧是导致府院政争的一个重要根源，正如时论所指出，"府为新派所依恃，院为旧派之护符"。

三是在参战问题上的态度有异。1917 年美国参加对德作战，要求中国与之采取一致行动对德宣战，并答应借给中方军费，黎元洪最初表示同意。

而日本支持段祺瑞参战，答应借巨款给段祺瑞，以扩充其势力。因段祺瑞对日追从，中国若参战必有利于日本，美国遂指使黎元洪伙同国会反对参战。段祺瑞召集亲信召开督军会议，决定参战，并要挟黎元洪和国会同意参战案未果，于是要求黎元洪下令解散国会。黎元洪利用人们反段要求，在国会的支持和美国公使"允为后盾"的情况下，下令免去段国务总理职务。段被罢职后，离京赴津，以天津为基地，组织脱离北京政府的各省督军在天津成立"军务总参谋处"，扬言另组临时政府，黎段矛盾迅速白热化。黎在段的压力下内外交困，只好同意张勋入京"调停国事"，后演变为张勋率辫子军入京复辟。后来京津泰晤士报记者吉尔斯君采访黎总统时，双方谈话指出，"吉问段免职，是否为此次事变之原因，黎答称：免段之举，虽为促成此次事变之原因，实非真正之张本。军人方面，思欲支配政府，其运动酝酿已久，免段之事仅为爆发之实而已。除依照法律、合乎约法外，无论如何余不解散国会。余于此点，已有决心。目下留京议员不是开会人数，如国会不能行其职务，则解决此次难题，法律上或有方法。此次事变，酝酿已久，但依余之见，军力主义与立宪主义之冲突殆为必有之事，勿宁以此时爆发为宜。延之益久，则蓄积愈深，其为害国家亦更大，余固极愿归于调停，但务须根据共和主义，而且妥给于立宪政府之下，督军等谓余之解散国会，并不违法，约法内放纵之举无不许之明文，余以行政首长之资格，当不可以为此，故余于彼等见解，殊不谓然也"。（《大公报》，1917 年 6 月 12 日）这起对德参战事件是以黎元洪为首的总统府集团与以段祺瑞为首的国务院集团之间在外交问题上的争权夺利斗争，实质上反映了美、日两国在争夺中国权益上的矛盾和中国统治集团内部争夺势力的矛盾。

黎元洪和段祺瑞素日交情不错，段拥黎继任大总统，两人关系应该是欣和无间，但为何黎上任大总统后却引起激烈的府院之争呢？这与前述的双方性格因素有关外，一个重要原因是两大集团人士的政治斗争使黎段两人被推向潮头浪尖，成为了府院斗争的代言人。正如黎元洪本人所言，下级官吏从中煽动，府院秘书厅确有冲突，现为免被蒙蔽起见，总统与总理每日互相商议。如金永炎、哈汉章、黎澍、丁佛言就被目为黎元洪左右"四大金刚"，善于从中挑拨作梗，自行其是。徐树铮作为国务院秘书长，不但不从中调和府院关系，还常以小事屡次与府员冲突。此间有外媒指出，黎段二公各不交换有责任的意见，倘于根本上有不相合之点，则可能勃发意外之事，亦未可知。后来发生的对德宣战之争就是一个显著的例证，这也成为了黎段失和的主要原因。段主战一方面是有协约国劝诱、荷兰代管在华利益的交涉和对德国寡不敌众、大势所趋的认识，另一方面还有从外交渠道得知，若不参加，日本对于山东青岛势必染指掠夺，协约国对条约修改、缓付赔款等均许商办，促成了段主战的态度坚决。黎派则认为，断交已属好大喜功之举，参战则更为危险，国民党又想借此机会倒段，不欲段在外交政策上成功，提高其威望，故两派意见相左而起龃龉，以致最终黎将段免职，段暗促张勋复辟解散国会，黎再任段为国务总理兴师讨逆，段"再造共和"驱黎下台等一系列政治闹剧接连上演。黎段矛盾引发激烈的府院之争另一个重要原因在于，在政治制度层面上，《中华民国临时约法》存在法理缺陷和制度矛盾。黎元洪继任大总统和段祺瑞上任国务总理的法律依据是民初的《中华民国临时约法》。该部法律是依照法国责任内阁制制定，规定国务总理处理具体事务，对议会负责，而总统只是虚位元首。但《临时约法》第三十条规定："临时大总统代表临时政府，总揽事务，公布法律"；第四十五条规定："国务员于临时大总统提出法律案、公布法律及发布命令时，须副署之。"按照责任内阁制要求，总统颁布命令须国务员副署之才能生效。至于国务员是否副署在于他本人是否愿意，是他的一项权力。但对第四十五条规定仔细分析发现，国务员必须副署毫无选择余地，是一种义务而不是权力；再者国务员是全部要副署还是有副署代表就行，国务总理是否必须副署等都存在概念的模糊，以至于权责上的不清晰导致了今日府院权限问题的难点，实有大总统不负责任，而依法大总统又有总揽政务及种种职权，国务员更有负责任副署等规定。于是办理属于大总统的职权事项，实际上究在总统府抑在国务院的问题遂而发生。

黎元洪考虑到段祺瑞卷土重来，政治靠山国会也被自己亲手解散，自己无兵无勇若再次与拥兵自重的段共事，斗争不可避免，遂通电辞去总统职务。之后，围绕着总统人选问题，各派政治力量因政治利益不同而相互博弈，众说纷纭，莫衷一是。黎元洪的策士们、西南数省的地方军阀和国民党拥黎复职。段因两人宿怨很深而坚决反对黎复职，倾向于选择徐世昌为总统但又找不到合适的理由，只好迎同样手握重兵的冯国璋继任总统，民国政府在完成这一主角转换的同时也为第二次府院之争埋下了祸根。从此，黎元洪离开北京，息影津门长达5年之久。段祺瑞则在1920年的直皖战争中被击败下台，开始吃斋念佛，以静养生。1922年6月，黎复任大总统，主张废督裁兵。次年6月，为反抗直系军阀曹锟等的逼压，黎采纳章太炎的建议，任命段祺瑞为讨逆军总司令兼第一路司令，但因黎段之间芥蒂太深，段对黎的任命置之不理，黎在曹的压制下也无法在京执行职务，离京赴津。为报直皖战争一箭之仇，段又一反常态派亲信李思浩、姚震等劝黎赴沪，参与南方阵营的"戡乱讨贼"，以拆直系曹锟的台。在皖系军人和日本人的护送下，黎由津抵沪，力图在上海组织政府，但遭到各方冷遇而失败，于是东渡日本别府养病半年，后回天津从事实业经营直到去世。段则坚持积极入世，第二次直奉战争直系败北，段被奉系、国民军及多数省区推举为"中华民国临时执政"，总揽军民政务，统帅海陆军。段此次上台已今非昔比，没有实力作后盾，处处要受到奉系和国民军牵制，到1926年因"三一八惨案"被冯玉祥驱赶下台后退出政坛。

第八章
津门谢幕闲看月

优游林下，远政治的晚年活动

革命建设，机遇垂青识时务者

黎元洪 47 岁一举步入政坛巅峰，60 岁被迫退出政坛，在民初政坛上摸爬滚打 13 年。由于经历了政治上的风风雨雨，虽然逆来顺受，身在荆棘却安于泰山，但又深感心力交瘁，加之身体每况愈下，心情极度惆怅，退出政坛后宣誓不再过问政治，优游林下，与世无争，致力于实业经营，人称"福全老人"。黎元洪还题写"雨后静观山意思，风前闲看月精神"，表达自己政治上失意、回天无力的心态。包括此前黎主政期间和下野息影津门的日子里，他都把自己在政界不能实现的实业救国理想付诸实施，成为了一名在中国民族工业中举足轻重的实业家。他对自己说道："我虽然三度因缘时会，有两戴总统桂冠及元勋的风光，但更多的是交瘁的身心和梦魇般的回忆，赔累不少。不如做做生意安闲自在，还可以为国家办一点实实在在的事业。"（裴祎：《孙中山与黎元洪及武汉"中心说"》，《武汉文史资料》，2001 年第 9 期）黎元洪的一生是大器晚成的一生，也是富有争议的一生。他的成功既有机遇的垂青也有个人的努力，他的失败既有性格的缺陷也有形势的逼迫，他与民初政局相生相伴，对民国政局的演进具有积极的历史意义，其影响不容忽视，其作用不可低估。

一、优游林下，远政治的晚年活动

　　1923 年 11 月 16 日，黎元洪在日本别府养病时就一度表下决心"安心养病，不问政治"。但作为一位非常有影响力的民国政治人物，他的晚年生活又不可能不与政治发生关系。旅居日本期间，安徽省长许世英致函黎元洪说，公远渡异国，昔人所悲，以元首守正被放，至不得已而养病于他邦，此世英所以于恭送行旌后，感慨之怀，每萦萦而不能止。国民党要员、时任《华国月刊》社长章太炎去信慰问，公此时养晦待时，人心仰望，将来必有东山再起的机会。总统府咨议、《京津泰晤士报》总理熊少豪劝说黎利用这次出国游历机会，联络国民感情，博取日方的支持，待为它日卷土重来、收拾残局创造有利条件。由是可见，国内部分拥黎派继续坚持战斗，将其作为对抗北京政府曹锟等人的一支重要的政治力量。

黎元洪本人对国内时局采取的是静观其变的态度，他一边治病养身，一边关注国内政治形势的发展。北京政府农商部次长、代理部长刘治洲指出，黎元洪这时对于国内政治也颇关心，惟纪纲恢复，决不是一手一足所能为。去年到上海，个人对于国家的责任已尽，西南、东北领袖各有怀抱，不能仗义执言，坐失事机，以致国事败坏至此，殊堪痛心，只好静待，视将来形势变化来决定嗣后政治行止。在给长子黎绍基的家书中，黎元洪指出，家中之事关乎国事及重要事，应咨询芯僧（饶汉祥）、干琴（瞿瀛）诸君。凡不能解决的事情，应请大家讨论，其结果必尽善美，表现出了对家事国事的关心。经过精心的治理和调养，黎元洪的糖尿病和高血压病日见好转，一些联络国民感情的社会政治活动他也开始行动起来，一方面在日本各地游览参观，接触当地华侨人士，另一方面会访日本军、政、学、工商各界要人，甚至一度想远赴欧美，扩大游历范围，以此开阔眼界，传声闻于欧美。1924 年 4 月，他在日本片仓制绵社社长片仓耕介等人的陪同下，在大阪会晤了北京政府派往各国考察实业的专使张孝若，听取他关于各国考察情况的介绍。次月，黎元洪返回国内到达天津，时天津捷闻通信社记者采访报道，黎元洪备极谦和，虽别来数月之久，其形态较前显老，唯精神矍铄，不减于前。询及东方风景山水，侃侃而谈，怡然色喜，颇有乐不思蜀的感慨；稍涉政治，则蹙然现于眉睫，特不愿谈及，且不乐闻。

黎元洪在日本生活半年时间，由于各地考察频繁，交游也非常广泛，接受日方官民之招待也常在情理之中，但此举却引起部分国人"疑其将为日方利用"。黎元洪对此高度重视，安排随员熊少豪举行记者招待会"辟谣"，并声称此行一切费用均属自备，并未接受日本官方的任何招待，表明自己清正立场。在从日本写给黎绍基的家书中，黎元洪还特地将"按现在情形，所游之地均有欢迎"中的"欢迎"两字标注"守密"字样。从1924年3月26日家书函中也可见，"日币八千圆及十八日禀均收到"、"日币五千圆不必寄来，俟电到后速用电汇"在信中先后出现，足以证明黎元洪等人在日本的消费确属自备。还抵天津后，黎从此抛却"元首梦"，放下"总统肩"，而无意于政权势位的角逐，缄口不言政治，唯关心其投资经营的厂矿等企业。他把主要精力放在自己历年来经营的民族资本企业上，或打理厂矿事务，或清理银行债务，或投资兴办高校，寄情于发展实业带来的经济收益。在发展实业上，黎元洪任中兴煤矿公司董事长，每次董事会都亲自出席。业余好为书法，日事临池，而各方求书的人颇多，他也莫不回应。1925年1月，中华民国临时执政段祺瑞电邀孙中山、黎元洪等120余人入京参加善后会议，以解决时局纠纷，筹议建设方案，黎复电谢却。接着，段又派专人赴津迎请，依然遭到黎的坚却，可见其远离政治之心已决。同年10月，浙奉战争爆发，奉军败北，章太炎等人认为是拥黎复出的绝佳时机，致电时任"五省联军"总司令的孙传芳和"讨贼联军"总司令吴佩孚，请其奉迎黎元洪南来正位，建置合法政府，如此则"名正言顺"。章太炎等拥黎派还认为，奉系既倒，段祺瑞失其根据，政府理当改组，决定趁此机会拥黎出山，以正法统。但由于黎元洪再也无心政治，孙吴等军阀亦有自己的打算，章等拥黎活动很快归于沉寂。1926年4月，张作霖、吴佩孚驱逐段祺瑞后，又协议欲复拥黎出任"总统"以补足其所谓"任期"；章太炎以"辛亥同志俱乐部"名义通电全国，反对成立颜惠庆摄政内阁，力陈非黄陂补满任期，何以使法统不断。黎元洪汲取前两次被逐的惨痛教训，岂肯复作第三次尝试，故坚决置之不理。不久，国民革命军长驱北进，北洋军阀统治覆灭在即。虽然没有政治上的困扰，黎晚年身体上遭受到的病痛折磨使他生活依旧无法平静，1928年6月3日因脑溢血突发而病逝天津。也许存在一定的征兆，在两日前他就口授嘱人起草遗电，从电文内容看，黎一生与政治相始终。遗电全文指出：

　　元洪遭逢时会，得与创建民国之役。德薄位尊，时深惕励。中间两经当国，均不得行其志以去。退思补过，无时或忘。追维首义之初，主张罢战言和，军民分治，驯至裁兵废督，身为之倡。一切措施，虽不能尽满人意，要无非力求和平统一，利国福民。不意十七年来，民生疾苦愈甚，国际地位愈危，桑梓之乡，屡经变乱，辛亥同志，颠沛流离，负国负民，殊乖素志。频年兵连祸结，疮痍满目，久已痛首疾心；此次济案发生，外交笈笈，牵动旧疾，已非药石所能挽回，有不能不沥诚为最后之忠告者：

　　一、国民对于济案，应以沉毅态度，求外交正义之解决，不得有轨外行动。二、从速召集国民大会，解决时局纠纷。三、实行垦殖政策，化兵为农工，毋使袍泽失所。四、调剂劳资，应适合全民心理，与世界经济趋潮，统筹兼顾，预定详实法规，行之以渐，毋率尔破坏社会组织及家庭制度，俾免各趋极端，庶共产萌芽，无由发现。五、振兴实业，以法律保障人民权利。六、正德、利用、厚生，不可偏废，毋忘数千年立国之根本精神，道德礼教，当视物质文明，尤为注重。七、革命为迫不得已之事，但愿一劳永逸，俾国民得以早日休养生息，恢复元气。八、参酌近今中外情势，似应采取国家社会主义，毋遽思破除国界，为外强所利用。九、早定政治方针与教育宗旨，以法治范围全国，应折衷至当，可大可久，无以偏激，致滋流弊。十、民元以来，凡无抵触国体之创制，应仍旧保存，请毋轻议纷更。

　　此外，立国大端，未能遍举，想我识时俊杰，必能度越前人。所幸南北宗旨，既已相同，争执原无意义；尤在立时罢兵，化除畛域，共谋统一和平之实现，则外交困难自解，民国痛苦自除，元洪死亦瞑目，此则深望我同志、同胞共相策励者也。邦人君子，尚其念之。黎元洪。冬。（黎元洪遗嘱铅印件，天津博物馆馆藏）

这封电文由黎元洪亲自签名，回顾了他17年的民国政治生涯，其忧国忧民之心流淌于字里行间。文中十大忠告，对未来民国社会的发展方向和治国思路从政治、经济、文明、军事、教育、民生等方面提出了非常具有建设意义的指导意见。其中，"济案"为1928年山东济南发生的"五三惨案"，是一起日本帝国主义大肆屠杀中国军民及外交官员的血腥事件，黎主张通过外交途径和平解决。经受战乱之苦的黎元洪，注重发展实业和传统文化对国民的教导，反对革命主义精神和对法制的任意变更行为，提倡国家社会主义和法治条件下的人权保障，以及"裁兵分屯"和循序渐进的劳资待遇。他的这些思想好的一面是开出的处方对挽救时局具有积极的意义，但不好的一面是他对"共产"、"革命"的错误认识给国民推翻反动统治带来消极作用。

除向社会公开表露心迹外，黎临终对家人的嘱托也不无一番苦心，他要求丧葬从简，告诫子女们潜心从事生产实业，毋问政治。对政治的避而远之，黎不仅在自己的晚年认真做到，而且对子女的未来发展也作出硬性要求，由此可见他对政治的痛恶是刻骨铭心的。

二、革命建设，机遇垂青识时务者

黎元洪一生戎马倥偬，风云际会，虽然机遇垂青，得天独厚，但他身处变乱的民国政局中能够三任副总统两为大总统，绝非纯粹的运气使然，也并不是个别史家所言的"傀儡"、"柔暗"等所能概括，个中必然有其

黎元洪像开国纪念币

与众不同的内在特质。正如马克思评价法国阶级斗争怎样造成了一种局势和条件时指出一样，黎元洪是以"一个平庸而可笑的人物"，"扮演了英雄的角色"。著名史学家章开沅先生指出，"长期以来，黎元洪就没有享受过历史的公正。原因是多方面的，不仅有国民党的正统史观的影响，还有湖北地区若干首义志士的党同伐异乃至挥之不去的潜在的'反清情结'"。"黎元洪在中国人走向共和的道路上，尽管步履蹒跚，坎坷曲折，但毕竟也是迈开第一步的先行者之一，我们理应给以必要的尊敬"。历史的偶然性中常常蕴含着必然性，戏剧性的历史事件下面常常隐藏着非戏剧性的客观规律。虽然黎元洪在中国近代舞台上出演的角色，给人们留下了言人人殊的不同印象，但我们只要本着历史唯物主义的态度，实事求是地分析判断，还是能够客观分析黎元洪对民国政局及民国社会历史进程的影响和作用。应该说，黎元洪在武昌起义后虽然是被迫出任军政府都督，但他很快顺应了历史潮流，为武昌起义的胜利发展起到了别人无法替代的作用。他后来在袁世凯"洪宪"帝制的闹剧中拒受王封、消极抵制，在两任大总统时能与段祺瑞、曹锟、吴佩孚等军阀进行一定程度的斗争，也具有维护共和、反对封建独裁的动机和目的。封建军官出身的黎元洪在辛亥革命后也做过一些错事和坏事，但我们不能把他等同于袁世凯、段祺瑞、曹锟、吴佩孚那样的封建军阀，一味地把他当作封建旧势力的代表而加以揭露和批判，还是应该看到他的历史功绩，肯定他曾经起到过的历史作用。

第一，加速了封建统治的崩溃。武昌起义发生，黎元洪被迫出任湖北军政府都督。他翊赞共和，主张废除帝制，给革命带来了他人难以替代的影响，造成了有利于革命而不利于清廷的政治格局。起初，他不肯轻易贸然就职并抗拒道："这不是胡闹吗？事先既未与闻，事后又不通知，这不是儿戏，北洋军一到，将如之何？"（章裕昆：《文学社辛亥武昌首义纪实》，三联书店1952年版，第44页）其原因是在于主观上他对这场突如其来的革命持反对立场，客观上对当时敌我力量、列强态度、民意向背等形势认识不清，担心接踵而至的是北洋军的反扑、帝国主义的武装干涉和起义的失败。作为一位有谋略的政治家，这种担忧是真实存在的且直接影响到他当时的政治立场。但嗣后随着革命的发展和对形势的深入了解，黎元洪逐渐改变了先前的反对态度和封建统治的立场，转而走向革命阵营的怀抱，担当起"领导"起义的重任，并正式下定决心：自此以后，我即为军政府之一人，不计成败利钝，与诸君共生死。在革命军占领武昌后，黎都督在祭天文中说，现在湖北伪督瑞澂，收我汉族军械，欲以满奴百人，歼我国民全军。义声一动，万众同心，兵不血刃，克复武昌，表达了抗击清军、保卫武昌的决心。从此，黎元洪也开始了从封建军官向民主斗士的转换，吹起了向封建王朝发起总攻的革命号角。

在当时革命前途扑朔迷离、生死未卜的背景下，黎元洪作出深思熟虑的决定出任都督，对整个战局的发展是起到了非常关键的作用。其一，顺应了时代潮流，稳定了军心、民心，使来自四面八方的革命战士有了"主心骨"，使武汉各界民众投资投劳支援前线有了新希望，使许多原清朝官员在各省纷纷反正，为武昌起义的成功提供了保障。首义士兵虽然一夜之间占领了武昌，但对清政府的恐惧心理还是存在的，担心瑞澂、张彪等会随时反扑镇压革命。黎元洪未到咨议局以前，群龙无首，急躁者失望，还有忿忿想回家的人。黎元洪出任都督，让起义士兵看到的不是散兵游勇造反，而是整个新军与清政府对抗，从而极大地鼓舞了起义军的士气。其二，团结了汉族官绅、军界人士加入革命阵营，附和起义，以至自黎出之风一播，城内隐匿的军官皆来，如何锡藩、杜锡钧、杨玺章、姚金墉、杨开甲、谢元恺、胡廷翼、宋锡全、刘佐龙、罗洪升等人都是在黎元洪的感召下参加革命，均任协统、标统等职，成为革命队伍的骨干力量，对湖北革命的顺利发展起到了重要的作用；受黎出山影响，各县士绅俱出而负地方治安的责任。所以全省帖然，内顾无忧，军政府得专心致力于战事，从而有效减少了起义的对立面。其三，加强了革命团体的互助协作，避免了历史上起义斗争中经常出现的致命的争夺领导权的派系斗争，助推了革命形势朝着有利于起义军方向的发展。黎元洪领衔首义地区都督，组成了革命派、立宪派、旧官僚联合的湖北军政府，使统治阶级内部完全瓦解。他亲自领导被清王朝视为支柱的新军作战，而不是吵吵嚷嚷要求权力的立宪派，也不是南征北战意在摧垮清王朝的革命派，从而避免了传统武装起义响应困难和争权夺利现象的发生。可以说，如果没有黎元洪，就不会有首义地区革命力量的大联合，光复各省也很难顺利实现各方面反清力量的合作。其四，震慑了清政府和与之沆瀣一气的帝国主义列强，打乱了清军本来就比较松散的军事防务，给清政府造成了极大的恐慌。黎任都督给南下清军在心理上产生了威慑作用，清政府先后派出袁世凯、魏光涛、王士珍、段芝贵、段祺瑞、冯国璋担任湖广总督，但最终没有一个到达武昌，可以说先后有六个总督，实际上无一督到位；黎元洪成功策反海军提督萨镇冰倒戈，使其在九江宣布归顺民军，从而避免了海军参战，给武汉局势造成了有利于革命党人的一面，"不战而屈人之兵"，黎元洪厥功至伟，成为了轰动一时的事件；驻汉外国领事馆得悉革命军照会，纷纷表示"严守中立"，从而避免了帝国主义对中国革命的武装干涉，促进了革命形势的发展，从中可见黎元洪领导的起义军威慑力之大。其五，点燃了广大人民的反封建热情，鼓舞了全国各地的反清斗志。黎元洪任都督后，在革命党人的推动下，坚持以战为守，坚持民主共和，为更多省的独立提供了条件。黎以鄂军都督名义通电全国，进一步树立了新军将领的革命信心，在一定程度上坚定了地方督抚的倒戈决心。武昌首义成功后，各地纷纷响应，宣布脱离清政府而独立，一位参加首义的革命党人追忆道，平心而论，各省闻风响应，黎元洪被迫参加革命也有一点推动作用。可以说，黎元洪出任都督的客观作用是多方面的，他给革命所带来的影响是他人无法替代的，从而造成了有利于革命而不利于清廷的政治格局，加速了清王朝的分崩离析和民主革命的进程。所以，从这个层面来说，长期以来学术界认为革命党人逼迫一贯仇视革命的黎元洪出任湖北军政府都督是一个错误，给立宪派旧官僚投机革命、掌握地方政权开了先例，最终导致了辛亥革命的失败。这个说法是缺乏对历史现场的客观分析，根据当时的形势，这不仅不是错误，而是一种高超的策略。诚然，一分为二地看，黎元洪出任都督也给辛亥革命和民国建设带来了一些弊端。首先，他夺取武昌起义胜利的果实，实权在握进而血腥屠杀首义地区的革命党人，反动本质可见一斑；其次，他领衔民社党魁并组建"武昌集团"，与孙中山的南京临时政府分庭抗礼，削弱了革命统一战线；再次，他曾一度投靠袁世凯，使孙中山让位与袁，使革命党人丧失了最高领导权，又协助袁世凯镇压"二次革命"，对葬送辛亥革命的胜利果实起了推波助澜的作用。

第二，稳定了民初社会的政局。黎元洪在民初政坛上活跃了8年，宦海浮沉，两任大总统，三任副总统，先后与民初五位总统同台共事。他虽然权力不大，但职位颇高，足以影响到政局的走向；他虽然不掌握政坛上的话语权，但他地位很受人尊重，一言一行总受人关注。从当时的阶级阵势来分析，黎元洪既不是革命派，也不是极端的反革命派，而是中间力量的代表。在武昌起义发生后，为争取到黎加入自家阵营，各派纷纷使出浑身招数。梁鼎芬致电黎元洪表示，倘能率队来归，芬愿以全家担保，向朝廷为公洗刷。柯逢时等密电军机处，建议提拔黎元洪为统制以示笼络。袁世凯尤为重视，数次或致电或派代表南下，开导黎元洪不独不咎既往，保证定必重用，使黎元洪成了各方都极力争取的重要对象。在革命党内部矛盾迭起的时候，黎元洪也成了平衡、折冲党人纷争的人物。在安徽发生了领导层的权力争夺时，滇军援川引起了川民的惶恐，这些事件报到黎处，他总是以折冲者的身份强调"和衷共济"、"传谕开导"。在湖北发生孙武和谭人凤争权事件后，黎设法调走谭缓和矛盾，维护了革命队伍的稳定。

南京临时政府成立后，南北议和中袁世凯玩弄反革命两面派手法，一方面借议和之机对清政府施加压力，另一方面对推翻清政府颇有顾虑，旨在武力逼迫南方就范，并一再拖延议和期限，南北形势急剧紧张，双方斗争如箭在弦。在此情况下，黎元洪毅然通电南京政府，反对拖延停战期限，要求北伐。他致电孙中山指出，此停战期满，彼方若不坚决退让，共同组织共和民国，再议展期决不承认。湖北全体军士均已预备作战，誓不愿与清朝共和。为此，黎元洪扩充兵力至八个镇，并以大元帅名义发布了准备北伐的第一道命令，要求各军按照预定地点进行，以便随时进攻北军。袁世凯依然无动于衷，黎元洪紧接着以中华民国海陆军大元帅的名义命令武汉驻军占领预定地区，准备对北军开战。这时的武昌，成了南方各省革命势力的中心。革命党人也逐渐集中于武汉，因此袁世凯便将注意力放在这一方面，指使段祺瑞起兵逼宫，使民初政局最终朝着有利于革命形势的方向发展。

在反对袁世凯帝制自为上，黎元洪以民国副总统的身份积极抵抗，从而被以进步党为领导力量的护国军奉为重建民国的一面重要旗帜，这对加速袁世凯统治的崩溃，促进北洋军阀的分裂和反袁力量的结合，推动护国运动的展开，具有积极的作用。但与此同时，他的反袁行动却抵消了资产阶级革命派领袖孙中山与中华革命党的影响，在一定程度上降低了护国运动的水平，使孙中山"不徒以去袁为毕事"的主张无法实现，这是其具有消极作用的一面。嗣后，在府院冲突中与段祺瑞的角力，在军事改革中为消除国民政府尾大不掉的局势提出废督裁兵的主张，在国际外交上坚持维护国家主权和保障社会权益等，黎元洪都表现了一位国家统治者积极向上的一面，代表了最广大人民群众的政治期盼和利益诉求，顺应了社会发展的要求和历史前进的方向。

可以说，从武昌起义到南京临时政府再到北洋军阀统治时期，黎元洪都是各方十分重视的重要争取对象。之所以如此，主要是因为黎本身就不只是黎一个人，而是一个团体、一个阶层，或者更确切地说是代表了一种举足轻重的中间力量。在这个中间力量的争夺斗争中，革命党争得了黎元洪的转变，是战略上的一大胜利，但这种胜利没能使黎继续沿着革命的轨迹前行，致使他一度落入袁世凯的圈套，而所幸的又是黎坚持和把守了自己的政治底线——力主共和，这才使他继续在民国政坛上成为了被各方争取的对象，成为了当权者调和阶级矛盾的润滑剂和政治利器。

第三，推动了民主法治的建设。黎元洪重视制度建设和舆情走向，履任以来，每于大事发生、舆情纷扰之时，必有一篇皇皇伟论，通告各省，淋漓酣畅，尽所欲言，令人读之，莫不起敬。在恢复约法与国会上，黎元洪虽然不是民主主义战士身份，并曾为袁世凯解散国会充当马前卒，但当时他从政治大局出发，也从个人利害得失考虑，从维护继任总统的地位着眼，顺应社会舆论，在约法问题上与段祺瑞意见相左，而与护国军立场一致，并最终以大总统命令恢复了作为辛亥革命主要政治成果的《临时约法》和国会。废除袁记约法，恢复《临时约法》，不在于大总统地位能否长久保持，问题的实质在于，否定前者就是否定以袁世凯为代表的北洋军阀统治（包括段祺瑞内阁）的合法性，肯定后者就是提高了孙中山和南方起义各省的政治地位。

1916年，黎元洪接待记者谈论关于个人应对当前时局的政治观点时指出，"规复旧约法为目下之大势使然，虽有少数反对者，究不能抗此大势。此次规复之旧约法，殊难认为全然适合中国国情，即使修改欲取法于美制法制，而此法美之制，虽系同是共和制度，然究与本国国情有异，倘至他日必然惹起种种障碍，故我民国当鉴民国之国情而为适切之修改。此固有待议会之议决者也。"同时，他指出处理当前时局问题，"必待本国国民后援以及日本政府与国民同情之处固甚多，而国会开会之期渐次紧切。湘蜀粤尚有兵战之争，忝居大总统之位者引为憾事，且南北政府之要求颇觉繁多，即枝叶问题亦不一致，收拾时局不能进行者以是也。军务院裁撤一节为最大问题，屡与副抚军长岑氏协商，稍有头绪，方应南方要求"。[《（要件）黎大总统之乐观（译七月十二日北京东文新支那）》，《北洋军阀史料•黎元洪》卷十一，天津古籍出版社1996年版，第256—257页]黎治乱心切，针砭时弊，倡导依法治国是值得肯定的。

在封建统治时代，黎元洪是一位开明的新军将领，与人为善，颇得官兵好感。他在军中致力营造的良好的民主风气，感化了张之洞、张彪、瑞澂等人，也为其后来成为革命党极力争取的对象和在反政府革命斗争中成功领导起义打下了坚实的基础。在民国建设时期，他重视宪法和地方制度建设，尽管他被自己所寄望的领袖人物袁世凯所玩弄，但他为民主法治和宪政共和的努力未曾停歇以至声嘶力竭。面对强大的封建军阀统治下的民国政治黑暗时代，黎元洪参与其中推动民主法治建设，困难万千，压力重重，可想而知。尽管成效不是非常显著，但黎为此所付出的努力是有积极的进步意义的。

第四，促进了对外交流与合作。与其他北洋军阀有所不同的是，黎元洪有多次到过日本的经历，容易接受西方思想，拥有在华利益的西方利益集团也将黎作为他们积极争取的对象。日本逼中国签订二十一条后，又干涉中国内部争夺政权的党争，为获得更多更大的在华利益，开始拉拢黎元洪作为他们的政治保护伞，1916年6月，日本通过报刊媒体歪曲其军事经济上侵略中国的行径，抬高对黎元洪的评价，期望得到黎的支持。东京《万朝报》指出，"黎公元洪不若袁公有垄断政治上权力之野心，对于中国将来有一种透辟之见。公以中国将来非得日本援助，不可披沥恃我之至情。苟以我日本三十年来努力于中国者，公平观之，日本实以诚意扶助中国者也，中国有几人能知之，惟黎公对之独具只眼。黎公若不容杂近之言，不失其精神，则中国之保全不难也。"（《黎公独具只眼（译六月十八日东京万朝报）》，《北洋军阀史料·黎元洪》卷十一，天津古籍出版社1996年版，第132页）也许是因为有着早些年到日本学习军事的经历，黎元洪对日本有着一种特别的感情，他在谈及对外问题上说，眼下中国苦于内乱内政颇受障害，欧战终局，对外关系愈形险恶，不可无此觉悟。前者日本政府及国民反对前大总统的施政，并非反对中国及中国人，实反对袁项城个人。今项城已逝，日本朝野的同情充满于中国朝野，公私援助，不胜感谢。亚细亚是亚细亚人的亚细亚，中国必依日本的后援，方可确立东亚平和，增进两国利益。黎元洪还聘用日本人青木为总统府顾问，黎对日本的友好，日本政府对黎的拉拢，促进了两国的交往。外国媒体称赞，黎总统天性温和，毫无傲容，纯然以共和主义谈论时事，其亲善的态度足以令人钦佩。当中日两国发生矛盾冲突时，黎元洪重视新闻媒体的力量解决纷争，他指出，执政者亟应信任报纸，以为提倡引导舆论之用，一新闻纸的力量足抵敌一师团，于外交关系上，中日两国误解各点可望借报界议论以祛除。

在发展经济实业过程中，黎元洪与英、美等国企业家合作，带动了民族企业走出国门，走向世界。黎在天津的寓所"黎大德堂"就是从英租界工部局购买，并委托外国建筑师设计装修；他与美国人华克合作，在北京合办了中美实业公司，进出口业务往来频繁。此外，他还参股中国南洋兄弟烟草公司、香港邮船公司、香港兴华机器制麦面公司等。在政治和经济两方面的中外合作与交流，黎元洪可谓积极努力，其宽广的国际视野与倾向西化的思想也是一脉相承的。

黎元洪在清末民初政治舞台上是一个复杂的人物，他出身于封建行伍，并为清王朝效命 20 余年，尔后对武昌首义的胜利和民初政局稳定向前发展又作出了独特的贡献，起到了不可抹杀的历史作用。武昌首义发生，黎元洪选择倾向革命固然说明了他不像统治阶级阵营里的那些顽固不化之徒，但也决不能说明他在转瞬之间已是一个彻底的革命者。当然，他不是革命党人，对革命的附和和支持是暂时的，后又勾结袁世凯走向革命的反面，反对孙中山，残杀革命群众。但他倡导共和却是与民国相伴而生，甚至为此不惜与袁世凯分庭抗礼，坚持自己独立的政治主张。在民国幼年成长时期，黎元洪表现出了反革命主共和的两面性，这说明他的思想还具有半封建半民主的性质，还没有真正完全而彻底地转变到反封建或民主共和的思想上来。由此一来，在封建军阀横行的民初社会中，在革命需要继续向前发展的时候，黎元洪束缚于阶级的局限性，又不得不从革命起初的弄潮儿发展成为军阀政治时代的落伍者。但无论如何，在革命前期，黎元洪是基本上代表了革命党的意愿，是应该肯定的；在革命中后期，也就是在民国建设初期，他的政治主张也是符合广大民众厌乱思安的心理需求的。但就历史人物要历史地看这点来说，应该是可以被允许和予以尊重的。黎元洪对民国建设功过俱与，正如不能将推动民国发展的功绩都归于黎元洪身上一样，也不能将民国乱象环生统统算在黎元洪个人账上。要看到时代的局限性、资产阶级革命派的软弱性、对旧势力的依赖性、妥协性和形形色色的军阀内争外斗的破坏性。站在中国近代由封建制度向不完备的资本主义制度发展的角度来审视，我们应当充分肯定黎元洪在中国近代社会政治转型上所发挥的重要的历史作用。

黎元洪年谱简编

1864 年　1 岁

10 月 19 日 生于湖北汉阳府黄陂县木兰乡东厂畈沙岗岭（今湖北省孝感市大悟县彭店乡太山村黎家河），原名秉经，后改元洪，字宋卿。祖籍江西豫章，世居湖北黄陂。

1869 年　6 岁

开始识字，接受启蒙教育。

1873 年　10 岁

入塾就学。

1877 年　14 岁

与汉阳女子吴敬君订婚。敬君为吴海臣之女，生于 1870 年 7 月。是年全家迁天津北塘，敬君亦随往。师从李雨霖，读四书五经。

1878 年　15 岁

父朝相升千总。7 月 23 日，弟元泽出世。12 月 18 日，母陈氏因产后失于调养，兼受暑热而病故，年仅 38 岁。黎家陷入困顿，元洪辍学料理家务。

1879 年　16 岁

到李雨霖家中住读。

1880 年　17 岁

父朝相续娶北塘崔氏，官职升任都司。

1882 年　19 岁

父朝相升任清军游击。

1883 年　20 岁

考入天津水师学堂，入管轮班学习，月领津贴银四两。

1884 年　21 岁

2 月 26 日，父朝相病故。是年与吴敬君完婚。

1888 年　25 岁

毕业考试考取优等，赏六品顶戴。5 月赴北洋战舰实习，表现出色，海军衙门同意以把总尽先拔补。实习后派"来远"舰差遣。

1890 年　27 岁

调"广甲"舰任三管轮。

1894 年　31 岁

5 月，随"广甲"舰北上参加清海军第二次检阅。9 月 17 日中日甲午海战爆发，"广甲"舰临阵逃脱，于大连口外三山岛附近触礁搁浅。跳水逃生。上岸后辗转赴天津，被当局监禁数月。

1895 年　32 岁

2 月，赴南京投效张之洞，得张器重，任炮台监修、总教习、专台官等职。

1896 年　33 岁

3 月，随张之洞调驻湖北。

1898 年　35 岁

2 月，赴日本考察，学习骑兵等军事知识。5 月，自日本归国，建议张之洞派员赴日学习军事。

1899 年　36 岁

10 月，赴日本考察马、步队教育、军纪及兵法。

1900年　37岁

6月，自日本返武昌。任护军马队一营管带。

1901年　38岁

5月28日，胞弟元泽病故。6月16日，长女绍芬生。9月，继母崔氏病殁。赴日观操。11月，返武昌。

1903年　40岁

7月7日，长子绍基生于武昌。

1904年　41岁

8月，任湖北新军第二镇协统兼护统领。并提调兵工、钢铁两厂。9月，兼任丝、麻、纱、布四局会办。

1905年　42岁

1月，娶如夫人危红宝，改其名为黎本危，又名危文绣。12月，任湖北新军第二镇第三协协统兼护该镇统制。奉令兼辖六楚（舰名为楚材、楚同、楚豫、楚有、楚观、楚谦）舰队和四湖（艇名湖鹏、湖鹗、湖鹰、湖隼）雷艇。

1906年　43岁

4月，任暂编第二十一混成协统领，兼管马、炮、工、辎各队事务。兼陆军小学堂会办。10月，参加彰德秋操，代张彪指挥南军，调度自如，颇得好评。12月29日，次女绍芳生。

1911年　48岁

以军人代表加入铁路协会，参与保路运动。7月31日，次子绍业生。10月10日，武昌起义爆发，被党人推为军政府都督。初拒绝，不得已就任。28日，黄兴抵武昌。11月3日，拜黄兴为战时总司令。27日，汉阳失陷。12月1日，清军炮轰武昌，都督府中弹，退至城外数十里，和议开始方返回。9日，与北军订立停战协议。通电各省派代表赴鄂筹商临时中央政府问题。12日，被各省代表会议推为大元帅。

1912 年　49 岁

1 月 1 日，中华民国南京临时政府成立。3 日，各省代表会议举为副总统。16 日，民社成立，列名发起人，被举为社长。2 月 20 日，临时参议院连选为副总统。是月清帝退位，孙中山提出辞职，临时参议院选袁世凯为总统。平息群英会暴动。4 月 9 日，在武昌会见孙中山。10 日，通电力陈军人柄权之害，主张军民分治。13 日，兼任参谋总长。5 月 9 日，共和党成立，被举为理事长。8 月，下令查封《大江报》，缉拿何海鸣、凌大同。16 日，假袁世凯之手杀张振武、方维。被同盟会撤去协理名义并除名。9 月 25 日，与袁、孙、黄一起发布"八大政纲"。镇压南湖马队暴动。

1913 年　50 岁

4 月，镇压改进团。5 月 29 日，进步党成立，推举为理事长。7 月，国民党发动"二次革命"，不及两个月即失败。8 月 5 日，领衔通电全国，主张先选总统后定宪法。10 月 7 日，当选为正式副总统。11 月 7 日，应袁世凯之召入京，居瀛台。12 月 22 日，领衔邀集各省都督、民政长联名通电，主张资遣议员、解散国会，以"政治会议取而代之"。

1914 年　51 岁

5 月 26 日，任参政院院长。主持制定袁世凯独裁专制的"大总统选举法"。9 月 26 日，由瀛台迁居东厂胡同，对袁世凯帝制活动消极抵制，一再请辞副总统、总参谋长、参政院长之职。

1915 年　52 岁

12 月 12 日，袁接受帝位。封武义亲王，固辞不受，将册封匣退回。12 月 25 日，护国运动爆发。

1916 年　53 岁

5 月 8 日，护国军方面在广东肇庆成立军务院，遥奉为合法大总统。6

月 6 日，袁世凯病死。7 日，继任大总统职位。是年因府院权限、国会制宪、官吏任免等问题，多次与段祺瑞冲突，形成政潮。

1917 年　54 岁

因对德参战问题，府院之争更为激烈。5 月 23 日，下令免段祺瑞国务总理。29 日，皖系军阀倪嗣冲宣布独立，奉天、山东、河南等十余省响应。6 月 1 日，电召张勋入京调停。12 日，在张勋胁迫下下令解散国会，同时通电解释苦衷。14 日张勋进京。7 月 1 日，张勋复辟。2 日，任命段祺瑞为国务总理、命段兴师讨逆。电冯国璋代行大总统职务。是日避入日本使馆。12 日，复辟失败。14 日，自日使馆返东厂胡同私宅，通电声明决不复任。16 日，宅中发生凶案。8 月 28 日，离京赴津，住英租界私宅，自此息影津门长达五年之久。

1922 年　59 岁

6 月 2 日，徐世昌辞总统职。曹锟领衔十省区督军省长联名通电吁请复职并恢复六年国会。6 日，发表鱼电"废督裁兵"。11 日，进京复职。

1923 年　60 岁

1 月 1 日，发表"哀告"文电，痛斥各地兵匪之祸及督军制度之害。6 月，直系军阀策动直系阁员、政客，推倒张绍曾内阁。6 日后，频遭军警索饷、"公民团"示威、包围和骚扰之苦。13 日，通电声称因受逼迫，已无法在京执行职务，离京赴津。 发布裁撤全国巡阅使、督军，废除厘金等七道命令。专车行至杨村遭直系军阀王承斌拦截，索要总统印信。纠缠至 14 日凌晨，告之印在北京东交民巷法国医院内其夫人危文绣处，并令交出后仍不得行，复受胁迫签署辞职文件，始离车返私宅。14 日发出致国会公函及通电，宣告直系劫车夺印、逼迫签字种种不法行为，否认辞职文件。9 月 11 日，由津抵沪，谋在上海组织政府，遭各方冷遇。11 月 8 日，东渡日本，于别府养病。

1924 年　61 岁

5月11日，自日本返天津。此后绝意政治，致力于实业投资，平素以书法、养花、骑马自娱。10月，第二次直奉战争，直系因冯玉祥倒戈败北，段祺瑞出任临时执政。12月，孙中山应冯玉祥、段祺瑞之邀北上，经天津休息数日。偕李根源往张园拜访。

1925 年　62 岁

1月，段祺瑞邀黎元洪赴京就职，黎婉拒。段派专车来津迎接，黎谢绝。3月12日，孙中山在北京逝世，派李根源到京吊念，并在家设灵堂遥祭。

1926 年　63 岁

世界青年会组织代表来天津，黎元洪为2000多人备茶点一份热情招待。

1927 年　64 岁

4月，李根源母故，黎铭旌致哀。6月，饶汉祥母亡，黎在家设祭。9月，黎为薛端性题墓志铭。

1928 年　65 岁

6月3日，因患脑溢血病逝天津。

1930 年

2月，黎元洪的发妻吴敬君去世。

1933 年

国民政府将黎元洪夫妇灵柩自天津运回武昌，进洪山宝寺法界宫的藏经石库内暂厝。

1935 年

11月24日，国民政府为黎元洪在武昌举行国葬。章太炎撰、李根源书《大总统黎公碑》。